INNOVATION AND
ENTREPRENEURSHIP MANAGEMENT SERIES
OF NEW MEDICAL SCIENCES

新医科创新创业管理丛书

创业管理：理论与沙盘训练

Entrepreneurship Management: Theory and Sand Table Practice

主 编 常 路 蔡晴蕾
副主编 梁志强 何飞英
张清宇 陈士良

广东高等教育出版社
Guangdong Higher Education Press
·广州·

内容提要

本书南方医科大学作者团队集合了多年的教学实践经验，编写了这本服务于教学实践活动的创业实训特色教材。本书通过新时代的创业浪潮、创业机会识别和评估、创业者与创业团队、创业环境与市场分析、产品原型设计、商业模式设计、创业营销与营销策略、创业财务与融资设计、创业计划书的撰写与路演和实训授课总结与教学复盘等10章内容，将一个个“枯燥”的理论转变成一个个“鲜活”的实践训练项目，紧密围绕教学实训过程，使用案例、沙盘练习等多样化的参与式教学手段，推动学生进行创业全程的沉浸式体验，有效地解决了目前高校创业教育中的一些实际问题。本书可以作为大学生创新创业能力育成的通用教材，也可以作为创客商业实战运营的参考读物。

图书在版编目（CIP）数据

创业管理：理论与沙盘训练 / 常路，蔡晴蕾主编．—广州：广东高等教育出版社，2023. 8

（新医科创新创业管理丛书）

ISBN 978-7-5361-7469-6

Ⅰ. ①创… Ⅱ. ①常… ②蔡… Ⅲ. ①创业－创业管理 Ⅳ. ① F272.2

中国国家版本馆 CIP 数据核字（2023）第 141624 号

创业管理：理论与沙盘训练

CHUANGYE GUANLI：LILUN YU SHAPAN XUNLIAN

出版发行	广东高等教育出版社 地址：广州市天河区林和西横路 邮编：510500　营销电话：（020）87551597　87551077 网址：http://www.gdgjs.com.cn
印　　刷	广州市友盛彩印有限公司
开　　本	787 mm × 1 092 mm　1/16
印　　张	12. 5
字　　数	328 千
版　　次	2023 年 8 月第 1 版
印　　次	2023 年 8 月第 1 次印刷
定　　价	58. 00 元

〉前　言

教材即将付梓，深感欣慰。这是一本完全依照笔者设想，集合了我们多年教学实践经验，并将服务于教学实践活动的创业实训特色教材。2022 年 9 月 30 日，在“创业实战模拟”示范教学即将结束的总结发言上，我认为，经过四年的工作，我们基本完成了教学迭代和课程打磨，走完了“最小单元测试”，即将驶入快速发展的车道。我们的课程发展本身实际上也是一个教学的“创业”过程。团队四年来的持续付出，借此做一回顾与记录。

2018 年，赴北京、上海、广州、海口参加参观各类沙盘教学培训演示。2019 年 4 月 21 日，在南方医科大学举办了第一期师资培训，初步了解了新道公司 VBSE 沙盘实训系统的操作。2019 年 11 月 16 日，CEO 大师成长营暨公选课“创业模拟与管理沙盘实训”开营，教学组在新道公司翁义春、徐新华老师的支持下完成了首轮试讲。2020 年 9 月 10 日，“创业实战模拟”在本院经济学专业开课，教学组完成了独立的全程授课工作。此后，每年进行公选课、专业课两轮授课。伴随着开心与收获，教学的困惑与疑惑也接踵而至，幸有教学组各位同仁默默坚守、相互鼓励以及不懈努力，共同发现问题、改进方案、验证想法、形成经验。

实训教学有别于传统的理论教学，在教学目标设置、教学结构优化、学习障碍突破以及教学方法转换上对教学组提出了很高的挑战。四年来，我们基于 VBSE 虚拟商业社会环境系统，深度挖掘了沙盘实训的教学潜力，开发了完善的校本化教学方案，编写了这本创业实训特色教材，撰写了全套沙盘操作手册，申报了一批教学改革项目，发表了一批有质量的教学改革论文，也打造了一支专业化的创业管理教学团队。在教学过程中，教学团队围绕“动心、动脑、动手、动脚”的教学目标，精心设计了“引、练、导、学”的课程节拍，使用了案例、沙盘、游戏、社会调查、视频、对话、路演等多样化的参与式教学手段，推动学生通过沙盘实训、项目模拟、团队合作的方式进行创业全程的沉浸式体验，收到了非常喜人的教学效果。课程亦于 2022 年 6 月获得了“广东省创业就业特色示范课”建设课程。

党的二十大指出：“教育、科技、人才是全面建设社会主义现代化国家的基础性、战略性支撑。”当前，科教兴国战略、人才强国战略、创新驱动发展战略正置于前所未有的高度。时代创造了最美好的机遇，当代的中国青年大学生大有可为。他们有勇气、见识和能力并富含鲜明的价值观念，但比较缺乏深度认识社会并付诸实践的锻炼机会。几年的工作让我们感觉到创业实训可以推动达到以下几点效果：一是让同学们意识到要去认识社会、了解社会，发现社会中广阔的机遇以及通过商业创新改变社会的可能性，即“要认识更大的世界”。二是体会到知识的专业化力量，促进自我学习的觉醒。众所周知，创业行为对创业者最大的回报不是金钱上的财富，而是学习的动力和迫力。对虚拟项目扮演者学生而言，创业实训让他们明白要学什么、去哪里学，并养成在行动和问题中不断学习的习惯。三是客观认识差距，在失败中体验成长。创业实训可以让学生体会到用自身的智慧通过商业化的力量让世界变得更美好、更友善、更便利、更和谐、更有人文关怀的乐趣。当然近乎“真刀真枪”的实训模拟，更让学生在学习的社会化氛围中充分体验到了自己当下的幼稚与不足，清醒地发现自身与社会要求的差距，从而更加客观地认识、评价和定位自我。从某种意义上来说，创业实训也是一种通过促成“更多的失败”来培养学生“不惧失败、敢于失败”精神的教育。

教育改革路虽艰，但行则远。我们很庆幸能够有机会体验其中的艰难与乐趣，才能不断地发现问题和解决问题。正是出于解决教学问题的思路，我们开始了教材的写作编撰工作。本教材的特点如下：一是在表征创业管理的基本原理、体现创业过程的一般性的同时，定位创业管理知识的通识性、科普性、可读性以及延伸指导性。通过教材的辅助，学生可以完成课程主要知识内容的预习、自修，理解实训课程的各环节配置和要求，在训练中也可以通过教材查询所需的大部分知识或获取知识渠道，实现“一书在手，课程不愁”的效果。二是紧密围绕教学实际训练过程进行内容设计，引导案例、理论导入、小练习 / 训练、知识导入、沙盘训练、作业训练的全过程即可以理解为教师的教学方案，将有助于相关教师明确实训教学定位和目标，厘清开展实训教学的具体思路，把控教学上的侧重点。根据课程开展经验，我们也专门为授课教师撰写了第 10 章“实训授课总结与教学复盘”，以资参考。三是提供了相关的沙盘和相应的沙盘练习，有助于教师把控沙盘教学难点，提升沙盘训练效果。

在教材的写作上，常路编写了教材的第 1 章、第 2 章、第 6 章、第 10 章，蔡晴蕾编写了第 4 章、第 5 章、第 7 章，梁志强编写了第 3 章、第 8 章，何飞英编写了第 9 章。常路、何飞英、张清宇、陈士良承担了全书的审读、校对、修订工作。本教材的出版尤其离不开南方医科大学卫生管理学院钱怡副院长、创业学院张清宇院长多年来的鼎力支持，我们予以衷心感谢！感谢新道科技股份有限公司在课程和教材建设上的相关支持和许可。同时感谢广东高等教育出版社曹容娟编辑在教材编辑、定稿、刊印上的细致工作和付出。感谢广州市高校创新创业教育项目（2019KC211）、2019 年南方医科大学高等教育教学改革项目、2022 年广东省就业创业特色示范课程项目多年来予以的项目经费支持。

本教材各章节引用的相关参考资料，我们以参考文献的形式说明于全书最后，这部分内容也是读者的延伸阅读指南。在此也特此说明。当然，文责自负。

最后，将此书献给我们的老师、家人和朋友们，正是你们的支持让我们有所前进。

常　路
2022 年 11 月于广州白云麒麟岗

拓展资源汇总

CONTENTS

目 录

第 1 章

新时代的创业浪潮

学习导言

欢迎开始《创业管理：理论与沙盘训练》的学习之旅。本章为全课程的导言，主要向同学们介绍创业的基本概念，带领大家领略我们身处的“创业革命”时代，一览全球创业经济的前世今生、风云变幻，明白高等教育为什么要开展创业教育。在这样的时代，作为一个社会个体，创业对我们意味着什么？又有哪些价值？最后，一起熟悉一下全课程的教学结构与训练内容。

引导案例

胡玮炜与 27 亿美金的摩拜

2004 年，胡玮炜从浙江大学新闻系毕业后进入《每日经济新闻》成为一名汽车记者，后来又先后供职《新京报》《商业价值》和《极客公园》做科技报道。2015 年 1 月创办北京摩拜科技有限公司。

9 个月前，前老板认为我疯了

胡玮炜在极客公园做回顾演讲时说道：“在做摩拜单车之前，我就跟（前老板）张鹏说我想做一个能够让人们在城市里随时随地可以骑行的自行车。他说‘你疯了吧’。我对张鹏说：不是你教我要相信‘相信’的力量吗？他说：姑娘，我其实还有一句话没有跟你说。除了要相信‘相信’的力量，你还要学会计算的力量。他当时最大的异议就是，摩拜单车肯定会全部都被偷光，所以不如单点突破。但是直觉的思考告诉我：如果城市里的自行车足够多，人人都可以很方便地骑到自行车的时候，人们就不会想要占有它。另外就是，如果我的自行车像《超能查派》里面的智能警察一样，就不再需要人们更多地关注和维护它。同时还能回馈一些信号告知状态，这个方向肯定就是可行的。这就是我最初的想法。”

文艺女青，我想要一个哆啦 A 梦

记者身份让胡玮炜有许多了解交通工具和出行方式的机会，这为她后来的创业做了铺垫。在当时，共享单车还是一个无比陌生的概念。胡玮炜心里一直有个梦想，能像哆啦 A 梦一样，从口袋里掏出一辆自行车，马上就能骑走。她刚到北京也买过自行车，但一个月后车就被偷走，上班每天坐公交车或打车多有不便，周末想骑自行车逛逛也成了一种奢侈。她曾在哥德堡和杭州看到过公共自行车，可是需要办卡、交押金，太不方便！这个问题让胡玮炜纠结很久。直到一位投资人提议说：“你有没有想到过‘共享单车’，扫一下码就可以骑走的那种？”胡玮炜一下被这个点子击中了。

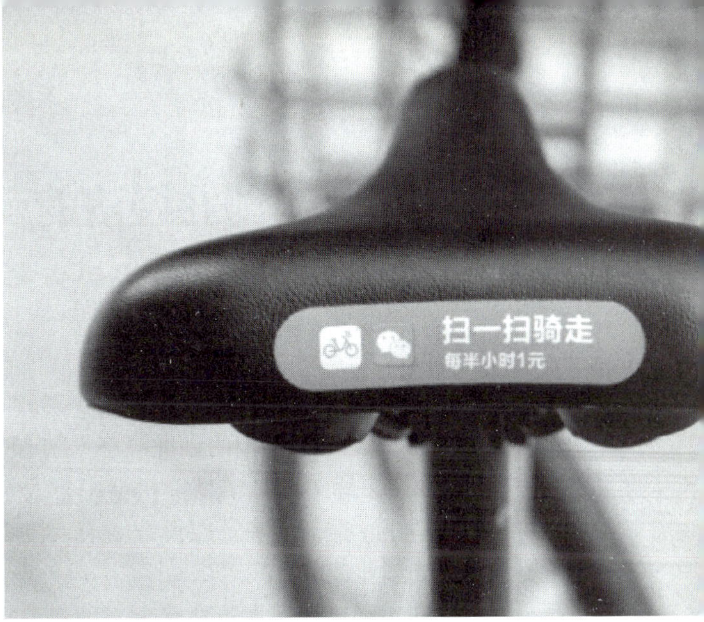

> 图 1-1　胡玮炜：比起成功，我更关注把一个想法变成现实

摩拜教主，让梦想照进现实

胡玮炜说：“一座城市如果适合自行车骑行的话，它的幸福指数一定是非常高的。像杭州、巴黎、哥德堡，如果骑车的人越来越多，城市里就会有自行车道、绿树，空气就会越来越好。”一辆自行车，能改变的可能是一座城市的生活方式。于是，她召集了一批汽车行业精英开始创业之路。但说归说，做的时候还是遇到不少棘手的技术难题。比如，容易掉链子、容易生锈、轮胎需要充气、维护成本高等。综合运营成本和其他各方面的考虑，她想组装出一辆 4 年免维护的自行车，结果跑遍国内自行车工厂，没有一家能做。

于是胡玮炜只得自己设计。她带着团队跑材料厂，决定用特制铝作为车身，用轴传动解决了维护和链条容易掉的问题，采用五辐轮毂、免充气轮胎等等。从车身颜色、外形到轮胎，历时半年，第一辆摩拜样车终于出世！

共享单车最开始是在中关村投放。因为配置 GPS 跟踪系统，一个亮点标志着一次开关锁，就这样城市被点亮。经过一年多的发展，摩拜单车已在新加坡、伦敦等全球 160 个城市投放逾 700 万辆，注册用户量超过 1 亿人次。一帮投资界大佬坐不住了，纷纷跑过来投资摩拜单车。一辆单车，让胡玮炜的身家在创业领域从零起步，公司估值飙升至 100 亿元。

2018 年 4 月，美团宣布 37 亿美元（当时约合 255 亿元人民币）全资收购摩拜单车，保持独立品牌、独立运营，美团 CEO 王兴出任董事长。同年年底，摩拜的“精神旗帜”胡玮炜功成而退，摩拜褪去创始团队的基因。

——资料来源：综合整理自亚娟（2018）、司马（2018）等报道

思考：

1. 胡玮炜的创业故事对你有哪些启示？
2. 综合思考创业对人生的意义是什么。

创业经济的前世与今生

德鲁克的预言

1984 年《哈佛商业评论》杂志第 1 期刊登了著名管理学家彼得 · 德鲁克（Peter F. Drucker）的文章《美国的创业经济》："根据统计，从 1970 年到 1980 年，美国经济提供的 2 000 多万个新的就业机会中，大多数是由小企业和新企业提供的。在最近的经济衰退中，这一趋势仍在继续发展。自 1970 年，尤其是自 1979 年以来，这些动力已转移到创业领域上来。"

由于知识经济和技术革命等外部因素的出现，当时德鲁克就预言："20 世纪的最后十年可能比第一次世界大战后的五十年更类似于 19 世纪的最后十年（当时平均每 18 个月就会发明一项立刻导致一个新工业部门出现的重大新技术）。我们现在（80 年代）只不过是处于以技术为基础的创业复兴时期的过渡阶段。"

作为一个眼光深邃的管理学家，德鲁克还观察到当时创业经济的另一个趋势："新创业者当中最多不过有 1/3 是在高技术领域，其他都相当均匀地分布在一般服务行业，如餐馆、货币市场机构等和创造财富生产能力的基本活动领域（教育、培训、保健和信息行业）。"这主要是由于社会经济当中的人口统计特征（如结构、质量）发生了显著的变化，为广泛的服务行业创业提供了巨大的机遇。最后，德鲁克指出了创业经济将会蓬勃发展的另外两个根源：美国独特且有效的风险投资体制以及美国工业界创业管理技能的提升。

康德拉基耶夫周期

从宏观经济来看，德鲁克发出预言的时代正是一个新的"康德拉基耶夫周期"。所谓"康德拉基耶夫周期"，又叫"康德拉基耶夫长波"，是苏联经济学家康德拉基耶夫在解释经济历史和演化经济的过程中所提出的。该理论认为，资本主义经济发展中平均 50 ~ 60 年为一个周期的长期波动。在一个周期的前 25 年到 30 年中，由于重要的技术发明、新资源的开发利用，导致投资热潮和创业热潮，从而带动宏观经济的迅速增长。

从技术史的角度来看，1971 年恰恰是一个重要的年份。这一年，在美国加利福尼亚州的圣克拉拉，英特尔的微处理器问世，标志着人类第五次技术革命浪潮（产业革命、蒸汽和铁路时代、电气和重化工业时代、汽车和大规模生产时代、信息和远程通信时代）和第三次工业革命的兴起。

从 20 世纪 70 年代开始，人类社会的新技术就不断涌现，经济全球化的 3.0 时代也开始驾临，全球范围内的创业活动开始涌现，成为一场独特的社会经济现象。20 世纪 80 年代，人类社会从工业社会逐渐进入信息社会，创业活动对社会经济产生了不亚于工业革命的影响。信息技术的普遍应用、全球化进程的加快等为创业活动提供了更有利的环境，新的商业模式不断涌现。资源和生产要素更加便捷和快速地被重新组合，技术、产品以及管理创新层出不穷，机会和创造成为商业活动的核心内涵。

创业创新栖息地：硅谷

在这一波新的“康德拉基耶夫周期”中，位于美国加利福尼亚北部的大都会区旧金山湾区南面一段长约 25 英里（1 英里≈ 1.6 千米）的谷地，出人意料地涌现出来，成为全球高科技行业最为耀眼的创新创业圣地。《地区优势：硅谷和 128 地区的文化与竞争》一书的作者——加州大学伯克利分校的安娜李·萨克森尼安回忆道：“在（20 世纪）80 年代（自己）写硕士论文的时候，原来的主题是想论述硅谷为什么将走下坡路，因为那里的生产成本变得越来越高。但后来的事实表明硅谷的收益增长得更快，我感到非常意外。”

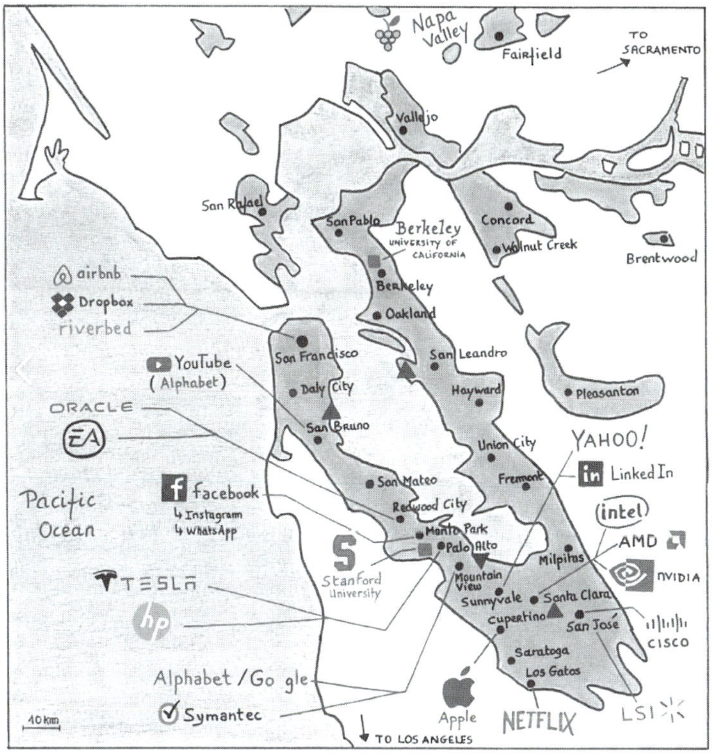

> 图 1-2　硅谷著名创业公司手绘图
——作者：克里斯多夫·夏布特（2018 年 6 月）

安娜李比较了波士顿附近 128 公路高科技公司与硅谷高科技公司的发展历程，提出了硅谷成为创新创业栖息地的七条因素：“第一，硅谷专业化的公司之间的开放型生产方式有利于快速的革新。第二，频繁跳槽、人才流动所带来的信息的流动和知识的传播。第三，加州法律环境较为宽松，使跳槽变得容易。第四，硅谷人容许失败。第五，活着为了工作。硅谷人认为，工作本身就是乐趣，创业本身就是目标。百万、千万、亿万富翁们穿的是牛仔裤，吃的是比萨饼，喝的是可乐。第六，在硅谷工作的外国移民特别多。第七，美国 NASDAQ（纳斯达克）股票市场的制度安排为硅谷公司上市创造了有利条件。”

20 世纪 60 年代，从肖克利公司出走的八位晶体管专家“叛逆八人帮”成立了北加州最具传奇性的公司——仙童半导体公司 (Fairchild Semiconductor Inc.)。

20 世纪 70 年代，以罗伯特·诺伊斯 (Robert Noyce) 为代表的英特尔公司，以乔布斯 (Steve Jobs) 为代表的苹果公司，以拉里·艾利森 (Larry Ellison) 为代表的甲骨文公司 (Oracle Inc.) 纷纷成立。这些引领计算机和互联网革命的核心企业开始在硅谷立足。

20 世纪 90 年代，思科 (Cisco)、网景 (Netscape)、雅虎 (Yahoo)、亚马逊 (Amazon) 等一批最初的互联网公司把这个世界带进了互联网时代。

进入 21 世纪之后，硅谷已经成了全世界瞩目的高科技发源地。以谷歌 (Google) 为代表的互联网公司把硅谷带进了一个新时代。脸书(Facebook)、推特(Twitter)、特斯拉(Tesla)等一大批代表工业4.0的公司涌现了出来。

2006年，硅谷人口近250万，白人占48%，亚太裔和西班牙裔各占24%。在众多的高科技公司的工程师中，亚裔人口占了大多数，其中印度裔和华裔各占30%左右。在1998年，如果把硅谷当作国家来看的话，其经济实力排名世界第12位，是中国GDP的1/4。今天，硅谷是世界公认的高科技发源地，信息技术革命的产业核心和信息技术发展的神经中枢。硅谷是全球高科技中心，全球电子业、信息业的新产品几乎全由此发端。

专栏 1-1

国民偶像杨致远和他的雅虎

1993年底，杨致远在攻读博士学位时开始使用互联网，上网浏览器一问世，他和好友菲洛就像我们今天的网虫一样整天泡在网上，连博士论文都扔在一边。他们意识到互联网信息浩如烟海，如果能有系统地把资讯分门别类整理，对他们将大有帮助。因此他们编写了互联网目录分类网页，发现了其中的乐趣，并在与朋友的分享当中感觉其中大有可为。于是，他们毅然放弃即将完成的博士学位，共同设立了“Yahoo!”（雅虎）网络公司。

1995年上半年，他开始与硅谷的众多风险投资公司接触，最终选择了和他们理念相近的创业投资者Mike Moritz（迈克尔·莫里茨）合作。1996年4月12日，雅虎在美国纳斯达克市场以每股13美元的价格上市，发行了260万股，共筹得资金3380万美元。以这笔资金为基础，雅虎的规模不断扩大，经营业绩也逐步扭亏为盈。1996年公司每股亏损9美分，1997年每股盈利为零，1998年每股盈利45美分。

与此同时，雅虎股价也在不断上涨，1996年6月份的一个月内其股价就上涨了100%；1998年，其股价上涨到初次上市的10倍；1998年7月8日进行“一送一股票分割”。1999年1月12日，再一次宣布“一送一股票分割”。即使如此，1999年3月22日，它的股价仍达到179美元。杨致远本人持有雅虎500万股股票。上市当日，雅虎股票价格就从13美元上涨到43美元，当日以33美元收盘，按每股股价为32美元的市值计，杨致远一夜之间就进入了美国亿万富翁之列。2000年，雅虎市值已达700亿美元，杨致远也拥有了75亿美元巨额财富。

——资料来源：改编自吴开军（2003）

新世纪以来的中国创业浪潮

正当太平洋西海岸的“杨致远们”成为美国全民偶像和各大电视访谈节目座上宾的时候，互联网的新风同样吹拂着太平洋的彼岸。尽管中国在互联网技术发展的浪潮中远远落后于技术创新国，但是仍有一批创业者以不同方式先知先觉地发现了“康德拉基耶夫长波”。

1995 年，创业数次还摸不到门道的马云老师，在西雅图第一次“触网”，当在键盘上敲下“China”后，发现互联网上只有数十个单词的中国历史介绍，他敏锐地意识到这将是海量商机。尽管在他头脑中还并没有清晰的商业项目，但是已经开始“张牙舞爪”逢人必言“因特网”。

在中国互联网元年到来之前，很多像马云一样的先行者都在艰难地摸索商业模式，想尽办法创业，发掘中国互联网的宝矿，他们中很多人成了中国互联网经济的元老。

1995 年，四通利方的创始人王志东去了硅谷，成功获得 650 万美元融资，在 1998 年收购了海外最大的华人互联网公司华渊资讯，合并后改名叫作新浪网。

1996 年，出身于清华、在麻省理工求学的张朝阳，意识到自己的梦想并不是做科学家。受到美国互联网经济的熏染，他创办了中国第一家以风险投资资金建立的互联网公司爱特信。1998 年，爱特信正式推出“搜狐”产品，并更名为搜狐公司。

1997 年，网易公司创始人、CEO 丁磊，在广州淘金路一个 8 平方米的小房子里创立网易，很快推出了中国第一个免费的中文电子邮箱，后来发展出新闻门户业务。

与三大门户几乎同时创业、影响力在当时还稍显落后但后来叱咤风云的 BAT（百度、阿里巴巴、腾讯）也诞生在此时。

1998 年，马化腾在深圳创立腾讯，模仿国外的即时聊天软件 ICQ 推出了 OICQ，后来索性改名为 QQ。为了推广 QQ，性格内向的马化腾竟然跑到学校去推销，尽管说破了嘴皮子，大多数人还是无法接受。

1999 年，李彦宏结束了在硅谷著名的搜索引擎公司 Infoseek（搜信）三年的工程师生涯，离开美国的中产生活，回到北京创立了百度。之所以毅然决然回国，是因为他发现到 1999 年 50 周年国庆的时候，国内所有人的名片上都印上了 E-mail。

1999 年，马云辞去了杭州电子工学院的教师身份，联合日后被称为“十八罗汉”的创始人创立了阿里巴巴。

同一时期创业的代表人物还有盛大游戏的陈天桥、携程的梁建章、在北京搞电子商务的刘强东，以及创立 3721 搜索的周鸿祎等。

随着新通信技术在信息中介服务领域商业模式的成熟以及在生活服务领域的崭露头角，在 21 世纪的第二个十年，一批采用“互联网 + 制造业”的转型升级商业模式开始出现，典型的创业者有用互联网思维做手机的雷军（小米）以及梦想生态圈的贾跃亭（乐视）。

当新经济的社会形态从互联网经济转向移动互联网时代时，商业模式创新和创业高潮开始真正来临。2012 年，中国网民 3.88 亿人，手持终端用户首次超越台式电脑用户。一批 80 后创业者开始在生活消费、科技金融领域发力，实现了线上对线下的超越，彻底颠覆了商业生态，形成了 O2O、P2P 的业态格局，如王兴（美团点评）、姚劲波（58 同城）、程维（滴滴打车）、胡玮炜（共享单车）、张一鸣（今日头条）。

专栏 1-2 何为战略性新兴产业？

表 1-1 战略性新兴产业

项目	新兴产业内容
新一代信息技术产业	下一代信息网络产业、电子核心产业、新兴软件和新型信息技术服务、互联网与云计算、大数据服务、人工智能
高端装备制造产业	智能制造装备产业、航空装备产业、卫星及应用产业、轨道交通装备产业、海洋工程装备产业
新材料产业	先进钢铁材料、先进有色金属材料、先进石化化工新材料、先进无机非金属材料、高性能纤维及制品和复合材料、前沿新材料、新材料相关服务
生物产业	生物医药产业（如生物药品制品制造、化学药品与原料药制造、现代中药与民族药制造、生物医药关键装备与原辅料制造、生物医药相关服务）、生物医学工程产业（先进医疗设备及器械制造、植介入生物医用材料及设备制造、其他生物医用材料及用品制造、生物医学工程信息技术服务、生物医学工程相关服务）、生物农业及相关产业、生物质能产业、其他生物业
新能源汽车产业	新能源汽车整车制造、新能源汽车装置、配件制造、新能源汽车相关设施制造、新能源汽车相关服务
新能源产业	核电产业、风能产业、太阳能产业、生物质能及其他新能源产业、智能电网产业
节能环保产业	高效节能产业、先进环保产业、资源循环利用产业
数字创意产业	数字创意技术设备制造、数字文化创意活动、设计服务、数字创意与融合服务
相关服务业	新技术与创新创业服务（如研发服务、检验检测认证服务、标准化服务、其他专业技术服务、知识产权及相关服务、创新创业服务、其他技术推广服务）、其他相关服务（如航空运营及支持服务、现代金融服务）

——资料来源：《战略性新兴产业分类（2018）》（国家统计局令第 23 号）

除了新经济下典型的互联网企业，在战略性新兴产业，如新一代信息技术产业、高端装备制造产业、新材料产业、生物产业、新能源汽车产业、新能源产业、节能环保产业、数字创意产业、相关服务业等领域，也涌现了相当多的创业者和创新型科技公司，如光伏产业的施正荣（无锡尚德）、做无人机的汪韬（大疆创新）、基因检测的汪健（华大基因）、语音识别的刘庆峰（科大讯飞）、电动车的何小鹏（小鹏汽车）等。

而今，随着工业互联网、物联网、人工智能技术的同步发力，中国正率先进入"数字经济"时代，这一轮"康德拉基耶夫长波"周期下的一个崭新的创业高潮正在来临。

向大健康产业进军

大健康是新蓝海

党的十八届五中全会首次提出了推进健康中国建设，“健康中国”上升为国家战略。2016 年 10 月，中共中央、国务院印发了《“健康中国 2030”规划纲要》。顺应全球经济的发展潮流和我国经济转型升级的趋势，大健康产业的商业蓝海成为新一轮创业活动的重点和热点领域。大健康是继 IT 业后的阳光产业，世界各国都在关注。在发达国家，健康产业增加值占 GDP 比重超过 15%，而在我国，仅占国民生产总值的 4% ~ 5%，低于许多发展中国家。目前，中国健康产业的年收益约为 900 亿美元，而美国健康产业产值已经超过了 1 万亿美元。

从发达国家的经验来看，大健康产业具有产业体系广、产业链条长、产业融合深、辐射覆盖大、消费拉动大、创造就业多、抗风险性强等复合型特征。进入新世纪以来，随着我国社会经济的全面进步和人民生活水平的日益提高，人们对健康的需求发生了深刻的变化。环境污染、食品安全、工作压力等一系列危害人们生命健康安全的社会问题不断涌现，人们在对美好生活及高质量生活的需求日益增长的同时，对生命健康的关注度也大大提高，自我健康管理意识不断增强。近年来，由于新冠病毒等传染疾病的频发，人们更是持续加大对健康的关注与自我健康防护的反思。这都为大健康产业的快速发展提供了充分的现实机遇。我国《“健康中国 2030”规划纲要》提出，健康是促进人的全面发展的必然要求，健康产业将成为国民经济支柱性产业。到 2030 年，“健康中国”带来的大健康产业市场规模将超过 16 万亿元。

大健康产业构成

大健康产业是随着健康理念的延伸而形成的健康关联产业的集合。狭义的大健康产业（healthcare industry），一般是指经济体系中向患者提供预防、治疗、康复等服务部门的总和，更接近于我国的医疗卫生服务业。按照国际行业分类标准来看，健康产业一般包括卫生保健供应商、医疗设备、医疗物资、生物科技和制药五个从属行业，其产品主要包括医疗产品、保健用品、医疗器械、健康管理等多个与人类健康紧密相关的生产和服务领域。

广义的大健康产业既包含狭义的内容，也包括对非患者人群提供保健产品和服务活动的经济领域。大健康产业被认为是与人身心健康相关的产业体系，以健康长寿为终极目标，范围覆盖全人群、全生命周期的产业链。权威人士与机构对健康产业的理解也略有不同，通常来说除了以上狭义健康服务，还包括以健康为目标的服务活动，如体育健身、健康教育、健康养生与养护、健康管理和咨询等，以及与健康直接相关的产品批发、零售和租赁服务。

国家统计局《健康产业统计分类（2019）》将健康产业确定为 13 个大类、58 个中类、92 个小类，涉及三次产业，体现全生命周期的健康服务，涵盖医疗卫生、科研、药品、器械、保险、保健、养老、食品、教育、旅游、体育等诸多方面。具体而言，将健康产业范围确定为医疗卫生服务，健康事务、健康环境管理与科研技术服务，健康人才教育与健康知识普及，健康促进服务，健康保障与金融服务，智慧健康技术服务，药品及其他健康产品流通服务，其他与健康相关服务，医药制造，医疗仪器设备及器械制造，健康用品、器材与智能设备制造，医疗卫生机构设施建设，中药材种植、养殖和采集等 13 个大类。

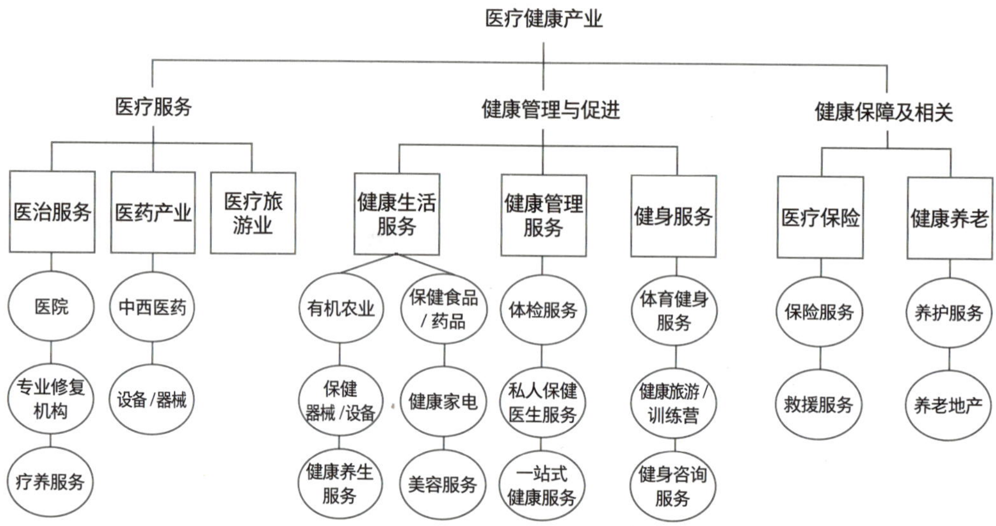

——图片来源：艾瑞咨询（2015）

> 图 1-3　狭义的大健康产业构成图

产业细分与战略机遇

现阶段，我国大健康产业仍处于发展初期。一方面，随着人口老龄化以及人民健康意识提升，健康服务 / 产品的需求日渐增多；另一方面，政策、资本、技术等因素的变化加速大健康产业变革。在需求与环境的共同作用下，大健康产业结构、服务供给模式、产品形态也随之变化，呈现出以下几点明显的发展趋势。

一是明显的高科技特征。如医疗 + 互联网形成了在线问诊，医疗 +5G 促进了远程医疗、健康医疗智能硬件、基因检测等领域发展。产业与产业之间的融合也在加速，如 AI+ 医疗形成的辅助诊断，以及医疗旅游、医药供应链金融等。未来，可穿戴设备、抽血机器人、手术机器人、远程医疗机器人、医学 AI“助理”，以及提高远程医疗、慢性病检测、区块链医学的其他高科技应用都将出现在我们的医疗领域。二是服务标准化的发展趋势。健康产业是一个特殊的行业，用户不仅追求健康产品，更看重相应的健康服务，有时健康产业的服务作用甚至超过健康产品本身，健康服务领域的创业活动也是大有可为的。伴随着健康产品和服务的创业活动，厂商逐渐根据市场需求开发先进的产品和服务，形成具有竞争力的商业模式和产品 / 服务标准，进而形成和促进整个行业的进步。三是全方位整合化的趋势。与健康中国战略进行系统化的健康服务整合思想相似，在未来，健康产业将与旅游、互联网、健身休闲、食品整合发展。以健康教育管理、个人健康护理、智能健康、健康养生等形式为基础，探索构建生理健康和心理健康双结合的深度整合发展策略成为厂商竞争的焦点领域。从目前的产业构成来看，当前大健康的细分领域包括内容如表 1-2、表 1-3 所示。

表 1-2　大健康产业链上下游细分领域及代表企业

分类	定义	代表企业
化学原料药制造	原料药是制剂中的有效成分，指化学合成、植物提取或者生物技术所制备的各种用来作为药用的粉末、结晶、浸膏等，但病人无法直接服用的物质	浙江医药、浙江新和成、华北制药等 1 200 家
化学药品制剂制造	化学药是缓解、预防、诊断和治疗疾病，以及具有调节机体功能的化合物的统称	人福医药、东阳光药业等 1 100 家
生物药药品制造	生物药物是指综合利用生物体、生物组织、细胞、体液等制造的一类用于预防、诊断和治疗疾病的制品	百济神州、恒瑞医药、复星医药等
中药饮片加工 / 中成药	指在中医理论指导下，用于预防、诊断和治疗疾病并具有康复与保健作用的物质	广州医药、华润三九、天士力、汉森制药等
医疗器械设备制造	用于人体的仪器、设备、器具、体外诊断试剂及校准物、材料以及其他类似或者相关的物品，包括软件	迈瑞医疗、新华医疗、迪安诊断、乐普医疗等
药械流通	是指医药产业中连接上游医药生产厂家和下游零售终端客户的一项经营活动	上海医药、国药股份、华润医药、九州通等
医疗机构	依法定程序设立的从事疾病诊断、治疗活动的卫生机构的总称	爱尔眼科、美中宜和、三博脑科、通策医疗
零售药店	将购进的药品直接销售给消费者的药品经营企业	老百姓、益丰药房、一心堂、大参林
体检机构	检查人体健康状况，拥有完整的设备和人力，能检查出身体的疾病和健康评估的场所	美年健康、瑞慈医疗、爱康国宾等
医药电商	凭借计算机和网络技术（主要是互联网）等现代信息技术，进行医药产品交换及提供相关服务	阿里健康、1 药网、健客网、好药师等
互联网医院	专指具有互联网诊疗服务牌照的线上医疗服务平台	微医、好大夫、平安好医生

——资料来源：艾瑞咨询（2019）

表 1-3　大健康产业热点细分领域及代表企业

分类	定义	代表企业
健康管理	指一种对个人或人群的健康危险因素进行全面管理的过程，包含诊疗、康复领域的健康服务。包括线上、线下多种模式	平安好医生、微医、妙健康等
康体养老	以 60 岁以上人群为服务目标市场，包含养老产品、服务的上下游整体产业链	泰康、人寿、龙湖、远洋等
第三方支付	就诊卡、在线支付等与医保关联或非关联的移动支付形式	支付宝、微信、平安社保、钱包等
医疗信息化	为医疗机构提供 HIS、EMRS、PACS、RIS 等信息化软件或云服务，搭建医院外联平台、区域信息化等平台	东软、卫宁、万达信息、金蝶医疗
互联网医疗	包括互联网医院、在线医疗、医药电商、医药 O2O、线上健康管理、线上医生工具、线上健康咨询等细分领域	微医、好大夫、平安好医生、医美垂直新氧、O2O 叮当快药、健康管理妙健康以及线上医生工具丁香园等
AI+ 医疗	AI 为医疗健康行业带来诊费支出节约、药物研发成本降低及周期缩短、患者科学化健康管理等收益。主要应用在辅助诊断、影像识别、新药研发、基因筛查等方面	推想科技、惠每科技、依图医疗、汇医慧影、Deepcare 等

——资料来源：艾瑞咨询（2019）

认识创业与人生

创业是什么？

财富目的说

该观点认为创业是以进行有偿经营、通过开展商业活动而实现赢利目的的经济活动。财富与创业几乎是联系在一起的。在美国，约六成到七成的财富集中于最高 10% 的家庭中。最富裕的家庭往往是企业家而非一般员工，前 1% 最富有的家庭中约有八成的身份是创业者。在福布斯列表中，企业所有者在福布斯富豪榜中占比达到 61% ~ 80%，其余是继承而来的财富，也是源自于父辈或祖父辈创建的企业。可以说，财富不仅是创业者的一个目标，也是创业的一个重要动机。相对于其他概念（如创新），创业的概念更侧重于财富创造，强调关注基于市场和顾客导向的商业化过程来实现财务创造。

机会价值说

该观点认为创业是识别并捕捉商业机会，从而实现潜在价值及创造价值的过程。

机会的发掘是创业成功的开始，也是人们对创业故事津津乐道之所在，因而创业被认为是机会的发掘和实践过程。在现实中，我们可以发现，创业者往往独具慧眼，他们一定敢于并善于追求和把握机会。著名管理学家德鲁克曾经讲过这样一个小故事。在一个社交晚会上，几位女士正在讨论养宠物的话题。当其中的一位提及她很想养一只京巴狗却没能买到时，旁边过来一个年轻人搭话说："夫人，我想我能帮您的忙，如果价钱合适的话。"经过一番讨论，双方达成了共识。几分钟之后，只听刚才的年轻人在门厅外跟人通电话说："请帮我查一下，什么是京巴狗？何处可以搞到？"按照德鲁克的说法，这个年轻人"把握机会然后寻求资源设法实现"的欲望和能力就是一种创业精神。

核心要素说

该观点认为创业是通过利用人力、资本、机会、资源等要素来进行经营管理的活动。美籍奥地利政治经济学家约瑟夫·熊彼特（Joseph Alois Schumpeter）认为，企业是实现新的生产要素组合的经营单位，而企业家是实现生产要素组合的人。这种组合不是对原有组合方式的简单重复，而是一种创新性的资源组合、整合方式。创业经常是变不可能为可能。在不被看好的情况下，创业者在早期所能筹措的资源较少。在资源约束的条件下，创业者只有走出不同寻常的道路，充分整合自身有限的资源，探索出一条有效的价值生成模式，才能获得生存和发展的机会。从这个意义上来说，创业就是对资源的创造性整合。例如胡玮炜"从 0 到 100"的创业历史就是一个对创业团队、风险资本、市场需求、产业技术和生产性资源的动态整合过程。

组织创新说

该观点认为创业是创建新企业、新团队并通过组织创新而实现新业务的过程。早期的创业研究有一个共识，即认为创业就是创办新企业。随着全球经济形态的转换和创业经济的发展，这样一种认识越来越受到质疑。德鲁克认为："如果仅仅是开张一家既没有创造出新的令人满意的服务，也没有创造出新的顾客需求的熟食店，这种创新的企业新建活动不能称之为创业。"也就是说现在的创业已经超越了传统的创建企业的概念。特别是 20 世纪 80 年代以来，源于发达国家的知识和技术经济给现有的公司运作方式带来极大冲击，对组织经营的"创新"和"灵活性"提出了更高的要求，创业活动也必须适应这种时代潮流。当前的创业研究主要考察的是创业家如何创办"新""小"企业，其"创建新组织与开展新业务的活动"有哪些独特性。

风险管理说

该观点认为创业是一种高风险的创新活动，因此要合理地进行风险防范和管理，从而规避和化解风险。创业的决策可能源于一次冲动，但是创业活动是绝对不能冲动的。英文中常说"business is business"，从事生意就需要尊重生意的原理和规律。从事创业始终面临着风险，创业环境的不确定性，创业机会与创业企业的复杂性，创业者、创业团队与创业投资者的能力与实力的有限性，都可能产生创业风险。创业者在初创期，往往都面临着融资缺口、研究缺口、信息和信任缺口、资源缺口、管理缺口等一系列约束，这些缺口越深，则风险越大。不幸的是，与成熟的企业相比，创业企业抗风险的能力很弱。处于经济的起步阶段的创业企业，往往资源实力较弱、组织完备性较差，规模与产业范围狭小，企业知名度低，技术产品服务及商业模式的可行性也有待检验，遇到风险较多，遭遇的打击也更大。因而，创业企业更需要进行风险管理。

专栏 1-3 大学生创业的十大风险

表 1-4 大学生创业的十大风险

风险	风险说明
风险一：项目选择盲目	缺乏市场调研和论证，只凭兴趣和想象来决定投资方向，心血来潮做决策，碰得头破血流
风险二：缺乏创业技能	当创业计划转变为实际操作时，才发现自己根本不具备解决问题的能力，无异于纸上谈兵
风险三：创业资金断裂	资金风险在创业初期会一直伴随在创业者的左右
风险四：社会资源贫乏	企业创建、市场开拓、产品推介等工作都需要调动社会资源，大学生在这方面会感到非常吃力
风险五：内部管理风险	学生的财务、营销、沟通、管理能力普遍不足，缺乏必要的经验、资金和心理素质，造成管理上的风险
风险六：竞争失败风险	在一个竞争非常激烈的领域创业，极有可能受到同行的强烈排挤，可能意味着彻底毁灭的危险
风险七：团队分歧风险	团队的力量越大，产生的风险也就越大。核心成员在某些问题上产生分歧，极可能对企业造成强烈冲击
风险八：缺乏核心能力	一个依赖别人的产品或市场来打天下的企业是永远不会成长为优秀企业的
风险九：人力资源流失	拥有或掌握这一关键技术的业务骨干的流失是创业失败的最主要风险源
风险十：意识上的风险	风险性较大的意识有：投机心态、侥幸心理、试试看心态、过分依赖他人、回本心理等

思考方法说

该观点认为创业是一种思考、推理和行动的方法，它是在机会的约束条件下的创业者所具备的完整缜密的实施方法和讲求平衡技巧的领导艺术。通俗地讲，创业思维是指一种不等不靠，遇到大的困难不想把命运交到别人手里，依靠自己的优势和能力，去改变环境的一种态度或认知。拥有创业思维的人会采用创造价值的方式来思考和处理问题。当外部具有社会变革的机遇且商业环境竞争比较公平时，拥有创业思维的人更容易生存和发展，显然这是一种主动改造世界的“强者思维”。乔布斯就是这样一个人。他那句著名的招揽语“你是一辈子卖糖水，还是与我一起改变世界？”招来了百事可乐的总裁约翰·斯卡利帮助打理公司，正是其创业思维的精彩写照。如果你不了解乔布斯，会认为他无非是那个给我们带来了 apple PC、iPod 数字音乐播放器、iPhone 智能手机、iPad 平板电脑的企业家，但是真正了解他的人是这样评价他的历史贡献的："他将人类带入了家用计算机时代""他创造了数字音乐市场""他永远改变了手机产业并推动了人类进入移动互联网时代"。而对乔布斯个人而言，他无非是那个随时都在想方设法改变世界的人而已："你的时间很有限，因此不要轻易浪费它。不要活在别人的世界里，不要被教条束缚，不要按照别人的想法来生活，勇敢地追寻自己的心灵和直觉，其他一切都是次要的。"

为什么要创业？

很多人说，创业的意义就是获取财富，实现人生的财富自由。诚然，财富是创业的一个重要意义，但绝不是创业的全部意义。财富的积累是创业活动的结果，在这一结果的实现过程当中，我们绝对会经历丰富多彩的人生，体会到与众不同的感受。

我的人生我做主，创业拥抱独特的人生

大部分人毕业以后进入社会，服务于公司和单位成为被雇佣者，从事着他人的目标和梦想，服从于别人的指挥和命令，按部就班地过着朝九晚五的生活，人生大部分时候是谈不上梦想、价值与意义的。安德烈亚 · 韦尔曼是一位商业摄影师，在被公司解雇以后，她决定利用这个机会静下心来重新发现自己。安德烈亚喜爱户外散步，也喜爱宠物。有一天，她看到杂志上说芝加哥有个人把遛狗当作了全职工作。安德烈亚觉得很有意思，于是开始兼职替朋友们遛狗。不曾想到，朋友们纷纷说，经过这样的服务以后，狗狗们的状态好极啦！这大大鼓舞了安德烈亚，她开始有意识地把遛狗变成自己的职业，开始设计商业模式经营，增加了宠物保险服务，她还考取了宠物急救资格证，甚至推出了网站，还雇用了一批新的员工。如今，安德烈亚投入在一项她认为很有意义的工作当中。创业至少可以使我们按照自己的意愿，自主地规划人生和生活，也有机会实现心中的梦想。

人生就是一个过程，创业写就精彩的剧本

一个知乎网友这样写道："自己做得越好，也会越自信。创业会让你比其他人多几十年，以昨天晚上为例，我凌晨 3 点还在写这篇要演讲的稿子，今天 6 点自己就要起床，别人睡 9 个小时，我只能睡 3 个小时。创业让你和更多的陌生人产生联系、发生互动，当你亲自选一处房子作为办公室时，要和中介和物业打交道，要和装修和政府部门和保安打交道。当你每天醒来知道只要团队没有营收，每天都有两万元成本产生的时候，你会倍感压力和动力。当你做出的一款产品能够每天让数亿用户停留的时候，这种存在感和自豪感是无可取代的。"创业会让你全身心地投入一项事业，每天都在为自己的创业项目不停思索，那种全身心投入的感觉会让你的人生从此大不一样。创业会让你学到更多的知识，无论是产品的生产、推广、运营、销售、售后。作为创业者，你必须用心思考形成全局意识，这不但会提高你的学习能力，还会让你收获更多的知识。

世界因你而不同，你也会因创业而不同

创业很苦，创业很难，创业还要承担失败的风险，但很多人依然会乐此不疲，其奥妙在于创业对创业者的“乐不可言”。创业带来丰富的过程性成长感、深厚的结果性成就感，形成心理信心与积极行为的良性互动，驱使个体不断寻获“自我价值实现”的顶级目标，收获马斯洛意义上的“人生巅峰体验”。创办“今日头条”的张一鸣，凭借“机器算法”颠覆性的模式，硬是在 BAT 三大巨头牢不可破的互联网江湖里杀出了一条成功之路。张一鸣选择项目不是用赚钱来衡量的，“今日头条”之前的四五个创业项目有的都可以商业变现了，但他却选择了退出，是因为他在不断地寻找挑战性。“成就感才是我屡次选择创业的根本原因，我希望每一次的成就感都要比前一次创业的成就感更大。参与酷讯创业时，一天有几十万人搜索特定东西的需求；在做海内、饭否的时候，体验到了社交产品的力量以及交流分享带来的便利；做“今日头条”时，为一个月改变几千万人的信息获取效力。”

浏览“创业之旅”

“创业管理沙盘实训”是一门利用现代化、电子化的培训方法体系、培训技术模拟创业过程的课程。通过建立完善的实训方式以及教学模式，确保学生可以对创业企业员工工作中涉及的环境、场景、问题、风险等事项进行综合的情景模拟，来有效地提升大学生创业的综合素质、创业意识，提高整体实践能力。

课程的设计理念依托全球知名百森创业体系，结合精益创业理念建立以创业过程为主线的教学内容设计，将课程分成十大教学模块，同学们要围绕一个虚拟的创业项目，完成创业启蒙、创业机会识别、团队组建与资源管理、市场调研与分析、产品及服务创新设计、商业模式设计、创业融资、商业计划书撰写、创业路演、课程总结等十大模块的过程训练。

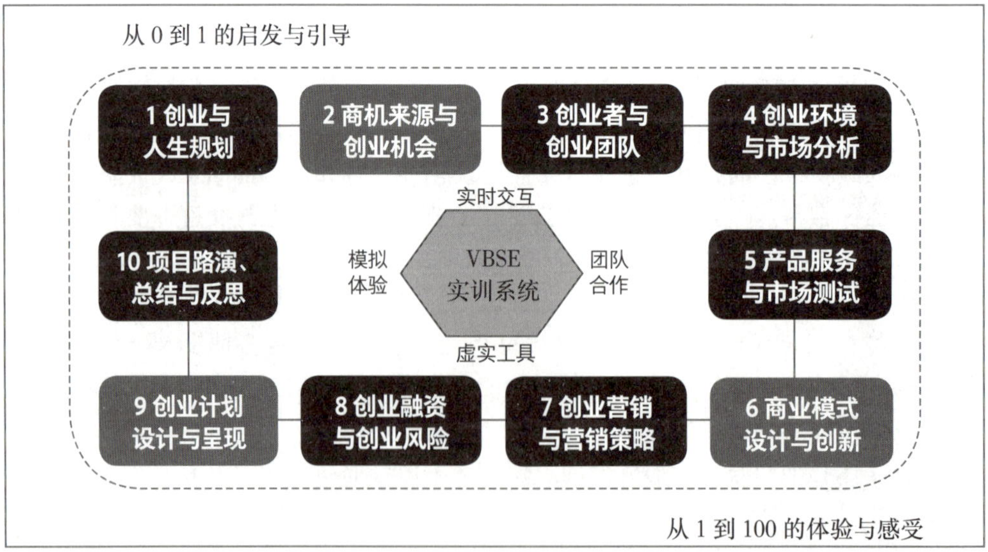

> 图 1-4　创业之旅与课程结构

“创业与人生规划”模块是课程的动员环节，主要使学生了解创业的内涵与过程，理解创业与人生规划的关系，掌握创业人生价值实现的设计方法。

“商机来源与创业机会”模块是实训项目的逻辑起始，目的是使学生了解商机的来源，掌握发现、识别、创造创业机会的方法，通过“愿景画板”“烦恼画板”“商机画板”等系列沙盘，在练习中让学生发现、识别、明确具体商机。

“创业者与创业团队”模块主要是从人员和团队的角度进行创业准备，通过一些简便有效的理论模型，训练学生快速了解自身及团队他人特质的能力；在创业团队内涵与分工介绍的基础上，通过团队沙盘训练，组建并优化创业团队，初步掌握一些创业团队的管理方法。

“创业环境与市场分析”是课程重点训练的部分。介绍一些基础实用的市场环境分析工具、市场规模预测的方法（沙盘），引导学员通过“客户画像”分析项目顾客群体特征，在此基础上明确开展市场调研的目的，了解必要步骤及相关方法；通过“问卷画板”完善调查设计并在课后开展问卷调查工作，训练学生定性、定量分析制定初步市场战略的能力。

“产品服务与市场测试”主要基于精益创业的过程思路，配合“产品原型画板”沙盘，讲解产品设计的方法，理解最小可行产品的价值与类型，掌握用户测试和产品迭代的方法，使学生深入了解创业团队的工作内容，扩展创业的深度思考能力，掌握创业实务的相关技能。

“商业模式设计与创新”是创业项目设计综合大成的关键环节。先通过逐步让学生了解商业模式定义、商业模式的不同类型、商业模式的创新方法，进而通过“商业模式画布”沙盘让团队进行“纸上谈兵”，让学生对基于利益相关者和产业链的价值创造产生更加深刻的认识，最后通过教授商业模式评价方法完成项目设计的自我反馈。

“创业营销与营销策略”是在既定战略的基础上进行具体的市场设计。在教授创业营销概念、理论的基础上，介绍包括大数据营销在内的营销工具；基于“用户体验地图”沙盘训练，让学生养成基于用户思考的习惯，设计与目标群体价值相符的营销定位和市场策略集合。

“创业融资与创业风险”是本课程教学的一个难点。对大部分非商学专业的学生来说，要在战略目标、市场目标达成成本的基础上来估算、规划和筹划公司未来数年的财务资源并设计融资结构，是比较吃力的。本教材将简单务实地向学生介绍规划创业财务的方法、创业风险及其规避方法、盈利能力分析方法，以及融资方案的设计方法。

课程以“商业计划书撰写”“创业路演”“课程总结”三个模块总结收尾。“商业计划书撰写”是对项目成果的书面总结，重点解释商业计划书撰写的重难点问题。在创业路演准备教学的基础上，开展真实的现场模拟活动。最后以座谈的形式，总结各组在创业模拟过程中的得失经验，分析和提炼创业学习感悟。

趣味练习

生活之轮

1. 拿出一张 A4 纸，先在纸上画一个圆圈，然后通过画 4 条线把圆圈等分为八个部分。

2. 在圆圈的外围，写下八个主题名称，表明你设定的人生领域主题或感兴趣的领域。

3. 以圆心为零点（表明在当前主题下的满足感最低），圆周为最大值（表明在当前主题下满足感最高），在每个主题区间标记分值。

4. 标记完之后，把每个区间的分值用彩笔涂抹出来（见图 1-5）。

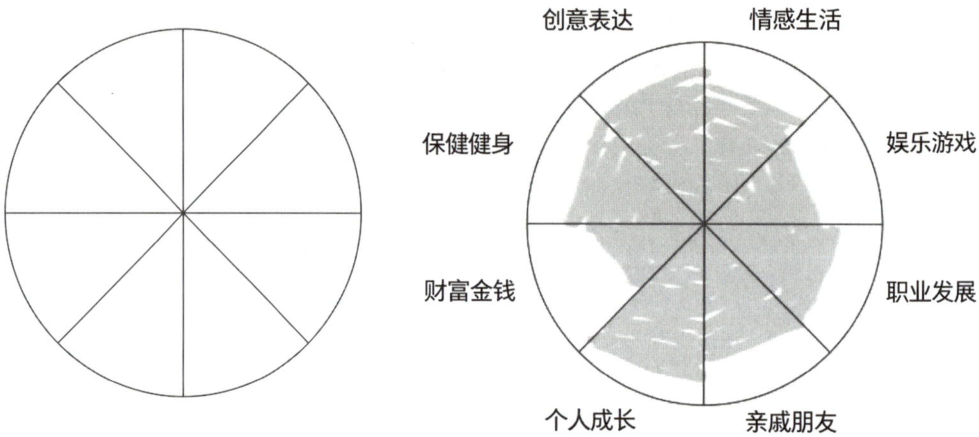

（1）“生活之轮”画板　　（2）“生活之轮”示意图

> 图 1-5　“生活之轮”画板

完全涂抹的区域表示此项生活主题得到了全面实现，部分涂抹的区域表明在这个领域你还需要更加努力。“生活之轮”游戏中包括各种主题，这些主题可以揭示我们的主要兴趣。此外，它还能说明生活中有哪些方面和我们的工作同等重要或是比后者更为重要。

沙盘练习

预见你的未来

◎ 沙盘主题

预见你的未来。

◎ 讨论方式

群体讨论。

◎ 主要任务

通过群体讨论提炼观点。

表 1-5

项目	第一步：自上而下小组思考	第二步：根据第一步延伸思考
社会	描述你的社会愿景：	秉持的价值观： 相关任务设计：
家庭	描述你的家庭愿景：	秉持的价值观： 相关的任务设计：
个人	描述你的个人愿景：	秉持的价值观： 相关的任务设计：

◎ 作业过程

愿景是指组织、群体或个人未来想要达到的理想的图景。价值观是组织、群体或个人认定事物、辩定是非的一种思维或价值取向。我们对待社会文明、家庭构建以及个人发展，都存在着相应的价值取向。

◎ 作业提示

1. 沙盘练习第一步“愿景描述”请依据下述提示进行。

（1）闭上眼睛，想象在 30 年以后的一个清晨，当你睁开双眼，打开窗户时，你看到的（社会）应该是一幅什么样的景象?

（2）你准备进屋吃饭，发现你的家人都在。你的家庭应该是什么样的景象?

（3）你的朋友约你见面。你们在一起聊天时，你（个人）会是一个什么样的人呢?

（4）根据以上模拟场景，分别分析、描述和提炼我们的社会愿景、家庭愿景和个人愿景。

2. 沙盘练习第二步请依据下述提示进行。

（1）针对社会文明、家庭构建以及个人发展，我们秉持的价值观是什么？我们最看重什么？你可以采用简短的话语进行描述，如：“人人都应该享受发展的成果”“敬老爱幼，相互扶助”“做事一定要做到最好”“不惜代价取得胜利”“保持快乐并且创造快乐”“做有意义的工作”等。

（2）如果要完成你的愿景，在匹配价值观的基础上，你需要做哪些任务？任务可以由不同的具体的目标组成。

要点回顾

从胡玮炜摩拜单车的创业故事中，我们看到创业机会就在大时代当中，创业者既需要有敏锐的观察力，也需要有为梦想疯狂的欲望，以及为实现梦想不断克服困难的行动能力。

在很大程度上来讲，我们今天的世界是发端于 20 世纪 70 年代第三次工业革命的技术新经济形塑的结果。在这一波"康德拉基耶夫长波"中，西方的技术经济走在了前列，使得创业活动成为社会经济发展当中的一个突出现象。随着技术外溢的过程，中国从 20 世纪 90 年代最后五年开始了一波技术创业高潮，至今已有互联网元年创业潮、新工业创业潮、生活服务和互联网金融创业潮、战略性新兴产业创业潮等阶段以及即将来临的数字经济创业潮。同时，也应当看到，随着社会经济发展的变化，在我们所处的大健康产业领域存在着丰富的创业机遇。

对"创业"本身我们应当有综合全面的认识，它既是为了实现财富积累、发掘机会价值的目的，也是需要整合资源、进行组织创新并规避风险的过程，是一种心智模式。对个人而言，创业让我们规划独特的人生，体验丰富的人生历程，收获一个崭新的自我、服务甚至改变外部的世界。本课程可以让大家对创业的主要过程和创业管理的主要环节进行接近真实的综合情景模拟。

课后作业

采访身边的创业者

1．练习建议。

（1）将访谈时间设计在 1 h 左右，不要超过 1.5 h，因为创业者很忙；时间也不要太短，否则你了解不到什么有用信息。

（2）认真准备和设计访问提纲，问题可以来自本章的主要知识点，也可以是你对创业、创业活动以及创业思维的理解，还可以是你有疑问的地方，甚至是你设计访谈提纲时预想可能的答案。

（3）自己寻找创业者，创业者类型不限。

（4）访谈时要做好快速记录，如果对方允许，最好录音。

（5）访谈时一定要注意创业者的表情、思考、停顿等细节。

（6）访谈结束后一定要仔细整理各类资料，对照访谈前你预想的答案，你发现了什么？

（7）同学之间讨论一下，从你们访谈的创业者身上学习到了什么？有哪些是你们很难学习到的？

2．重新看看之前设计的访谈提纲，有哪些地方可以修改并完善。

3. 如果你访谈过创业者，请把你印象最深的事件、发现、关键词等写在下方空白处。

来源：改编自张玉利（2019）

第 2 章
创业机会识别和评估

学习导言

创业需要识别并把握好机会，创业机会的识别对创业者来说至关重要。创业机会的发掘，既需要我们大胆的联想，更需要谨慎的论证。本章首先引导大家正确地理解创业机会，避免拍脑袋式地进行创业决策。而后从宏观、中观和微观的角度，介绍潜在创业机会的分析来源，帮助大家打开创业的机会视野。通过经典案例，从结果角度分析创业机会的主要特征，我们需要充分地理解顾客的深层次诉求。通过烦恼画板训练，设身处地从顾客的视角思考潜在的创业机会，从小组的讨论中寻求值得解决的问题。最后，通过商机画板的训练，浮现出我们的创业项目。

引导案例

做人民的代步车：五菱宏光 MINI EV

汽车产业因其特有的行业关联性和技术密集性，一直是社会经济的重要支柱。据不完全统计，2020 年全国汽车保有量已突破 2.81 亿辆，预计到 2021 年年底中国汽车百万量级城市将超过 80 个。并且随着我国工业化和城镇化的加速发展，二、三线城市及农村市场需求量的增加，预计我国汽车消费市场仍将进一步扩大。

通用五菱：人民需要什么就造什么

上汽通用五菱成立于 2002 年，是由上海汽车集团、通用（中国）、广西汽车集团三方组建的合资汽车公司，成功开创了“合资留品牌，合资留自主”的典型。上汽通用五菱传承以人民的需求、用户的需求为优先，践行“人民需要什么，五菱就造什么”的经营理念，连续 9 年保持国内单一车企销量冠军。

都说国人喜欢“大”，我偏要造一个“小”

当下的消费者愿意紧跟潮流体验一下新能源汽车，但苦于没有合适的产品：续航里程不高、冬季掉电快、充电慢，消费者缺乏勇气花费二十几万元“尝鲜”；但当价格下降后，各项配置降幅明显，性价比被燃油车远远甩开；价格下探到底，基本就属于“老头乐”，消费者又开始担忧安全性的问题。于是，一直秉承着“人民需要什么就造什么”的五菱看准了这一空白市场，适时推出了这款 MINI EV。

低价实用不减配，MINI EV 能称霸

从产品力来说，这款车确实做到了用相同的价格拉开了与“老头乐”之间的质量差距。总结起来就是：大厂出品，使用场景明确，便宜、可靠、实用。在 3 万元售价下，能有 120 km 和 170 km 两种里程版本可供选择，能应对短途上下班的日常出行，全系标配胎压监测、倒车雷达和低速行人警示系统等安全配置，以及主流的智能配置，体现了潮流感；秉承了五菱“神车”传统，空间利用率较大，最大空间可达 741 L，储物空间也达到了 12 处，使用方便。

> 图 2-1　酷似“老年代步车”的五菱宏光 MINI EV

精准定位消费者，国民神车又风光

MINI EV 主要定位两类人群需求：追求潮流的年轻人；追求性价比和实用性的用户。五菱宏光将他们概括为：“妙龄少女、精神小伙和小镇贵妇”。五菱宏光 MINI EV 采用类似日本 K-Car 的外观设计，灵活可爱，多种外观颜色，深得年轻人尤其是女性消费者的青睐。而对于第二类消费者来说，他们更多的是需要一辆交通工具，且售价越低越好。所以，MINI EV 一上市，就取得了单日最高销量 2 000 辆的好成绩，成为当之无愧的“中国新能源人气王”，并在 2021 年 1 月和 4 月两度登顶全球单一新能源车型销量冠军。

小车还有大格局，自辟蓝海新赛道

五菱宏光的真实目的是开创一个电动汽车和燃油汽车之外的新品类——代步车。MINI EV 只是问路石，后续还将推出很多不同的产品。据研究，中国低速电动汽车市场占有量很快将扩大到千万级别，市场规模将达到千亿级别。但一方面，随着政策的进一步收紧，未来“老头乐”将成为历史，代步车是绝对的新蓝海。另一方面，电动汽车市场高低两端发展趋势也逐渐明显化，高端电动汽车以特斯拉、蔚来等为代表，中低端电动汽车未来将主攻三、四、五线城市的细分市场。

——资料来源：综合整理自苏平（2021）、吕江涛（2020）等相关报道

思考：

1. 综合讨论与分析：为什么 MINI EV 可以取得成功？

2. 在成熟、竞争激烈的汽车市场中，为什么五菱宏光可以发现新的商业机会？

创业机会的内涵

许多创业失败，并不是因为创业者没有努力，而是因为没有真正的机会去开始。当我们一开始思考的方向就是错误的，或者思考得不够深入，没有深刻的洞见，就很难抓住真正的创业机会。因此，创业者必须至少了解该创意是否能够填补市场的某种需要，以及是否满足了机会的标准。创业者切不可因为有了一些“点子”就头脑发热、欢呼雀跃。

机会来源于创意

创意（idea）是一种思想、概念或想法，是创业者对解决问题的一种创造性的想法。创意具有明显的创业指向。当创业者产生创意以后，很容易根据创意发展接受市场的测试的“商业概念”。例如，儿童容易走丢是一个实际存在的问题。有人试图解决这个问题，其创意可能是将儿童更好地留在看护人的身边，也可能是让看护人更好地知晓儿童的位置信息。前者的商业概念也许是开发一款限制儿童活动范围的手绳，后者的商业概念可能是开发一款带有定位及信息发送功能的随身装置。商业概念表达了顾客正在经历、创业者正在试图解决的明确问题，还体现了解决问题所带来的顾客利益和获取利益所采取的手段。

创业机会的把握离不开创意，创意是在实际问题与潜在解决方案之间具有严密逻辑关系的中介，这与我们常讲的“点子”是有概念上的区别的。一个点子能不能成为创意，一般要看它是否具备很强的价值潜力。

一是要具有独特、新颖的特征。例如，基于新的技术解决方案，差异化的解决思维，质量更好或成本更低的解决措施。新颖性意味着在未来的市场竞争中可以出其不意，具备一定程度的领先性，不仅会吸引消费者，也会引起投资者的注意。

二是创意应该是客观、真实、可操作。创意绝对不会是空想，要有现实意义和实用价值。这意味着市场上存在真实的需求或潜在需求，能够接受我们基于创意所开发的产品或服务。

另外，好的创意的根本要素是要能给消费者带来真正的价值，这种价值应该是大于创造价值的商业成本。在美国有两家试图在网上销售邮票的互联网企业 E-Stamps 和 Stamps.com，他们试图解决民众只能在邮局排队买邮票的问题，由此提供了相应的解决方案。在“美国邮政”的鼓励下，两家企业推出了允许顾客通过互联网购买邮票并在自家 PC 机上打印出来的服务。但是很遗憾，最终它们都彻底失败了。失败的最重要原因是，它们的服务没能交付足够“价值”以吸引足够多付费顾客的兴趣。实际上，对许多企业用户来说，这项服务的结果是带来更多不便而不是好处。

创意不等于机会

纽约大学柯兹纳教授认为，所谓机会就是未明确的市场需求或未充分使用的资源或能力。机会具有很强的时效性，一旦被别人把握住也就不存在了。机会的另一个特点是动态变化，一种需求得到满足，另一种需求又会产生；一类机会消失了，另一类机会又会产生。大多数机会都不是显而易见的，需要去发现和挖掘。

当我们看到机会、产生创意并发展成清晰的商业概念则意味着创业者识别到了机会，至于发展出的商业概念是否值得投入资源开发，是否能成为有价值的创业机会，还需要认真的论证。创业者往往自认为其创意具有很强的价值，然而市场检验的结果却是，看似诱人的新产品或服务创意给顾客带来困惑而非便利，这样的创意就不是真正的创业机会。也就是说，创意可能满足也可能不满足机会的标准。创意的价值要最终依靠市场检验。好的创意需要进行市场测试。当好的创意能够通过市场测试，得到市场的有效反馈，验证了其商业化的可能性，也就表明创意本身的价值是可以获得的，此时的创意才能称之为机会。

理解创业机会

创业机会主要是指具有较强吸引力的、较为持久的有利于创业的商业机会，创业者据此可以为客户提供有价值的产品或服务，并同时使创业者自身获益。创业机会是在当前环境下能够为公司成长出新事业的种子。开篇案例中五菱宏光开发 MINI EV 的故事，尽管只是一个公司内部的项目开发，但也可以看作是一个典型的公司内部创业行为，其识别出的“微型代步车市场”就是一个典型的创业机会。

当创业者在进行商机识别时，往往会灵光乍现，一个所谓的“机会”浮现在脑海中，如何判断它是不是一个值得深耕的市场呢？筛选方法和检验条件是什么？也许我们需要通过下面四个问题的检查来判断是不是一个真实的商业机会。首先，设计的产品或服务进入市场是可能的。其次，当竞争对手跟随时，还能够保持竞争优势。再次，具有可持续的、可观的经济回报。最后，它必须在“机会窗口”内实施。“机会窗口”是描述企业实际进入新市场的时间期限：一旦新产品市场建立起来，机会窗口就打开了。当市场成熟，机会窗口就被关闭。Google 在 1998 年进入搜索引擎市场后，搜索引擎市场的机会窗口实质上已关闭了。

专栏 2-1

创业机会大师说

彼得 · 德鲁克（Peter F. Drucker），现代管理学之父，其著作影响了数代追求创新以及最佳管理实践的学者和企业家们，各类商业管理课程也都深受彼得 · 德鲁克思想的影响。代表性论著包括：《公司概念》（1946 年）、《卓有成效的管理者》（1966 年）、《创新与企业家精神》（1985 年）、《21

世纪的管理挑战》(1999 年)。德鲁克认为创业机会有七种来源:

意外之事

意外的成功，风险与成本往往是最小的，这种机遇也最容易被人所忽视；意外的失败也往往隐藏着变化和随之而来的机遇；意外的外在事件。

不一致

事物的状态与应该的状态之间存在着不一致、不合拍的问题，这种断层产生了创新的机遇，即可促成社会或经济形态的重构。实际状况与预期状况不一致。

程序需要

一个企业、产业或服务领域内，也许已存在的程序需要完善，用新的环节替换薄弱的环节、用新知识重新设计一个旧程序等。

产业或市场结构的变化

产业或市场结构相当脆弱，受到一点冲击就会瓦解，其影响以出其不意的方式降临到每个人身上。

人口统计特征的变动

人口的因素相当重要：人口、人口规模、年龄结构、人口组合、就业情况、教育情况、收入的变化都是非常重要的商业预测变量。

认知、情绪及意义上的改变

“我看到杯子是半满的”与“我看到杯子是半空的”，对于事实的不同描述和认识，在商业上具有完全不同的意义。

新知识

在创造历史的创新中，基于知识的创新占有很重要的分量。然而，知识并不一定是科技方面的，旧知识的社会创新也同样重要。

创业，问一问时代!

宏观：变化的环境趋势

判断社会经济趋势

一个创业者首先要对宏观的经济环境趋势有一个大致的认识和判断。这是因为宏观经济趋势影响经济的走向，对创业决策的方向有一些至关重要的影响。宏观经济的判断指标很多，但我们不需要也没有精力面面俱到，至少了解以下两个问题:

- 宏观经济是处于平稳的增长（衰退）还是处于关键的转型变革时期?
- 在这一基本的趋势下，哪些行业领域是利好的？哪些行业领域是需要规避的?

通常而言，平稳意味着趋势比较明显，无论是繁荣的行业还是衰退的行业，创业者只需要进一步观察，就能够大致清楚自己的创业方向是否符合趋势的要求。而变革时期意味着产业的兴衰转换速度加快，产业组织和商业模式演化的可能性增强，这通常意味着大量的创新与创业机会。需要指出的是，如果一个创业者在趋势的前夜就能敏锐地感知到变革，就可以获得“先发者优势”（first mover），通过先动产生竞争优势。

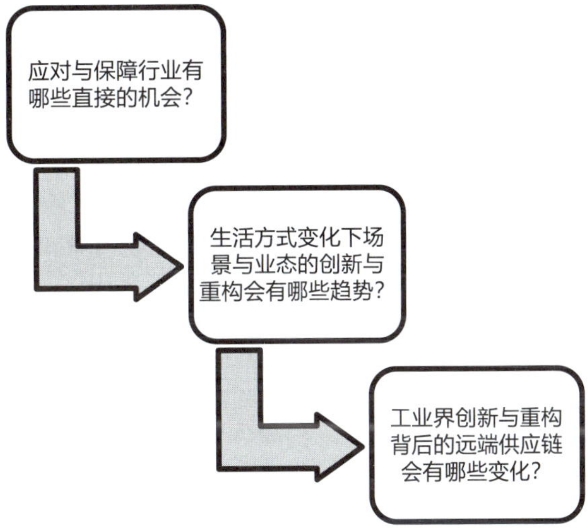

> 图 2-2 新冠疫情“黑天鹅”背景下创业机遇的分析框架

还有一些变革是以“黑天鹅”的形式突然驾临社会，对所有的行业经营者都构成了措手不及的“遭遇战”。这种危险当中通常也意味着机会。例如，2019年底席卷全球的新冠疫情对人类社会产生了不可逆转的深远影响，所有行业都必须在这种中长期冲击下思考经营问题。我们的创业机遇也许就在其中。

思考练习

如何理解疫情冲击？

中国在当前阶段独特的国情决定了我们在未来相当长的时期内都将面临极其严峻的诸多挑战。理由如下：①人口基数庞大，目前已经突破 14 亿；②人口结构严重老龄化，慢性病患者比例极高，这些免疫力弱的人群正是高危传染病攻击的主要对象；③人口地理分布高度集中（尤其是特大城市、大都市圈、大中型城市），城市化与老龄化叠加；④人口流动性大，城乡存在二元格局，农历春节正好是人口迁移最频繁的时段；⑤国民受高等教育比例仍然偏低，且健康素养偏低，普遍缺少良好的公共卫生习惯、医疗健康与科学素养（吃野味、迷信保健品、抢购双黄连、谣言和阴谋论盛行是典型例证）；⑥优质医疗资源与公共卫生资源地理分布严重不均；⑦自上而下高度集中、信息透明度较低的社会治理与公共决策体系，在面对重大突发公共事件以后有一定的协同优势，但缺乏对小概率的“黑天鹅”事件的反脆弱性；⑧中国正处在向中等收入国家迈进和伟大复兴的关键时期，国民经济进入低增长的新常态，且近年来频频遭遇国际外部打压排挤。如此庞大的经济发展的体量和动量，一旦进程被严重打断，付出的社会代价必定十分高昂。

——资料来源：上海交通大学行业研究院《新冠肺炎疫情对若干行业的影响分析》

思考：

从上面这段研究报告中，你觉得有哪些可行的创业机会？

对创业机会识别有直接意义的社会经济指标往往是微观的，例如居民可支配收入。随着经济结构的变化，最直观地反映在居民收入指标上，它的增长带来人们消费结构的变化。通俗地讲，消费结构就是人们将钱花在什么地方。一般而言，收入增长带来消费升级，人们对物质文化生活水平的需求越来越强烈，剧院、咖啡厅、旅游等产品变得越来越丰富。国际社会的发展经验表明，当人均 GDP 超过 3 000 美元以后，往往是一个地区经济变动较快的阶段，城市化、工业化的进程也会加速发展，而居民消费类型就会发生大转变。当人均 GDP 达到 5 000 美元后，社会发展进入分水岭，居民消费、社会经济成分、组织形式、利益关系和分配方式日益多样化。人均 GDP 达到 3 000 美元左右时，住房是投资的热点；人均 GDP 达到 4 000 美元左右时，教育会成为关注的重点；人均 GDP 达到 5 000 美元左右时，医疗卫生将是消费的增长点。

专栏 2-2

人均 GDP 与居民消费行为的变化关系

汽车

人均 GDP 达到 1 000 美元时，汽车开始进入家庭。而人均 GDP 达到 3000 美元时，私人购车将出现爆发性增长。

旅游

人均 GDP 达到 1 000 美元时，观光游剧增；人均 GDP 达到 2 000 美元时，休闲游骤升；人均 GDP 达到 3000 美元时，度假游渐旺；当人均 GDP 到达 6000 美元以上，这个国家就将进入休闲时代。

酒类

人均 GDP 在 2 000 美元以下时，人们主要喝烈酒；当人均 GDP 在 3000～4000 美元的时候，啤酒消费曲线陡峭上扬；当人均 GDP 达到 5000 美元以上时，红酒和啤酒交相辉映。

乳制品

当人均 GDP 超过 1000 美元的时候，居民的补钙需求集中爆发，乳制品行业将进入快速增长期。

艺术市场

当人均 GDP 达到 1000 美元时，艺术市场才能真正启动；当人均 GDP 达到 8000 美元时，艺术市场才会出现繁荣。

零售形态

人均 GDP 达到 1 000～2 000 美元时，是连锁超市诞生的时期；人均 GDP 达到 2000～4000 美元时，是便利店、时尚专卖店、专业店大量产生的时代；人均 GDP 达到 4000 美元以上时，高级时尚品牌专卖店、奢侈品、艺术品专卖流行。

健康和精神消费支出

当人均 GDP 水平达 5 000 美元以上时，人们对健康和精神的消费支出将有显著的提高。

↘

社会经济结构的变迁还包括人口结构的变化。比如，80 后、90 后在整个社会的家庭结构中大部分是独生子女，他们更愿意为孩子的成长创造更多、更好的条件。因此，在服务业中伴随着独生子女婴儿潮就出现了大量的商业机会，如婴儿车、儿童早教等。再例如，我国老龄化趋势进一步加大，根据第七次人口普查结果，60 岁及以上人口占比已经达到 18.7%。在快速增长的老龄人口、越来越重的赡养负担下，养老需求越发旺盛，商业养老保险的机遇到来。中国人寿、太平人寿等大型保险机构开始投资建设养老社区项目，分布于北京、天津、上海等地区。与老年人相关的一系列娱乐、服务，比如老年旅游、老年健身、教育培训、零售餐饮等都具有广阔的市场潜力。日本有一家新宿京王百货，商场内的通道更加宽广，指示牌字体更大，电梯速度较慢，卫生间配有扶手等，他们关注老年群体的细化需求，在零售这片红海中找到了蓝海。

跟踪产业技术趋势

对于创业企业而言，如果能利用到产业的前沿技术，从伊始就进行技术创新，很容易达成四两拨千斤的效果，从而确立在行业中的生存空间。因而，我们需要对产业技术趋势进行跟踪、分析，发掘其中可供参考的创业机会。对技术型的创业者而言，在锚定了某个具体行业以后，更需要首先梳理产业技术发展的主要特征。一方面可以通过分析行业龙头企业、技术激进型企业的研发重点，另一方面也要重视国家、行业组织关注的技术热点。在位者已有的成熟研判是帮助创业者理解产业技术趋势的脚注。

当下数字经济正成为经济发展的发动机，数字经济的底层技术，如 5G、云计算、大数据、人工智能、区块链、物联网等，不仅存在于数字产业自身，也通过产业数字化运动成为各个行业生产力的倍增器，推动行业运营方式的颠覆性变革。这些底层技术的新模式正成为各个行业创业的新机遇，需要引起我们的广泛重视。除了基础软硬件层、技术层存在着广泛的服务需求外，更多的创业机遇可以在新技术的应用场景层面进行发掘。以人工智能为例，目前在 AI+ 医疗、AI+ 教育、AI+ 制造、AI+ 零售、AI+ 金融、AI+ 安防、AI+ 交通、AI+ 传媒、AI+ 政务、AI+ 城市治理、AI+ 能源等应用领域存在着不胜枚举的创业案例。

例如，AiCure 公司致力于打造患者用药依从性的管理平台。在传统场景下，由于很多患者可能不按照研究人员设定的时间和药量来服药，研究人员无法正确评估药物在临床试验中的作用，进而影响临床研究结果；在医院场景下，护士有相当一部分工作时间都花费在护理病人服药上，对医院来说也是一种人力浪费。针对患者用药依从性差的问题，AiCure 利用人脸识别及机器学习技术切入这一细分市场，他们通过移动技术和面部识别技术来判断患者是否按时服药，再通过 App 来获取患者数据，用自动算法来识别药物和药物摄取。患者数据会通过网络实时地反馈给临床医生，就可以确认患者是否在按照他们的嘱咐按时服药。

研读政策管制趋势

当政治、政策与管制措施发生变化时，意味着与资源利用相关的成本和利益发生了直接迅速的变化，从而带来了机会。2020 年我国提出了在 2030 年前二氧化碳排放将达到峰值，2060 年前实现碳中和的远景目标。国家能源局提出了 2021 年煤炭消费比重下降到 56% 以下的具体管制要求，这些都对煤炭行业向洁净煤方向过渡和转型提出了现实的要求。节能减排技术规范、清洁生产监管、脆弱生态控制、低碳化与负排放技术在内的发展方向都成为市场需求的热点。

再例如，国家于 2020 年提出的“内循环”概念，意味着扩大消费、新基建、城乡融合、环保产业将转变为支柱产业。国内消费升级与消费民族偏好的改变成为对制造业极大的利好机遇。政府补贴与私人资本对 5G 商用、人工智能、工业互联网、物联网等七类新型基础设施建设倍加青睐。城乡融合意味着企业要在探索下沉市场用户需求上做文章，各种要素也要向农村倾斜流动。经济发展今后应该更加重视医疗和环境，绿色农业、污水处理、固体废物处理、医疗废物处理等成为未来发展的重点项目。

2021 年 7 月中央出台关于减轻义务教育作业负担和校外培训负担（简称“双减”）的文件。这一管制政策直接改变了 K12 教育行业的要素成本和收益，教育培训巨头股价均受重挫。虽然对现有的学科教育厂商是一种沉重的压力，但“双减”政策也意味大量新的创业机遇。一方面，政策一再强调校外培训应是校内教育的有益补充，其在教育满足多样化需求、促进科教融合等方面发挥着重要作用。新的教培机构可以重点加强自身课程建设，着力在兴趣培养上拓展，发挥技术方面优势，力争为学生提供更多特色化、差异化的教学内容。另一方面，校内教育压力的增大，使得公立学校引入专业机构团队开展校内外合作的需求增大，“校内平台 + 机构资源”的模式将成为未来的发展方向。

中观：产业的市场缝隙

开掘细分市场

早在 100 多年前，福特用一款 T 型车包打天下，最终被通用汽车多品牌的差异化战略所终结，宣告了大众市场向细分市场的过渡。在工业化时代，企业只需聚焦大众市场，用标准化的产品和品牌来迎合大众品味，就能获得成功。在任何行业，企业很难以一种产品同时满足所有消费者的需求，故企业必须进行市场区隔，选定适合的消费族群作为目标市场。市场细分的目的是企业能集中力量对准最核心的目标客户群，有效地实施营销并开发产品和服务。比如麦当劳就一直非常重视市场细分。餐饮行业不管是在国内还是国外市场，都有各自不同的饮食习惯和文化背景。麦当劳进行地理细分，主要是分析各区域的差异，如美国东西部的人喝的咖啡口味是不一样的。通过把市场细分为不同的地理单位进行经营活动，从而做到因地制宜。

同样的道理，即使是市场中的统治者或者有绝对优势的企业，也不可能占据全部的市场空间，它们必然忽略或放弃某些细分市场。通过对细分市场的发掘，创业者可以清楚地找到自己的生存空间。红牛饮料是一位名叫许书标的泰国商人在 1966 年发明的。其最初的细分市场是倒班工人和卡车司机等蓝领工人，让他们在通宵熬夜工作时保持清醒。1982 年，奥地利人德莱克 · 马斯特斯（Dietrich Mateschitz）到亚洲出差时意外地发现了红牛饮料。马斯特斯通过对欧美市场的细分改变了红牛的市场定位，将红牛定位包装为运动型高端饮料，从而找到了自己的市场空间。马斯特斯赞助各项极限运动，在校园里进行免费试饮，将红牛瓶子印刷在 Mini Copper（汽车品牌）上面，针对其目标客户进行宣传，在国际市场获得大卖。

关注长尾市场

最近十年，互联网电商的崛起对传统商业模式产生巨大冲击。电子商务把卖家都集中到一个维度进行竞争，造成两种结果。一方面是赢者通吃的效应更加明显，最终的胜利者将获得巨大市场份额。另一方面，互联网的商业技术又促进了市场的进一步细分。一个细分市场需要一定数量的消费者作为支撑。在传统商业环境下，企业针对期望目标用户的“寻客”和“达客”成本比较高。现在，互联网可以把原来很多小众的需求集中起来，企业可以更有针对性地批量生产，从而形成一个市场。随着网上消费者人数不断增加，可以支撑的细分市场越来越多，细分市场也可以分得越来越细。

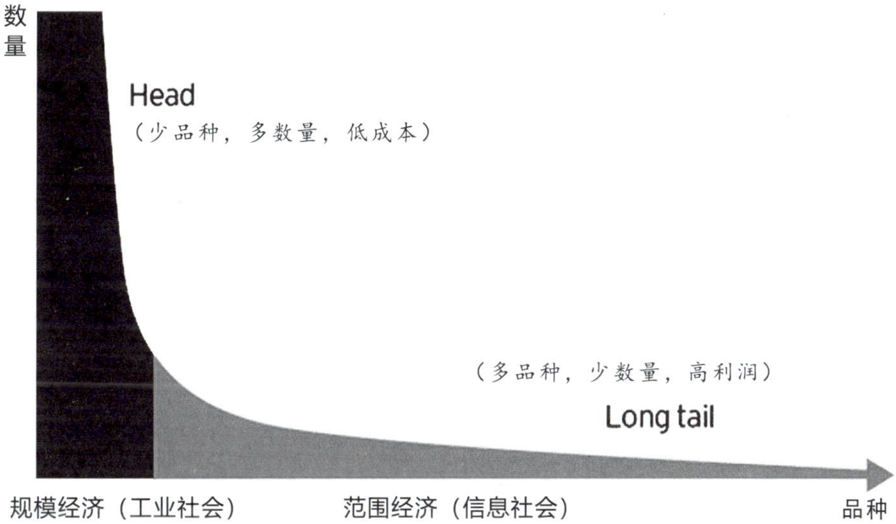

> 图 2-3　长尾理论指导下的新经营模式

《连线》杂志主编克里斯 · 安德森（Chris Anderson）在 2004 年提出了长尾理论（The long tail effect）来描述诸如亚马逊和 Netflix 的商业和经济模式。他认为，工业化时代的法则是规模经济，起作用的是“二八定律”，人们通常只能关注重要的人或重要的事，即关注曲线的“头部”（产生 80% 利润的 20% 的顾客或产品）而忽略曲线的“尾部”。在互联网技术条件下，利润不再依赖传统的 20% 的优质客户，而是许许多多原先被忽视的客户，他们数量庞大，足以让你挣得盆满钵满。Google 是一个最典型的“长尾”公司。数以百万计的小企业和个人，此前他们从未打过广告，或从没大规模地打过广告。但 Google 的 AdSense（互联网广告服务）把广告这一门槛降下来了：广告不再高不可攀，它是自助的、价廉的，谁都可以做。

微观：尚未解决的问题

伟大的进步源于平凡

除了从宏观环境、产业环境中发掘创业机会以外，我们还可以从微观入手，观察日常工作、休闲、日常生活中人们感受到或发现的问题，最终形成商业创意。实际上，我们生活的每一次进步，每一个伟大的产品、服务，都源自最简单同时又是最本质的渴望，而这种渴望正来源于解决那些让我们的生活不便利、不美好的问题。如果仅仅满足于马车的话，福特就不会去做汽车；如果打扫卫生是件劳心劳力的事情，那就做一个扫地机器人出来。正是感受到人们联系得不够紧密，才会出现即时通信软件。伟大属于那些能够认真体察生活中细节的人，属于那些从纷杂的现象中洞察并把握机会的人，属于那些不甘平庸努力创造的人。每个人都渴望享受生活，都愿意追求更高质量的生活品质，都希望现实变得更加美好，正是这种渴望一直推动着创新事业源源不断地进步。

每一个不方便都孕育着机会

每一个让用户感到不方便的场景都意味着新的创业机会，每一个被人们忽视的瞬间背后都蕴藏着能够让创业者发现新价值的力量。有一个很有头脑的年轻人，他发现人在等电梯的时候最无聊，电梯空间又小，乘客又是陌生人，每一个人都很不自在。乘客看广告其实是没办法才看的，而此时恰恰是传媒注意力最集中的时候。他认为这是一种商机，马上就创办了一间专门做楼宇电视发布广告的公司。分众传媒最终在美国上市了，如今市值超过千亿元。基于生活遇到的一些小问题的创业故事不胜枚举。美国有一个年轻人，在咖啡店里发现桌子摇晃，服务员用餐巾做脚垫也还是没法很好地解决。这个年轻人认为这个生活中的小问题却是个大市场，桌子、椅子、电视机、洗衣机等等都存在着类似的问题。于是他发明了一种防摇器，很好地解决了这个问题，结果这个小发明大获成功。

专栏 2-3 院校大学生创业项目十大来源

表 2-1 院校大学生创业项目十大来源

项目	奇思妙想	科技成果转化	产教融合协同	专创融合	新兴技术导向
来源	学生兴趣爱好、自发创意，自主创新商机	教学、科研成果产业化	大学生创新帮助企业转型升级	紧密结合本校专业与学科特色，互相促进	VR、AI、物联网、大数据、云计算

续上表

项目	师生同创活动	公益服务导向	家族传承创业	就业型创业	一带一路等
来源	老师的想法和社会资源，成为大学生创新创业项目的重要来源	政府简政放权，社会采购服务，为创业空间提供空间	基于家族产业与产权传承的大学生创新创业项目	利用共享经济、电商创新创业，带动就业	世界经济的深度融合会带来更多的全球整合资源创新创业的机会

沙盘练习

让我们想想烦恼!

◎ **沙盘主题**

烦恼沙盘。

◎ **讨论方式**

头脑风暴。

◎ **主要任务**

通过群体讨论与深入分析，逐渐明确商机发现的主要方向。

◎ **作业过程**

1. 小组成员每人尽可能多地列举自己（亲戚或朋友）在生活、学习、工作中感到最烦恼的问题，写在便利贴上。

2. 将问题进行分类，每种类似的问题占一个框贴在画板的框内。

3. 从六种问题中挑出三类有代表性、最有价值的问题，总结到画板的底部。

4. 针对挑选出的三类问题，反复分析客户真实的需求，重新总结到画板的底部。

5. 每个小组派出两名成员到其他小组听取结果，给予建议。

6. 在以上基础上锁定问题：找出 1 个或多个需要解决、愿意解决且具备商业价值的问题。

◎ **作业提示**

1. 烦恼沙盘的作业目的是初步发现创业商机。我们思考的视野不一定只局限在自身、亲戚和朋友（这样的假定只是作为一个引导）身上，还可以在更广阔的社会共性问题中寻找答案。

2. 我们挑选出的三类有代表性、最有价值的问题，是具有顾客价值的问题吗？有没有从顾客角度分析其真实的需求呢？也许分析后的答案会出乎你的预料。请小组结合本章学习内容，深入讨论分析。

直达顾客内心的灵魂拷问

好的产品应该会说话

创业机会所蕴含的商业概念最终会落实为具体的产品或服务出现在市场上。那些受到市场热捧的新产品或服务表明创业者发掘到了真正的创业机会。伟大的创业者史蒂夫·乔布斯被顾客称为“教主”，他有一句产品哲学：“把简单呈现给用户，把复杂留给自己。”正是这种处处为顾客设身处地着想的理念支撑其在电子产品领域不断地发掘商机。

iPod 的发展即为一例。20 世纪 90 年代中期，市场上开始出现便携式 MP3 播放器的产品。但是当时市场上的产品都很糟糕，外形丑也难以使用，大部分使用闪存只能存放 10 首歌曲左右。乔布斯认为这是一个可以解决的场景。为此，他建立了一套围绕“数字音乐市场”的大战略体系：未来，他的用户会从音乐商店下载音乐，使用 mac 电脑上的 iTunes 软件，通过 FireWire 接口进行高速数据传输，便于用户使用线上音乐市场进行乐曲消费。为了开发 MP3 终端，乔布斯定下了这样一个原则：“千首歌曲进口袋（thousand songs in your pocket）。”iPod 就此诞生：漂亮、纤薄的外观；5 GB 的容量，可以储存 1000 首高质量歌曲；电力支持 10 小时播放，1 小时可补充 80% 的电能；依靠 FireWire 可以在 10 分钟内上传 1 000 首歌曲；强大好用的 iTunes 管理、制作、刻录自己的音乐库。还有使用滚轮选择歌曲，手指就可以快速滑动。这一切的设计都体现了苹果对消费者真实需求的理解：我只需要一个简单而强大的音乐装置，我只是单纯地想听歌。理解顾客心思的好产品自然受到了市场的极大反响。

> 图 2-4　苹果 MP3 播放器 iPod 的宣传语：千首歌曲入口袋

近年来，风靡南北的小罐茶，也是一种会说话的好产品。他的产品理念同样是化繁为简。随着中国消费者购买力的上升，茶产品市场逐渐演化出低、中、高三类消费群体。高端消费群体具有很强的购买能力。但是，对消费者而言，想喝上一口好茶真的很难！想喝遍天下好茶更难！因为茶叶如同烟、酒，种类繁多又品质参差不齐，消费者需要具有较高的鉴赏能力又要花费很高的选择成本。高端消费者内心这样一种痛点，就成为小罐茶的创业机会：开发高品质的品类覆盖型茶叶产品。小罐茶的举措可谓是教科书级别：有技巧地筛选出市场上主流知名品类中的八款茶品——普洱茶、大红袍、西湖龙井、铁观音、黄山毛峰、茉莉花茶、白茶、滇红；精心挑选了“八位制茶大师”参与产品制作来保证产品的质量；并且对产品的外观设计及包装、使用体验等也有着高度的要求。“一罐一泡”的铝制小罐一经上市，很快得到了市场的大众的青睐。小罐茶不仅满足了顾客在消费需求上的实用痛点，更满足了中高端客户彰显身份价值的情感诉求，成为比较时尚的馈赠礼品。

从以上两个案例当中我们可以看出，产品（包括服务类产品）并不是创业者臆想的产物，更多的时候它是一个载体，承载了我们对顾客真实需求的理解和诚意。只有满足顾客需求且具有商业价值的机会，才是我们真正的创业机会。无论是五菱的MINI EV，还是苹果的iPod，还是小罐茶，这样“好”的产品，一经推出马上就会俘获顾客的芳心，这也就是“好的产品会说话”的含义。

发现顾客的真实需求

那么如何发现顾客的真实需求呢？有哪些方法帮助我们发现顾客的真实需求呢？学术界对人的需求最根本看法还是要数马斯洛（Abraham H. Maslow）的需求层次理论（hierarchical theory of needs）。马斯洛理论把需要分成生理需要（physiological needs）、安全需要（safety needs）、爱和归属感（love and belonging）、尊重（esteem）和自我实现（self-actualization）五类，依次由较低层次到较高层次排列。五种需要是最基本的、与生俱来的，构成不同的等级或水平，并成为激励和指引个体行为的力量。

我们将马斯洛的需求层次模型对iPod的产品设计进行分析，其对用户的满足呈现出从基本到深层次的排列。大致可以划分为两类：一类是实用的基本需求满足，另一类是心理的情感需求满足。我们对顾客真实需求的考虑，不能仅仅停留在实用的基本层面，更需要深入考察用户的真实心理动机。

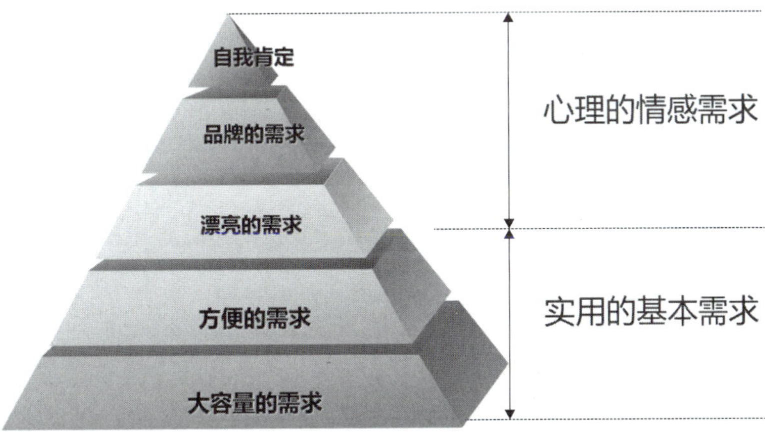

> 图 2-5　iPod 产品设计的马斯洛需求层次模型分析

小技巧：5 why 分析法

了解顾客的真实需求，有哪些具体的方法？我们可以在创业机会的过程识别中使用“5why 分析法”，对一个问题点连续以 5 个“为什么”来追根求源。虽然名为 5 个“为什么”，但使用时不限定只做“5 次”，主要是必须找到根本原因为止。“5why 分析法”的关键所在：鼓励解决问题的人要努力避开主观或自负的假设和逻辑陷阱，从结果着手，沿着因果关系链条，顺藤摸瓜，直至找出原有问题的根本原因。这种方法最初由丰田佐吉提出，用于完善丰田汽车精益制造的一种系统性思考方法。

我们同样可以通过“5why 分析法”来识别顾客的真实需求，避开主观或自负的假设和逻辑陷阱，发掘真正的创业机会。例如，一个女孩子宣称她需要节食，如果简单地理解其需求，没有发掘其背后的真实动机，我们就会以为节食产品或服务就是一个潜在的商业机会，然而，如果我们打破砂锅问到底，也许就会得到截然不同的答案。当我们了解了真正的需求，解决方案就不仅仅是节食一种。

问题一：你为什么要节食？女孩回答：因为可以减肥。

问题二：为什么要减肥？女孩回答：因为可以苗条。

问题三：为什么要苗条？女孩回答：因为可以穿紧身的衣服。

问题四：为什么要穿紧身的衣服？女孩回答：可以让自己变得更有吸引力。

问题五：为什么要变得更有吸引力？女孩回答：因为可以让我的男朋友更喜欢我。

我们经常给出一些无效的解决方案，就是因为我们没有真正接触到用户内心的需求。如果只是认为需求是节食，我们能提供的解决方案只有节食的方法；通过探寻，女孩子的需求是让男孩子更喜欢，解决方案就会更多。例如通过读书使自己更有气质，让自己变得更幽默，在努力工作中增加自信，通过由内而外的改变去影响别人等等。

无论是采用“5why 分析法”还是别的分析方法，其目的都是帮助我们了解顾客的真实需求，避免自己的主观臆断。同时，我们的观察和分析应该努力指向解决以下几个问题。

1. 问题背后的深层原因是什么？
2. 触动人们情感的因素有哪些？
3. 目前难以解决的矛盾是什么？
4. 有哪些难以察觉的共性？
5. 我们能为之设计的机会点在哪里？

专栏 2-4

创业机会的思考方法

市场调研发现机会

通过合适的方法来获取一手资料与二手资料，进而研究商业机会。一方面，通过与顾客、供应商、代理商等面对面调查与沟通，获取鲜活的一手资料与信息，了解现状、预测趋势；二是通过各类媒体、出版物、数据库，获取与自己的某个特定想法相关的信息与资料。最后，通过对资料的整理和精准分析，发现可能的创业机会。

系统分析发现机会

现今绝大多数的创业机会都需要“夹缝中寻商机”，只有更加系统体系的分析才能够科学发现商机。从宏观环境（政治、社会、法律、技术、人口等）与微观环境（细分市场、顾客、竞争对手、供应商等）的变化中找寻新的顾客需求、新的商机，成为当今创业机会识别最常用、最有效的方法之一。

问题导向发现机会

当我们在创业机会的识别阶段存在着具体的问题或者明确的需求时，就可以以问题导向来发现机会。常用的方法就是不断地与顾客沟通，不断地汲取顾客的建议，创造性地提出新的产品或者服务。在此基础上，再进行市场调研、系统分析。

创新变革获得机会

通过创新变革获得创业机会的方式在高新技术、互联网行业中最为常见。这种方法一旦获得成功，创业者的方案往往具有变革性。这种创业机会识别通常是针对目前明确的或者未来潜在的市场需求，探索相应的新技术、新方法、新知识或新模式，或者利用已有的某项技术发明、商业创意来实现新的商业价值。

沙盘练习

商机规划，我看行！

◎ 沙盘主题

商机规划。

◎ 讨论方式

集体研究。

◎ 主要任务

对“烦恼沙盘”发现的一个或多个问题，进行商业化描述，以进一步清晰商机的轮廓。可以使用课堂提供的沙盘或按照框架自画沙盘。

◎ 作业过程

1. 项目名称：填写项目的名称，为项目取一个清楚表达、便于记忆的完整名称。
2. 相关方：列举出为解决我们提出的问题，需要整合的所有利益相关方。
3. 需求：填写“烦恼沙盘”中提取出的核心需求。
4. 项目简述：对项目展开的步骤做一个完整的描述。
5. 项目图解：使用流程图或关系图的形式，画出项目简述中关键的步骤。

◎ 作业提示

1. 商业规划画板的作业目的是我们将商机“想法”变为执行“项目”的第一步。从现在开始，我们应该以职业经理人的严谨态度，认真考虑和规划项目的可行性、完整性。

2. 对于“需求”的描述是否精炼、准确、延展且包容，对于“相关方”的列举是否完整，对“我”与“相关方”的潜在价值交换关系是否明确，“项目简述”是否完整、清楚，一目了然。

创业机会的评价

简单的评价方法

创业者对机会的判断来自于他们的初始判断，而初始判断简单地说就是逻辑假设和简单计算。蒂蒙斯教授认为，机会应该具有吸引力、持久性和及时性，应该符合以下四个方面的特征：对消费者更有吸引力；能够在商业环境中实施；能够在现存的机会窗口中执行；创业者拥有创立企业的资源和技能，或者知道谁拥有这些资源和技能并愿意与创业者共同创业。

系统的评价方法

系统评价类似于大公司采用的项目可行性论证。在创业活动中，单独的个体或团队由于资源有限，很难采用相似系统的评价方法来开展创业机会的论证，并且在很多时候创业项目的评价也仅需要采用系统评价框架中的个别指标即可。但是了解系统评价方法，有助于创业者增强创业分析的科学过程，增强创业机会识别的合理性，从更加全面、完善的角度分析和审视创业机会。一般而言，我们可以从个人、团队、市场、效益、竞争优势以及战略特色六个方面对创业机会进行评价分析。

表 2-2　评价创业机会的六维度系统方法

项目	维度	具体内容
个人层面	与个人目标契合程度	具有吸引力的新创业机会，一定是一个能充分与创业者个人目标相契合的创业计划
	创业的机会成本	所有成员都需要仔细思考创业所要付出的机会成本，是否真的对于个人生涯发展具有吸引力
	对于失败的底线	创业不宜全部押上个人声誉与全部资源。理性的创业者必须要自己设定承认失败的底线
	个人偏好	创业的内容与方式是否能够符合创业者个人的偏好，包括工作地点、生活习惯、个人嗜好等

续上表

项目	维度	具体内容
个人层面	风险承受度	能以理性分析面对风险的人才是比较理想的创业家，由他来执行的新创业机会相对才会比较具有吸引力
	负荷承受度	创业团队成员愿意为新创业投入工作量多寡，以及愿意忍受的辛苦程度
团队层面	最佳团队组合	标杆：领军人物、各类专业化背景成员、紧密的组织凝聚力、共同的价值观分享
	经验与专业背景	产业的相关经验与了解程度多寡，会影响创业成功的概率以及投资人的态度
	诚信正直的人格	具有良好声誉，诚信、正直、无私、公平的创业者，对于评价新创业机会通常都具有显著加分的效果
	专业坦诚	好的创业团队成员通常能够以理性客观的态度坦诚面对各项问题，不逃避、承认不足才能克服缺失
市场层面	市场基础	市场定位是否明确、顾客需求分析是否清晰、顾客接触途径是否流畅、产品线是否可以持续衍生
	市场结构	从进入障碍、供应商与顾客的谈判力量、替代品威胁以及市场内部竞争的激烈程度来判断产业基本态势
	市场规模	一个十分成熟的市场，利润空间必然很小。一个正在成长中的市场，通常也会是一个充满商机的市场
	市场渗透力	聪明的创业家知道选择在最适时机进入市场，也就是当市场需求正要大幅增长之际
	市场占有率	市场的领导厂商最少需要 20% 以上的市场占有率。低于 5 % 的市场占有率，创业的市场竞争力显然不高
	成本结构	由物料与人工比重之高低、变动成本与固定成本比重以及经济规模产量，来判断获利空间
效益层面	合理的税后净利	好的项目至少需要能够创造 15% 以上税后净利；低于 5%，那么这就不是一个好的投资机会
	损益平衡时间	合理的损益平衡时间应该能在两年以内达成，但如果三年还达不到，则恐怕就不是一个值得投入的机会
	投资报酬率（ROI）	合理的 ROI 应该在 25% 以上。一般而言，15% 以下的投资报酬率，将不是一个值得考虑的新创业机会
	资本需求	资金需求量较低的新创业机会，一般会比较受到投资者的欢迎。资本需求越低，投资报酬反而会越高
	毛利率	理想的毛利率是 40%。当毛利率低于 20% 的时候，这个新创业机会就不值得再予考虑
	资本市场活力	这是一项评价新创业机会外部环境的指针：当处于一个具有高度活力的资本市场，获利回收机会相对高
	退出机制与策略	由于退出的困难，所以一个具有吸引力的创业机会，应要为所有投资者考虑退出机制以及退出策略

续上表

项目	维度	具体内容
竞争力层面	成本竞争力	对于物料成本、制造成本、营销成本等拥有掌控与持续降低成本的能力
	市场控制力	对于市场的产品价格、客户、渠道、零件价格的控制力，攸关企业的竞争优势
	进入障碍	高进入障碍的市场，相对不具有吸引力。新创业如果无法制造进入障碍，也不是一个好的投资机会
策略特色评估	创业模式组合	创业者、创业团队、创业机会、创业资源四者间是否能够形成良好的搭配
	团队优势	评量创业团队的专业能力、产业经验、道德意识、管理能力、决策能力等等之组合（潜在优势）
	服务品质	是否能在服务品质方面具有差异化特色，并且能够创造明显的竞争优势
	定价策略	一个好的定价策略是采取略低于市场领导厂商产品的价格，而不是以过低的价格进行市场竞争
	战略弹性	新创企业组织的包袱较少，决策速度相对较快，因此战略弹性将成为新创业企业发展的竞争优势
	技术优势	拥有的技术领先程度、技术专利、技术授权、技术联盟关系等，都可能成为创造优势的战略特色
	进入时机	能掌握市场机会窗口打开的时机，采取适当的进入策略，这项新创业成功的概率自然也将会大幅提升
	机会导向	凡是能够密切注意市场变化，主动发掘并实时掌握新机会的创业团队，成功的概率相对较高
	销售渠道	许多优秀的产品从来没有接触消费者的机会，原因就是它们缺乏适当的销售渠道
	误差承受力	如果对于未来情境预测误差能有比较高的承受力量，则也应该被视为是一项具有特色的创业机会

要点回顾

发掘好的创业机会是创业活动的逻辑起点。具有价值属性的创造性点子才能成为创意，而能够商业化运行并将潜在价值充分变现的创意方案才是真正的创业机会。我们可以从宏观环境、行业环境和微观的生活入手，按照一定的分析思路，抓住核心的要素，来发掘和验证创业机会。创业者通过对市场的有意识的观察和分析，找到具有共性的难点、痛点并使用合理的商业方案加以解决。这样一个化繁为简的过程，需要我们进行简约而不简单的思考，可以采用 5why 分析法、市场调研法、系统分析法、创新变革法等技巧使我们的分析更加缜密。创业不是儿戏，我们要从多个维度对创业机会进行充分评估。

课后作业

项目发展之预调研

作业要求：

根据本组发起的项目特点，从某一个方面，如宏观市场的二手数据资料分析或深度访谈进行一手客户调研，自学自找相关资料，对各组项目展开“预市场调查”，以论证本组项目。将调查过程及分析结果填入表 2-3。

表 2-3　项目预调研分析报告

<table>
<tr><td colspan="2">项目简述</td><td colspan="2">调研目的与方向</td></tr>
<tr><td colspan="2"></td><td colspan="2">（1）目的设计
（2）方向设计</td></tr>
<tr><td colspan="4">调研过程简述（150 字以内）</td></tr>
<tr><td colspan="4"></td></tr>
<tr><td colspan="4">调研结果详述（以分析及观点为主）</td></tr>
<tr><td colspan="4"></td></tr>
<tr><td colspan="4">调研对完善项目方案的启示</td></tr>
<tr><td>启示 1</td><td>启示 2</td><td>启示 3</td><td>启示 4</td></tr>
<tr><td></td><td></td><td></td><td></td></tr>
<tr><td colspan="4">请各位专家首先对整个项目的可行性做定性结论，并提出针对性意见。其次，对整个“预调研”情况进行总体评价，并指出完善方向</td></tr>
<tr><td>专家意见 1</td><td colspan="3"></td></tr>
<tr><td>专家意见 2</td><td colspan="3"></td></tr>
<tr><td>项目计划修改</td><td colspan="3"></td></tr>
</table>

第 3 章
创业者与创业团队

学习导言

当今世界，不缺乏技术、资金和海量的创业者，但真正缺乏的是一个靠谱的创业团队。风险投资管理之父乔治·多里特(George Doriot)喜欢拥有二流创意的一流创业者和团队，而不是拥有一流创意的二流创业团队。创业者所面临的最大挑战就是组建一个战无不胜的优秀创业团队。本章主要讲述了创业者的基本特质和创业团队组建的基本知识和方法。通过本章的学习，同学们熟悉创业者需具备的基本素质和必备能力，掌握组建创业团队的技巧和方法。

引导案例

中国创业第一团队

携程以 100 万元的创业资金创立，赢得风投 3 次追加投资，4 年做到上市，成为国内首屈一指的在线旅游平台。“携程四君子”梁建章、季琦、沈南鹏和范敏这个梦想合伙人组合创造了一个创业传奇，成为团队合作的典范。

因同一个梦想相聚

1999 年 3 月，上海徐家汇建国宾馆旁边一家新开张的上海菜餐馆里，梁建章和年长的朋友季琦正在喝酒。万超是梁建章在甲骨文公司的同事，也是季琦的同学。在万超介绍下，梁建章和季琦相识，很快谈起了创业理想——做网站。

梁建章和季琦找到了共同的朋友沈南鹏。沈南鹏从上海交通大学毕业后，进入哥伦比亚大学数学系，后转入耶鲁大学攻读 MBA。当梁建章和季琦找到沈南鹏的时候，他已经拥有 8 年华尔街投行经验，正在德意志摩根建富担任董事。沈南鹏几乎没有犹豫，立刻答应了参与创业。三人开始讨论网站定位。他们提出了网上书店、招聘网站、网上宜家等设想，但认为这些方案或者牵涉支付和物流问题或者不具备优势。最终，梁建章提出做一家旅游网站，三人一拍即合。沈南鹏出资 60 万元，占股 40%；梁建章和季琦各出资 20 万元，分别占股 30%。

不过，对于这个三人团队而言，他们还缺乏做旅游网站的最后一块拼图：一个熟悉旅游行业的人。几经周折，他们找到了大陆饭店总经理范敏。

沈南鹏和范敏都担任过交大学生会主席，后辈与前辈之间关系不错。范敏硕士毕业后进入上海老牌国企上海新亚集团公司，从新亚国际旅行社到新亚集团公司办公室，又从新亚旗下海仑宾馆管理实习生到新亚集团酒店管理公司的副总经理，此后又担任过上海旅行社和大陆饭店的总经理。

携手同程分工前行

1999 年 5 月，携程正式成立了。10 月，在拿到 IDG 的投资之后，四位创始人带领几十个员工将网站做了出来。10 月 28 日，携程旅行网面世。

携程创立之初，4 个人便按照各自的专长具体分工：梁建章是甲骨文中国区咨询总监，擅长 IT 和架构管理，任 CEO；沈南鹏此前是德意志银行亚太总裁，任 CFO；季琦此前创办上海协成科技，擅长市场和销售，任总裁；范敏此前是上海旅行社总经理和新亚酒店管理公司副总经理，则出任执行副总裁，打理具体旅游业务。4 个交大校友组成一个“绝配”团队组合：搞 IT 咨询的梁建章偏理性，善于把握全局，眼光长远；来自华尔街的沈南鹏风风火火，擅长理财；民企出身的季琦富有激情、锐意开拓；国企出身的范敏善于经营，人际关系广。

和谐的角色定位

范敏打了一个比喻来形容 4 个创始人的定位。“我们要盖楼，季琦有激情、能疏通关系，他就是去拿批文、搞来土地的人；沈南鹏精于融资，他是去找钱的人；梁建章懂 IT、能发掘业务模式，他就去打桩，定出整体框架。而我来自旅游业，善于搅拌水泥和黄沙，制成混凝土去填充这个框架。楼就是这样造出来的。”正是由于携程团队的成员有如此明智的自我认识以及准确的角色定位，才使这个团队克服了一个又一个困难，一步步迈向了成功。

——资料来源：综合整理朱瑛石（2008)、黄飞（2017）等报道

思考：

1. 携程四君子因何“缘”走到了一起？
2. 找创业小伙伴，如何才能做到能力互补？

谁是创业者？

创业者：从创始人到企业家

试问创业企业“谁主沉浮”？一定是创业者，即那些善于发现并利用商机，不断整合和优化资源，并创造性地为客户提供优质产品或服务，愿意承担创业风险，为社会创造出新的价值的人。“创业者”(entrepreneur) 一词源于法语 entreprendre，按字面

翻译就是“中介人”。entrepreneur 一词现代有两个基本含义：一是指企业家，即企业经营管理和决策的领导人；二是指创始人，通常理解为创办新企业的领导人。从创新能力与管理技巧两个维度，我们可以将管理者分成四类人（见图 3-1），来进一步理解创始人和企业家的关系。

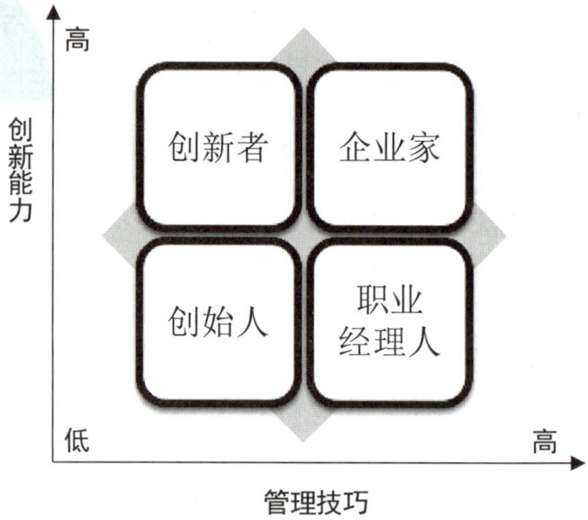

> 图 3-1　管理人员的四种分类

创新者

创新者以创造力和变革见长，技术创新是其核心能力，但可能缺乏经营才能和管理思维。职业经理人是经营管理专家，具有高超的管理素质与技巧，有一定的管理创新能力，但技术创造力稍逊。既懂得技术创新又懂管理的复合型人才其实特别稀缺，毕竟“术业有专攻”。

创始人

创始人开始不懂管理，也不会管理，也没有太多创造力，也许走了很多弯路，吃了不少苦头。通过不断学习，创始人掌握了管理知识和管理规律，并不断激发团队创新能力，也敢于对产品、技术、经营与管理进行颠覆式创新，创新性解决痛点问题。这样创始人从创业小白摇身一变为企业家。美团创始人王兴起初就是一个屡败屡战的天生创业者，可以说是创业界的“倒霉蛋”小老板，连续创业三次、失败两次后却成功创建美团。王兴极度渴望成功，具有不可磨灭的创业热情，创业经历不断加深了他对互联网行业的独到领悟，敏锐的商业嗅觉最终帮他成功做成了美团网，由一位创业者蜕变为企业家。

企业家

企业家既是所有者也是管理者，有着较高的经营管理技巧，也具有一定的创造力和创新精神。企业家将创新能力和管理技巧一肩挑，具有管理职能和创新职能。创业者多数是技术出身，创新能力突出，但不一定具有成功企业家的管理能力，甚至雇佣职业经理人而创业成功。

职业经理人

职业经理人与企业家最大的不同就是企业家是老板，能抓商机，促资源整合，而职业经理人简单来说就是打工者，听从老板的指挥。

总之，企业家不是天生的，而是后天培养和历练出来的。一般创始人通过努力奋斗，才质变为成功企业家，这是创业者的最高境界。

创业者成功基因

会做生意的人天生就是创业者，但并非所有的创业者都能成为企业家，真正的企业家寥寥无几。某些创业者虽然真刀真枪去创业了，可惜身上缺乏一点创业者成功“基因”——创业者特质（traits of entrepreneurial，TE），一遇到挫折与困难，就直接出局了。

创业者特质，又称为创业人格特质（personal traits），是创业者在人格、个性、心理方面所具有的、基于生理基础的稳定的特性及品质属性。创业者特质的形成与创业者的心理和人格特征有关，包括心理特质（性格、态度、情感、意志等）、行为特质（知识、技能、行为表现等）。心理特质一般是先天形成的内在因素，天生“丽质”，是与生俱来的内在气质；行为特质一般是通过后天学习、工作历练而得到的外在因素，先天不足后天补，历经多次勤奋修炼而成的超凡脱俗的素质和能力。

创业者特质是异于常人的独特素质与能力，如开创新事业的激情和冒险精神、面对挫折和失败的勇气和坚韧以及具备解决和处理各种挑战的知识和能力，是成功创业者的共同特质。有这样一个奇怪现象：企业家中技术能手、运营专家居多，而财务专家极少，可能就是因为会计人相对谨慎保守，缺乏冒险精神等创业者特质。

专栏 3-1

蒂蒙斯创业者特质模型

杰弗里·蒂蒙斯（Jeffry Timmons）归纳了创业者特质与非创业特质（见图 3-2），其中六大核心特质是可取并可学到的态度和行为，五大特质是特有的、不一定学到的态度和行为。与此相对应，蒂蒙斯还归纳了八大非创业特质。

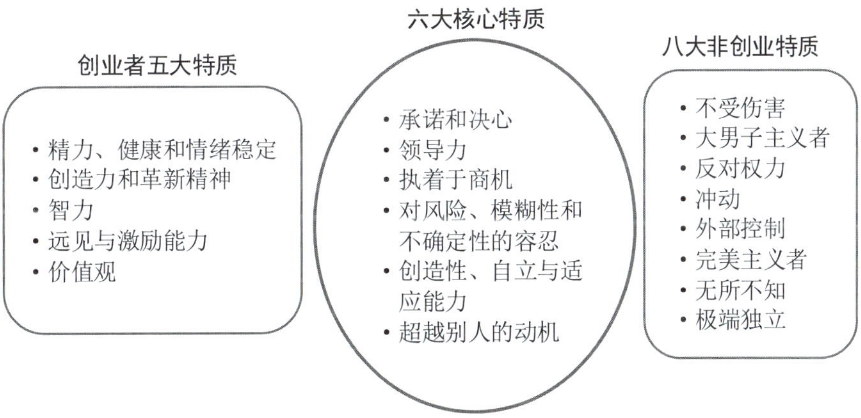

> 图 3-2　创业者特质与非创业特质

企业家精神

企业家精神（entrepreneurship）最早是由法兰克·奈特（Frank Knight）提出来的，本意指企业家的才能、才华。企业家精神是企业家的灵魂，而没有灵魂的创业是不可能成功的。拥有了企业家精神的人，才算是真正的创业者和创始人。随着时代的进步与发展，中国情境下的企业家精神被赋予了新的内涵。

冒险是企业家精神的天性

创业是勇敢者的游戏。企业家天生就具有冒险精神，敢于冒险、勇于承担风险，要做就做第一个吃螃蟹的人。1992 年任正非带领华为员工开始进入移动通信领域，当时移动通信可是鲜为人知的新鲜事物。经过 6 年的奋斗，华为才成为中国移动通信的领头羊。没有敢想、敢试、敢拼、敢闯的冒险精神，就没有华为的今天。

创新是企业家精神的灵魂

创新就是做别人没有做的事，或以别人没有用过的方式做事。直接从事创新的人也可以成为企业家，如微软比尔·盖茨、百度李彦宏。企业家精神的本质就是创新。比亚迪创始人王传福本来就是技术狂人，秉承“技术为王，创新为本”的理念，敢于打破国外核心技术垄断，在电池、芯片等方面研发自主产品，坚持走原创道路，打造企业核心竞争力，创造了比亚迪敢与国外同类产品比拼的奇迹。

合作是企业家精神的精华

企业家不是十项全能的“超人”，不可能既懂技术又懂管理。“众人拾柴火焰高”，企业家不会单打独斗，而是能够知人善用，把有能力的人撮合在一起，优势互补。企业家也要与外部合作，整合外部资源支持，借力打力不费力。华夏病理网杨敏团队主要是整合现有病理医生资源、病理医生的交流互动网站，与 300 多名国内外病理专家（其中 70 多名海外华人病理专家）签约合作。同时，利用业余时间经营网站，需要团队密切合作。真正的企业家善于合作与交流，既是管家又是外交家。

敬业是企业家精神的动力

敬业是一种基于对职业的敬畏而全心全力投入的尽职尽责的精神状态。企业家视事业为生命，达到忘我的敬业境界，具有社会使命感和责任担当。作为改革开放后第一代民营企业家，万向集团前董事长鲁冠球十分敬业，专注于企业经营管理，朝七晚六忙工作，天天泡在办公室，全年少有休息。“一天做一件实事，一月做一件新事，一年做一件大事，一生做一件有意义的事”，就是企业家鲁冠球一生的真实写照。

学习是企业家精神的关键

面对瞬息万变的市场变化和竞争压力，企业家要及时“充电”，汲取和更新知识，不断提高自身素质和领导能力。学习能力是企业家的第一能力，要在实践中自我提高，活学活用，永远保持对知识的敏感和渴求。聚美优品创始人陈欧永远相信知识的力量，大学期间创办的 GGgame 游戏平台发展处于上升阶段时，他就毫不犹豫选择到美国斯坦福大学读 MBA，继续学习，回国后成功创立聚美优品。

执着是企业家精神的本色

创业九死一生，但企业家贵在执着与坚持，“不疯魔不成佛”。企业家心里有一个伟大目标，不管风吹浪打，高度专注于所钟情的事业。三一重工创始人梁稳根曾经卖过白酒、倒腾玻璃纤维等产品，都赔得一塌糊涂。他发誓要创造一种市场急需而无供应的产品，经过数百次实验，几经退货，终于生产出“105 铜基焊料”，并靠 6 万元资金起家，走出了民营企业发展的奇迹。

诚信是企业家精神的基石

做生意犹如做人，企业家首先诚信为本，言行一致，不欺骗供应商与消费者，凭良心挣钱，树立业界良好口碑。七色布庄创始人祝冰凝第一笔生意就遇到了难题，经过无数个电话沟通，以诚信感动了客户，客户最终选择跟她合作。诚信是中华民族的传统美德，也是企业家立身之本，比生命都重要。

课堂训练

你适合创业吗？

请填写“创业者特质自我评估表”进行创业者特质自我测试。当单项分数为 4 或 5 超过了 5 道题，或者总分 28 分以上，你绝对适合创业；当单项分数为 1 或 2 超过了 5 道题，或总分 14 分以下说明你不适合创业，只能做上班族。而总分为 14~28 分则表明你有一定企业家素质，但也许你还没有意识到自己的潜力。

表 3-1　创业者特质自我评估表

企业家精神	角色扮演	程度（从强到弱）	分数
敢于冒险	探险家	5 ~ 1	
勇于创新	开拓者	5 ~ 1	
团结合作	人际关系专家	5 ~ 1	
敬业奉献	敬业者	5 ~ 1	
持续学习	终身学习者	5 ~ 1	
执着专注	意志坚定者	5 ~ 1	
诚实守信	守信者	5 ~ 1	
合计			

透视创业团队

联想集团创始人柳传志提出管理三要素：搭班子、定战略、带队伍。“搭班子”是放在第一位的，说明创业要成功，必须先组建一个志同道合、优势互补、强强联合的创业团队。徐小平认为创业之路是艰苦的，山上有老虎，起步阶段一定要结伴而行，才能一路披荆斩棘。雷军也认为，找到了好的团队就成功了一半。

创业团队（entrepreneurial teams，ET）是创业初期由两个或两个以上拥有共同目标、角色分工明确、彼此互补、相互依赖、共同创办新企业并参与新企业管理、共担风险、共享利益的创业合伙人组成的特殊群体。创业合伙人主要包括创始人（founder）、联合创始人（co-founder）。创始人是创业团队的建设者和核心领导。联合创始人就是有能力、有资源、有合伙意识、积极辅助创始人的人，是创始人的好伙伴。摩拜（mobike）创始人团队主要是一位美女创始人背后有三个男人为她保驾护航，即“四人帮”胡玮炜、王晓峰、李斌、夏一平，其中胡玮炜是创始人及总裁，联合创始人总经理王晓峰、董事长李斌、技术总监夏一平。

创业团队就是以少数能力互补、共担责任、共享利益的创始人与联合创始人为核心的创业合伙人团队，即核心创业团队。创业合伙人是创业路上的亲密战友与合伙伙伴，集所有权和经营权于一身，人人当家做主，共享决策权。这是狭义的创业团队。

除了创业合伙人（创始人及联合创始人）之外，创业企业的合伙人还有事业合伙人（包括公司高管、核心员工、外部顾问等）、业务合伙人（供应商、分销商等）、资本合伙人（企业投资者）。所有参与创业行为的合伙人，组成利益相关者团队，这是广义的创业团队，但不在本章讨论范围之内。

专栏 3-2

小米创业团队“5P”要素法

目标（purpose）

创业团队有一个既定的共同目标，是团队成员努力奋斗的指南针。小米初创团队主要目标是做小米高配智能手机，成为一家世界 500 强公司。

人（people）

不同的团队成员分工合作，来共同完成创业目标。除雷军之外，小米的联合创始人阵容豪华，包括林斌、黎万强、黄江吉、洪锋、刘德和周光平 6 人，5 个工程师、2 个设计师背景，其中 5 人是“海归”。

定位（place）

雷军认为团队第一、产品第二，有好的团队才能做出好的产品。雷军亲自搭建团队，并解放团队，去 KPI 激励，物质与精神激励齐飞。每一个创始人都是某一领域的专才，有负责开发手机系统的、开发手机软件的、手机设计及做手机硬件的，独立运作、互不干涉。雷军有丰富的企业管理能力，联合创始人执行能力强，强专业弱管理，营销、研发等跨部门合作。

权限（power）

小米采用核心事项的集体决策机制。雷军担任董事长兼 CEO，林斌担任总裁，按 AB 股计划两人拥有 A 类股份，雷军拥有 57.9% 的投票权，一个人可以决定普通事项，也可以一人否定重大事项，而雷军、林斌拥有 87.9% 的投票权，两人可决定重大事项。黎万强负责小米手机营销及 MIUI 项目，周光平负责小米科技硬件及 BSP 团队，黄江吉负责小米科技工程技术，刘德负责小米手机工业设计和供应链业务，洪峰负责米聊产品。

计划（plan）

详尽而可行的计划是创业成功的关键，也是一步步贴近创业目标的行动保障。雷军团队规划将软件、硬件一体化，并致力于提供整体的用户体验。为此，小米科技首先开发了 MIUI 手机操作系统，然后投入小米手机的研发，2011 年 8 月打造出爆款产品 Mi1，最后才推出提供实时信息服务的米聊社区，形成三大核心产品——米聊、智能手机系统 MIUI 以及小米手机。

↘

谁做带头老大？

核心创业团队首先找一个灵魂人物做老大，如微软就是比尔 · 盖茨，阿里巴巴就是马云，小米就是雷军。他们身上有着彻底的企业家精神，有大格局，有担当，有魄力，有个人魅力，能带领伙伴们一拼到底、走上巅峰。但到底“谁是老大”呢？这主要取决于创业团队是核心主导的还是群体性的团队。

核心主导的创业团队是创始人先有点子后组建的创业团队。如马云先有互联网的金点子，后组成“十八罗汉”的精英团队。核心主导的创业团队有一个核心领导，创始人老大清晰可辨。创始人是创业团队的顶梁柱和灵魂人物。如果老大不控股，可采用 AB 股制度，虽然同股不同权，但确保老大的控制力。小米雷军 31.41% 的股权享受超过 50% 的表决权，成为小米控股股东和绝对老大。群体性创业团队恰恰相反，是先组团队，后找项目。学生创业领军人物陈旭光和几个清华同学先组成团队，经过半年多研发出电子商务平台。群体性创业团队似乎人人可管，但实际上无人管。创业伙伴私交甚好，也许掩盖了性格差异和能力问题，并未形成真正的团队合力，迟早会散伙。群体性创业团队可采用轮值董事长制度，“皇帝轮流做，今年到我家”，小伙伴轮流做老大，既保证有决策有最后拍板人，又保障合伙人之间权力利益均衡。华为公司 CEO 由 8 名高管轮值出任，任职期为 6 个月。但创业企业上市了，轮值董事长制度可能作废了。

选择几个合伙人？

具有远见卓识、超级无敌的创业大咖似乎不需要联合创始人，“一个和尚挑水喝”，自食其力，自力更生。但一旦遇到无法克服的困难，就只能自己死撑着，苦不堪言。两个人合伙也许是最棒的，“两个和尚抬水喝”，齐心协力办大事。360 公司两个创始人是周鸿祎和齐向东，两人曾经共同战斗 16 年，当时 360 没有周鸿祎就会找不到方向感，没有齐向东就会成为一盘散沙。三个合伙人符合“少数服从多数”决策机制，决策效率高，不会扯皮，三角关系最稳定。如果三人共同撑起产品、技术、市场三大岗位，一般都不会撂挑子，也不会“三个和尚没水喝”，如新东方“三驾马车”俞敏洪、徐小平、王强。联合创始人最好不要超过 3 人，除非是明星大企业。总之，合伙人不需要太多，核心创始人团队最好是 2 ~ 3 人，否则合伙人太多了反而会产生交流和合作障碍，也容易产生内部小团体，内耗团队凝聚力。创业初期要“精兵简政”，未来才能以开放的姿态吸纳更优秀的合伙人加入。

找合伙人啥标准?

创始人挑选优秀联合创始人，如同找一个人来恋爱，但“宁缺毋滥”，必须符合心中“白马王子”的理想择偶标准。具体来说，选择合伙人的标准主要有四个：志同道合、互相信任、能力互补、性格互补。

志同道合

志同道合是合伙创业的根基。“志同”就是兴趣志向相同，有着共同追求的理想、目标，从事的事业相同。“道合”就是信仰一致，有着共同的价值观和行为规范。创业需要信仰，创业团队是有着共同信仰的团队。“道不同不相为谋”，没有共同价值观的人一遇到困难就会产生创业理念、梦想分歧，最终分手。新东方的价值观是“诚信负责、真情关爱、好学精进、志高行远”。基于对新东方的共同愿景与梦想，徐小平和王强加盟新东方，与俞敏洪密切合作，成功创业。

互相信任

合伙创业关键是相互信任、彼此忠诚，最忌讳的就是相互猜疑、存有二心。最值得创始人信任的一定是身边知根知底、彼此熟悉的人，可能是家人、亲戚、同学、朋友、同事甚至邻居，或者多年熟识的客户或供应商等合作伙伴，具有血缘、亲缘、地缘、学缘（校友、战友）、事缘（同事）及其他友缘关系。熟人创业彼此熟悉品行、性格和能力，情感认同度高，即使吵得面红耳赤，也讲原则，越吵反而感情越深，顺利度过难挨的“磨合期”。

能力互补

首先创业伙伴思维互补，要变换不同立场和视角来思考问题，提升对问题分析的深度和决策的效度，也加深小伙伴之间的交流与合作。然后团队小伙伴更要技能互补，不同技术和能力之间的良好配合，出色地完成团队目标。你有技术，我懂管理，他了解市场，小伙伴们知识结构互有优势，相互分工合作。新东方三驾马车包产到户，分工明确，徐小平做留学咨询服务，王强做口语与基础，俞敏洪做托福考试培训，互不干涉，各负其责。

性格互补

性格不同的团队伙伴合理搭配，适合的岗位合理分工，充分发挥团队伙伴的潜力，帮助团队完美完成目标。性格互补，看上去很“美”，但可能会发生冲突，关键是互相包容，不要试着去改变别人。新东方三驾马车俞敏洪、徐小平、王强的性格截然不同，但确实互补。俞敏洪坦诚宽容、合群温和，做老大，比较强硬，但不能坚持原则。王强坚持原则，决不妥协，所以经常和俞敏洪吵架。徐小平则是俞敏洪和王强之间的和稀泥者，当两人吵架时，他就是那个劝架的人。创业早期三人天天吵架，却不散伙，兄弟还是一往情深。

专栏 3-3

血型分类与性格能力互补

血型是先天性的，主导人的思维模式。气质、性格相对稳定，先天性占优，不可否认后天的环境影响能改变一个人的性格，但为数较少。血型与性格相互依存，血型在一定程度上决定了个人性格。同时，不同性格表现不同的行为举止，有着不同的人际关系处理方式，扬长避短，从而匹配不同的职业与职位，形成四类人才。这样，血型分类就将性格互补与能力互补有机结合起来（见表 3-2）。

表 3-2　基于血型的能力与性格

血型	人才类型	性格优点	性格缺点
A 型	财务型人才	慎重，对数字敏感，分析能力强，力求完美，细心周到	不敢冒险，胆小，缺乏主见
B 型	市场型人才	性格外向，富有激情，工作有干劲，喜欢挑战自己，出谋划策	易冲动，个性散漫，想法朝令夕改
AB 型	管理型人才	冷静理性，低调，保持中立，见解独到，不感情用事	缺乏恒心和毅力，思考不周全
O 型	老板型人才	富有干劲、包容性，做事有计划性、前瞻性，充分利用手中资源	太自我，不听从他人建议

携程四君子磨合成互补型创业团队，就是血型的完美组合。O 型梁建章，老板型人才；A 型沈南鹏，财务型人才；B 型季琦，市场型人才；AB 型范敏，管理型人才。4 人的分工分别是：梁建章担任首席执行官 CEO，负责网站技术；沈南鹏担任董事长兼 CFO，负责上市融资；季琦担任总裁，负责开拓市场；范敏担任执行副总裁，负责产品管理。

如何选择合伙人？

不要随意“傍大款”。创始人也可能遇到一些牛人，请神容易送神难。小米科技成立之初，朋友向雷军成功推荐了摩托罗拉资深工程师作为联合创始人，并任职副总裁，负责硬件及 BSP 团队。但 2018 年这位资深工程师被雷军劝退，主要是因工作重大失误而得罪韩国三星，导致小米供应链脱节。虽然他是技术大咖，但管理能力算“庸才”，最终不堪大用。

谨慎选择兼职合伙人。至少核心创业团队必须是全职合伙伙伴，全身心参与创业。全职代表了一种与不确定项目共生存的奉献精神，一路向前不回头。一般投资人不会看好兼职合伙人参与的项目，就是因为兼职合伙人碎片化时间管理企业，可能对项目信心不足，没有全精力投入的决心，没有与创业伙伴共担风险的态度，归根到底还是人品问题。一心不能两用，不算“真爱”，兼职合伙人要不得。

上述合伙人的 4 个选取标准，用一句话来总结就是：完美合伙人要德才兼备，性格互补。也就是说又红又专，性格“温柔”，绝对是“梦中恋人”标配。品德看人品和忠诚度，才能主要是技术能力。按照品德和才能两个维度，分别从高到低划分，将创业合伙人分为 4 种不同的类型，形成创业团队不同成员构成（见图 3-3）。

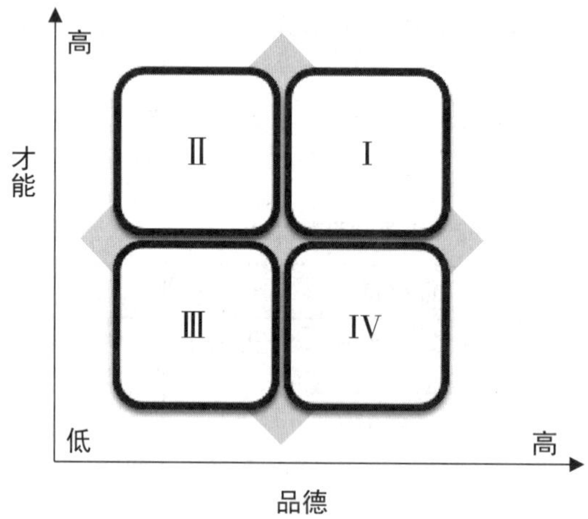

> 图 3-3 创业合伙人的四种类型

象限 I（高能力、高人品）：

这类合伙人人品过硬，能力极强，是最理想的合伙人。这些人三观端正，勇于担当，富于激情，公正无私；洞察力极佳，了解行业未来发展趋势，专业能力强。这类合伙人绝对是极品，能否找到就看你的运气了。

象限 IV（低能力、高人品）：

这类合伙人人品不容置疑，品行端正，但能力缺乏。如果首先考虑人品，至少这类人不会祸害团队，也是活跃团队气氛、增强团队凝聚力的重要因素。这类合伙人是次优选择。

象限 II（高能力、低人品）：

这类合伙人能力数一数二，但人品有限。如果他的能力是创业团队必需的，那么尽量弱化其品行的前提下，也可以有限度地吸纳这类合伙人。这是选择合伙人的第三选择，但这类合伙人不宜过多。

象限 III（低能力、低人品）：

这类合伙人既无能力，人品也差，团队存在感极低，又可能因其低级失误而将团队推入深渊。这类合伙人是最不应该进入团队的，即使加入团队，也会很快被扫地出门。

总之，选取合伙人标准不能“一刀切”，没有最优的情况下只能选择次优，但必须有道德底线。找人品差的合伙人等于为自己挖了一个坑，稍不留神就可能葬送自己的大好事业前程。自私贪婪、消极悲观、满满负能量的人统统靠边站。

何处找合伙人？

我国大多数创业团队是关系驱动型的、群体性创业团队，是以创始人为核心的朋友圈或亲戚圈成员构成的创业团队，因友谊、管理经验和共同的兴趣爱好结成创业伙伴，发现商机后共同创业。熟人依次是前同事、同学、朋友、亲戚、家人。既了解能力，又了解人品，前同事是最佳选择。老同学一起共同接受教育，人品熟悉，价值观念有很大的相似性，也是不错的选择。朋友之间不陌生，交流随意，朋友合伙也很常见。

如果创业初期最困难之时连同事、同学、朋友也不愿意帮你，创始人只好拉上家人创业。兄弟夫妻等亲人作为合伙人，沟通顺畅，但企业做大后更容易发生利益冲突和矛盾，尤其是夫妻店被认为是创业毒药。同苦但不能同甘，兄弟创业最后反目成仇的比比皆是。但也有例外，刘永好四兄弟事业做大后虽然产生决策分歧，最后完美分家。其实，投资人最不待见夫妻店和家族企业了。如果创始人社交圈有限，可以借用外部大脑，周边的熟人推荐也是不错的寻求合伙人的途径。另外，创始人以独特的人格魅力、良好的声誉、物质激励的诱惑，也能吸引优秀的合伙人加入。蔡崇信经朋友的介绍认识了马云，被马云的人格魅力所倾倒，愿意放弃年薪 70 万美元的工作，主动投奔到阿里巴巴的怀抱。

团队角色的合理搭配

找到合适创业伙伴后，就要明确每个合伙人应担任的职务和应承担的责任，清楚自己所扮演的角色，做到角色分工合理。英国学者雷蒙德 · 梅瑞狄斯 · 贝尔宾（Raymond Meredith Belbin）于 1981 年在《管理团队：成败启示录》一书首次提出“贝尔宾团队角色模型”，并经过 12 年的推广和修正，于 1993 年在《团队的工作职责》一书中提出了修正的研究成果，提出了九种团队角色理论，即每个成功团队的成员扮演了九种角色（见表 3-3）。

团队伙伴选择时，要在综合考虑其技术和能力互补性的基础上，基本保证创业团队具有所需的九种角色。按照团队伙伴的性格特点和知识结构，容忍所短，用其所长，人尽其才，发挥各自优势，安排相应的团队角色，以便创业团队工作高效默契。

总之，团队角色都是有定位的，既有实干家，也有梦想家，多种角色并存而互补。携程创业团队中，季琦有激情，锐意开拓；沈南鹏风风火火，是这个团队的监督者、完美者；而梁建章偏理性，用数字说话，眼光长远，是这个团队的信息者、技术者；范敏则善于经营，方方面面的关系处理得体，是这个团队的协调者、凝聚者、创新者。四人特长各异，在携程创立之初，就找到了每个人准确的角色定位，他们分工明确，各掌一端。注意，对创业合作伙伴选择时可以做一个角色测试，但测试结果只是做一定的参考。

表 3-3　贝尔宾的团队角色

类型	角色	角色功能	性格优点	性格缺点
人际关系型（领导力）	协调者（coordinator）	领导团队，安排工作和资源，决策最后拍板	稳重，自信，有领导力，外向，有目标，能共同决策	创造力一般，控制欲低；过度授权，少有工作
	外交家（resource-investigator）	收集信息，提供和推广新的思想	有求知欲，喜欢探索；热情，好奇，好社交	盲目乐观；容易厌倦，热情消退后失去乐趣
	凝聚者（team-worker）	鼓舞士气，培养团队合作精神	擅长社交，合作，温和，富有同情心，敏感	面对艰难抉择时优柔寡断
任务或行动型（执行力）	完美终结者（completer-finisher）	确保计划，并以最好质量控制标准维护工作	精确，勤奋，关注细节，寻求错误，力求完美	过度焦虑，不愿授权于他人；过于完美
	鞭策者（shaper）	驱动团队行动，保证团队目标与方向准确	有干劲，精力充沛，目标导向，有驱动力	直率，易引起争端和令人不安；好斗，坏情绪
	实干家（implementer）	计划一个可行战略，并高效执行战略	有组织，遵守纪律，工作效率高，善于行动	墨守成规，缺乏灵活性；反应迟钝
思维型（创造力）	监控评估者（monitor-evaluator）	以逻辑的眼光看待问题，对团队的抉择做出冷静、公正判断	冷静，条理清晰，善于分析，判断力强，能基于事实做出决策	过于苛刻，缺乏驱动力来鼓舞他人的能力；迟于决策
	智多星（plant）	带来高创造性思维，以非传统方式解决问题	智力超群，想象力丰富，独创性强，非正统思维，多元化方案	过于关注想法，忽略次要事项；不善于沟通；粗心健忘
	专家（specialist）	关键领域有全面深入的知识和专业意见	专心致志，精通专业知识和技能	领域狭窄，过分局限于技术领域

创业团队权力与利益分配

合理配置权力与职位

创始人围绕企业战略目标考虑将战略目标任务与执行能力匹配，将创业合伙人安排在最合适岗位上做最合适的事情，确定其应有的权力与职责。注意不要找能力重复的人担任高管要职，容易扯皮。创业企业主要包括研发、生产、营销、财务四大岗位，但随着信息化和科技时代的到来，也可以增加一些新的职位。

总经理（CEO）

总经理是企业“一把手”，兼具创业者与职业经理人双重身份，人品出众，做事公正，团结，热情，有同理心，有韧性与毅力，更有梦想。

技术总监（CTO）

技术总监是“技术专家”，技术的狂热追求者，追求卓越。

运营总监（COO）

决策执行者要求能力全面，思路清晰，办事认真正直，精力充沛。

营销总监（CMO）

会变通，头脑灵活；有勇气，统揽全局，细节做起；持续学习。

财务总监（CFO）

专业知识全面，具有战略分析和判断能力，文字功底较好，善沟通。

行政总监（CAO）

行政总监是企业日常事务“大管家”，心思缜密，工作细致。

人事总监（CHO）

人力资源管理“军师”，有扎实的专业知识，以及正直诚信的品格。

信息总监（CIO）

熟悉商业流程，具备信息系统规划设计技能以及协调沟通的能力。

产品优先，技术超越，营销渠道为王。创业初期核心创始人至少应该居于总经理、技术总监和营销总监或运营总监三个职位，基本涵盖了整个生产经营过程的关键环节。也许创业初期事多、钱少，某些合伙人可能身兼多职，但同一个职位不能两个人争。其他职位没有的话可以外聘，先以外部顾问的方式吸纳，熟悉、磨合后再考虑能否加入团队。另外，具有发展潜力和能力的员工，也可以破格吸收，由打工者变为合伙人。如果某一个合伙人不适合其职位，应让他体面地离开这个岗位，绝不心慈手软。

以性格与专长相结合，划分合伙人的职位。性格不同，可适合不同的工作岗位，结合其能力予以职位匹配。腾讯有 5 个创始股东，号称“腾讯五虎”，性格不同，但各有所长。总经理（CEO）马化腾，公司创始人，原润讯工程师，擅长产品技术，性情温和，低调内敛，内向冷静，认真专注，注重客户体验。技术总监（CTO）张志东是一个技术天才，思维活跃，爱好技术。运营总监（COO）曾李青是一位市场奇才，腾讯 5 个创始人中最好玩、最开放、最具激情和感召力的一个，性格豪爽，但具有攻击力。信息总监（CIO）许晨晔，是曾李青在深圳电信数据分局的同事，以及马化腾的深圳大学同学，非常随和，对事有主见但不轻易表达，甘做“好好先生”，喜欢与人聊天，兴趣多多。行政总监（CAO）陈一丹，法律专家，马化腾的深圳中学同学、深圳大学的校友，严谨张扬，能激发大家的工作激情。

课堂训练

组建你的创业团队

根据你们提出的创业项目，组建核心创业团队。对创业伙伴进行必要的了解，讨论和归纳每一位成员的技能与性格特质，根据本讲学习内容，对创业团队成员进行角色和职位分工。

表 3-4 团队角色与职位分配

成员	技能与性格特质	角色	职位

处理好团队的利益分配

创业伙伴齐心协力、不断做大“蛋糕”后，就要一起分享“蛋糕”。亲兄弟谈感情，更要谈利益。合伙人利益分配形式主要是短期薪酬和长期股权。创业初期现金流压力较大，大多数公司采取高股份、低薪酬的利益分配机制。根据合伙人职责和能力，发放不同岗位的薪酬，同时采用浮动薪酬制度。基本薪酬只能保障正常生活，同时也要考虑非货币薪酬，如职位升迁等精神激励。但最关键的是创业伙伴之间如何科学分配股权，达到利益均衡。

汗水换股权

合伙人既要出钱又要出力，责权利相结合，谁做的事多，谁就拿得多。钱重要还是人重要，相关贡献必须设定一个具体比例，也许创业初期钱与人之间的比例为6∶4，成熟期比例变为4∶6。这样，对兼职合伙人来说，可能造成出资多、股份少的局面，等于基本屏蔽了兼职合伙人。不管如何，要为每一个贡献因素分配权重。团队伙伴对股权划分要达到个人心理预期，但也要充分认可其他团队成员所做的贡献及股权比例。同时随着变化，创业团队要开始健全一套公平合理、弹性的股权分配动态调整机制。

创始人控制权

体现股权与控制权匹配的原则，创始人与主要贡献者应拥有较多的股权。创始人应长期拥有控制权，持股67%就达到完全控制权，持股51%达到相对控制权，如果股权较分散也要达到34%股权比例。创业初期核心创始人团队一般占70%较合理，而创始人与联合创始人之间的股权比例在7∶3左右，联合创始人一般占20%~30%，此外预留10%~15%期权池以吸引人才。当然，后期新的投资人或合伙人也会加入，股权会不断稀释，创始人按股权比例放弃一定比例股权。公司上市后创始人股权比例在20%左右是常态。股权高度稀释下，创始人股权更低，甚至会丧失控制权。

股权分配不走极端

极端之一是一股独大导致创始人“一言堂”管理，决策失误概率较高。罗振宇、申音合作推出《罗辑思维》脱口秀节目，申音持股82.35%，罗振宇持股17.65%，无法真实反映两人对公司发展的贡献。原则上仅有两个股东的股权比例之差在10%~20%最好。最后两人无法平衡双方利益，罗振宇自立门户，两人“分手”。极端之二是平均分配股权。万通六君子在第一次界定合伙人利益关系时，冯仑等人职务虽然有差别，但平均分配利益，权利均等，这实际上为万通集团未来分家埋下了一颗“地雷”。

避免利益冲突

创业初期创业伙伴为了共同目标而艰苦奋斗，没有时间去计较个人得失。但随着企业越做越大，他们会越在意从企业获得的回报与个人贡献的心理对比，看看是否“利益受损”。创业团队利益冲突多表现为股权纠纷，当然也有权力之争之说。个别合伙人老是认为别人动了他的“奶酪”，争吵中团队“如鸟兽散”。初创阶段新东方三驾马车人均持有33%股份，股份制改革后俞敏洪占55%股份，但权益分配仍有分歧，最后三人散伙。

专栏 3-4

如何避免创业团队利益之争？

约法三章，先小人后君子

创业初期创业团队就应协商好股权分配比例，签署股权分配协议。股权分配协议类似于一纸婚前协议，对出资方式、股权比例、退出机制等白纸黑字详尽罗列出来。一旦真的出了利益纠纷，这份协议能帮创始人省掉许多不必要的烦心事。基于亲朋圈的合作创业，以兄弟情谊来摆平共同利益，很难做到长长久久。

摆正心态

兄弟之情是否超越个人利益呢？能否共患难之后共富贵呢？如果每个人都认为“吃亏就是福”，不怕吃亏，懂得“舍得”，并多多付出，那么该有的回报迟早都会有的。海底捞创始人张勇夫妻和施永宏夫妻创业之初各占50%股份，而2007年张勇夫妻占68%股份，成为绝对股东。施永宏认为大股东掌权对公司未来发展更好，乐于清闲。

主动深入平等沟通

团队伙伴之间发生利益冲突时，要拆掉人与人之间的一堵“危墙”，面对面坐下来，摘下面具，主动交流，平等协商，真诚交换意见。如果对某些重大问题无法达成共识，核心团队人员可采纳一人一票、少数服从多数原则，以投票结果进行最后决策。

创建和谐团队文化

共同目标必须是统一和明确的。目标一致，并为目标而努力，合伙才能长长久久。作为团队润滑剂，团队文化让团队成员为完成共同目标，互相信任，相互合作，求同存异，彼此包容，利益分配机制就容易达成共识，也不会出现不可调和的利益冲突。

沙盘练习

设计合理股权结构

◎ 沙盘主题

股权设计。

◎ 讨论方式

集体研究。

◎ 主要任务

假设初创企业有 1 位创始人做总经理，另 4 位创始人分别担任技术总监、行政总监、运营总监、财务总监，依据他们的贡献元素的市场价值进行股权设计。假设预留 20% 股权作为期权池以备后需。填写“股权设计表”（见表 3-5）。

表 3-5　股权设计表

贡献元素（%）	创始人 A 贡献值	联合创始人 B 贡献值	联合创始人 C 贡献值	联合创始人 D 贡献值	联合创始人 E 贡献值	合计
资金（50）						
技术（10）						
专利（15）						
人脉（10）						
创意（10）						
其他（5）						
合计						
股权比例						

◎ 作业过程

1. 贡献值：估算各种投入的贡献值。

2. 合计：加总每个人总投入的贡献估值（纵向合计），加总每一投入的贡献估值（横向合计），并计算总贡献估值，填写在横向与纵向合计的交叉点。

3. 股权比例：每个人贡献估值合计（横向）与总贡献估值之间的比例，作为每个人的股权比例。

◎ 作业提示

股权比例的测算，最关键的是贡献值的计算。

1. 资金：合伙人以现金和实物资产投资企业，分别按现金实际金额和实物资产的评估价值作为估值。如果合伙人向创业企业提供了办公场地，实际上也就是向企业提供了相当于租金的资金，以租金的市场价值作为贡献值。

2. 技术（专利）：以专用技术 / 专利投资，其市场价值就是合伙人对公司的投入价值。如果合伙人仅授权创业企业使用，那么技术 / 专利许可使用费也是合伙人对公司贡献的价值。合伙人将开发出来的网站、APP 等投入企业，按转让价作为合作人的贡献估值。

3. 人脉：合伙人提供营销渠道给企业，帮企业带来销售收入，可以按市场行情支付销售提成，按销售提成金额，折算为合伙人人脉资源对企业的贡献值。如果合伙人有能力帮创业企业融资，应按财务顾问的市场行情支付佣金，折算该人脉对企业的贡献值。

4. 创意：创始人想出创意，已经有初步尝试，有一定付诸实施的可行商业计划，甚至有产品（服务）雏形。按开发创意的先期工作付出多少工资等支出，作为对创业企业的贡献值。

5. 其他：如果合伙人能够为公司提供其他资源，可以按这些资源的市场价值，折算对创业企业的贡献值。如果没有“其他”项目，请将其权重比例分配到前面 5 项中。

要点回顾

并非所有的创业者都能成为企业家，创业者由创始人经过持续学习和敢于创新而质变为企业家。真正具有企业家精神（冒险、创新、合作、敬业、学习、执着、诚信），才算是成为成功创业者和企业家。

创业团队是创业初期由两个或两个以上拥有共同目标、相互合作互补、共同创办新企业并参与新企业管理、拥有股权且有一定利益关系的创业合伙人组成的特殊群体，主要包括创始人和联合创始人。创业团队需具备目标、人、定位、权限和计划五个核心要素。

搭建创业团队首先要确定一个核心领导。核心主导的创业团队中一般创始人做老大，而群体性创业团队中小伙伴们轮流做老大。合伙人是创业公司的核心，最多 3 个人为好。选择合伙人的标准主要是志同道合、互相信任、能力互补、性格互补。我国寻找合伙人一般从熟人圈子里面找优秀合伙人，依次是前同事、同学、朋友、亲戚、家人。周边的熟人推荐也是不错的寻求合伙人的途径。按照团队伙伴的性格特点和知识结构，安排相应的团队角色，并确定创业团队人员职位以及享有的职权。

按照团队伙伴的性格特点和知识结构，安排相应的团队角色，并确定创业团队人员职位以及享有的职权。团队合伙人利益分配形式主要是薪酬、福利和股权，关键是如何分配股权比例。根据团队伙伴的贡献值来分配股权，防止一股独大，也不搞平均主义，尽量做到创始人掌握控制权。避免利益冲突要做到约法三章、摆正心态、主动沟通、团队文化约束。

课后作业

典型创业团队组建与管理案例分析

作业要求：

通过网上资源搜索一家创业团队管理的案例，或线下采访创始人，分析其如何组建创业团队、合伙人如何进行职位分工和配合。在资料充足的情况下，进一步分析其股权设置和利益分配情况。

第 4 章

创业环境与市场分析

学习导言

市场调研是一切市场行为的开端，是从创意到可行性检验必不可少的步骤。这一步至关重要，决定了后续的市场行为是否有效。本章主要介绍基础实用的 STP 分析工具，通过市场细分、目标市场的选择以及市场定位，找到属于创业者的缝隙市场。引导学生用“客户画像”分析项目顾客群体特征。在此基础上，进一步明确开展市场调研的目的，了解市场调研的必要步骤及相关方法，通过“九宫格构面设计”初步确定调研方向，并在课后通过“项目调研计划”完善调查设计并开展市场调查工作。

引导案例

瑞幸咖啡：好的咖啡，其实不贵

中国一二线城市咖啡消费的主力人群是 85 后、90 后的年轻群体，其中 42% 的消费者喝咖啡的频率为每周 3~6 杯。中国咖啡市场的潜力对于很多想进入咖啡市场的企业具有巨大的吸引力。

瑞幸咖啡成立于 2017 年 10 月，是一家互联网咖啡服务供应商公司，于 2018 年 1 月开始试营业。公司利用“线上下单 + 线下门店自提或外卖”的新兴咖啡售卖模式迅速切入市场。瑞幸咖啡已成为我国乃至全球互联网咖啡引领者，依靠线上线下融合的方式，线上利用互联网大数据，进行精准营销、优化门店选址，通过社交平台进行裂变式获客，推动生产与消费良性互动。线下以每天新开 7 家门店的速度迅速铺设网点，抢占市场。截至 2019 年年底，瑞幸的直营门店达到了 4 507 家。按门店数量计算，成为中国第一大咖啡连锁企业。

瑞幸咖啡选择的主要目标群体不是 85 后人群。这一部分消费者早已有属于自己的咖啡——星巴克。90 后的互联网用户、学生、白领人群，这个市场还未被完全占据并且情感培养还没有到位，所以是他们主要选择的目标市场。

投放该市场，需要快、狠、准地抓住他们的细分消费诉求。瑞幸认为，年轻群体的消费意愿仍然在增加，消费的客单价有升高的潜能。瑞幸选址集中在写字楼、商业中心、各大高校，能将产品快速送达消费者，并带来大量稳定客户群体。门店的商业模式新颖，采取线上 + 线下的销售形式，既降低运营成本又增加客户的触达范围。再者，产品种类不断扩展，从咖啡到轻食、茶饮等，满足消费者多样化的需求。通过线上社交传播裂变，结合免单、打折、优惠券等价格促销手段，迅速吸引大量客户。

——资料来源：综合整理自张凯琳（2020）等相关报道

思考：

1. 讨论并描述瑞幸消费人群的特征。
2. 瑞幸咖啡的成功，对我们有什么启示？

STP 三部曲

现代市场的需求是多样化且复杂的。况且企业资源有限，亦不可能满足所有的消费者。因此需要把市场划分成若干个小细分市场，寻求符合自己资源、技术、长远发展目标、商业模式相契合的目标市场进入。一如瑞幸跻身咖啡行业的故事，不再争夺已经被星巴克俘虏的消费者，而是通过市场细分，选择培养自己的咖啡专属人群，建立区别于其他咖啡的独特定位。STP 是市场细分 (segmenting)、目标市场 (targeting) 和市场定位 (positioning) 的意思，是现代战略营销的核心内容。合理地进行 STP 三部曲，也许能帮助我们找到市场缝隙。

切开你的市场蛋糕

市场细分是创业者对（新）产品 / 服务潜在市场规模评估的第一步。它是通过市场调研，依据消费者的需要和欲望、购买行为和购买习惯的差异，把某一产品的市场整体划分为若干消费者群的市场分类过程。

那么要从哪些方面入手对消费者进行细分呢？科特勒认为有两大变量 4 个细分变量（见表 4-1）。

一是通过寻找地理、人口统计特征和心理统计特征这些描述性特征来确定细分市场；地理变量包括地形、气候、交通、城乡、人口密度等。人口变量包括年龄、性别、家庭人口、收入、教育程度、社会阶层、宗教信仰或种族等。如消费者的年龄往往与其消费水平、消费理念以及消费品类挂钩，年轻消费者对于价格敏感度低，注重享受，对于产品的外观更关注；老年人对价格敏感度高，对产品的实用性更加注重。心理细分包括个性、生活方式、社会阶层、购买意图、个人兴趣、价值观等。同一社会阶层的人所表现出来的心理特征具有极大的相似性。社会阶层较高的消费者对于品质、品牌更为强调，对价格的敏感度低。

表 4-1　基于消费者市场的细分变量

细分变量	具体因素
地理因素	国别、气候、城乡、环境、人口密度
人口因素	年龄、职业、性别、教育、家庭生活周期、宗教、收入水平、种族
心理因素	生活方式、性格、购买动机、个人兴趣
行为因素	购买时机、忠诚程度、追求的利益、使用者情况、使用频率

二是通过寻找行为因素来确定细分市场。行为细分包括对消费者行为、购买频率、忠诚度、购买时机等进行划分。比如消费者对品牌的忠诚度情况，可以根据顾客重复购买的频率、购前的筛选时间，还有向他人推荐的次数等因素来判断不同顾客对于品牌的忠诚度，进而根据不同的忠诚度来归类不同的消费群体；购买时机包括季节性、节假日，比如“双十一”“618”这些属于仅在有限的时间内的需求来划分消费群体；消费者行为包括消费习惯、行为等，比如喜欢网购的消费者，我们可以区分首次访问者和曾经多次访问过我们的 APP 但尚未购买的人。行为因素能更直接地反映消费者的需求差异，因而常常成为市场细分的最佳起点。有效的市场细分会增加企业的竞争力，能够让你的产品准确地进入到目标受众的视野。实施有效的营销计划，可以做到“精准营销”。“弱水三千，我只取一瓢饮”，市场细分，就是要找到属于你的那个“瓢”。

确定你的目标市场

目标市场是那些我们能创造最大顾客价值并能保持一段时间的细分市场，是我们所有营销活动要满足的市场，同时也是我们为了实现经济利润、预期目标而要进入的市场。当选定好目标市场之后，所有的营销活动都必须围绕这个目标市场进行。目标市场可以选择一个或多个，资源有限的企业或许只能服务于一个或若干个特殊的小市场。目标市场选择对于创业有很大的帮助，可以细分再细分，直到找到属于自己的利基市场，即那块“小而美”蛋糕。（见图 4-1）

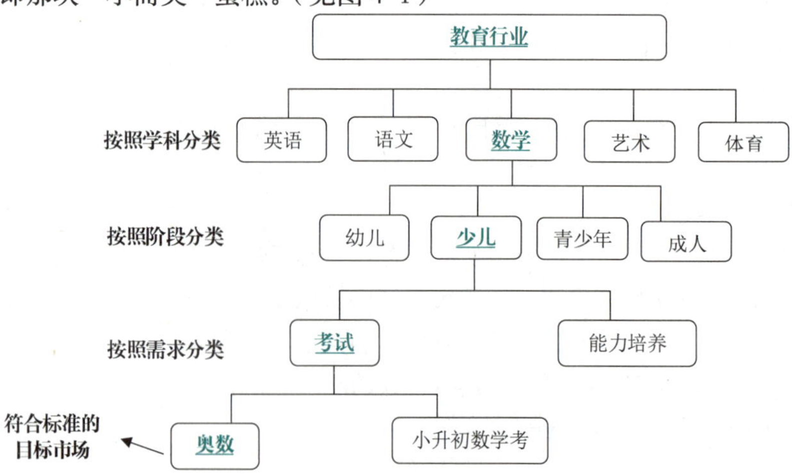

> 图 4-1　目标市场的选择

目标市场要具有一定规模和发展潜力、有足够吸引力并且符合创业者的目标和资源。创业者进入某一市场一定是期望有利可图。如果市场规模过小或者趋于萎靡状态，进入后很难获得发展。当然，也不该一味地争夺规模最大、吸引力最大的市场，这样只会使自己陷入激烈的竞争中。如果目标市场很有吸引力且具有一定规模，但与创业者的能力、长远目标不匹配、创业资源无法满足，这样的细分市场也不宜进入。创业者在选择目标市场的时候，要结合自身的资源、技术以及是否能够在这个细分市场中创建竞争优势，以压倒竞争者。如果创业者无法创建某种形式的竞争优势，就不应该贸然进入。除此之外，创业者选择的目标市场还应该与商业模式、技术人员、创业团队背景相一致。

建立独特的市场定位

市场定位是指如何使产品或服务在目标市场心目中占据一个独特、有价值的位置。通过树立产品的独特形象，塑造产品、品牌或组织的个性，凸显差异点或创新点，把企业与其他同类竞争者区分开来。创业者在做市场定位的时候应该自问且能回答以下三个问题：

为什么是你？

为什么顾客要选择你的产品 / 服务而不是竞争对手的产品 / 服务？

你能够给顾客带来什么不一样的价值？

定位的关键是企业要设法在自己的产品上凸显更具有竞争优势的特性，使顾客能够清晰地识别这种差异，从而在顾客脑海中占据一个独特的位置。竞争优势一般可以分为两种：一是价格竞争优势。即在同等的条件下，制定比竞争者更低的价格。这要求企业必须采取一切努力来降低单位成本。二是偏好竞争优势。即能够提供确定的特色来满足顾客的特定偏好。这要求企业必须努力在产品特色上下功夫。在市场定位的过程中要先识别潜在竞争优势，比如价格优势、服务优势、品牌优势、产品特色等。选择一个最具竞争力的核心优势，通过一系列的宣传促销活动，将其独特竞争优势准确传播给潜在顾客，并在顾客心目中留下深刻印象。

比如近几年十分火爆的“喜茶”，目标人群选择 80 后、90 后，强调“健康、创新、质量、国货情节”的新一代消费者，其品牌标识采用北欧式极简设计风格，以黑白线条为主的线板漫画，一个举杯大口喝茶的邻家小男孩形象，符合目标消费群体的审美；与多位独立插画师合作，用绘画的语言表达喝茶之趣；同时也创作出一系列符合喜茶品牌概念且饶有趣味的原创插画。全线产品包装体现了“酷”“简约”的风格，与其提出“将古老的茶文化年轻化”的定位相呼应。用更青春的设计包装、时尚的店铺装修，引入“实验室手冲茶”概念，辅以社交媒体的营销传播，吸引年轻人参与，打造了一款以排长队为独特景观的“网红茶”。见图 4-2、图 4-3。

> 图 4-2　喜茶的简化版 LOGO

> 图 4-3　在微博上留给粉丝的 LOGO 自创作作业

加多宝公司，一开始弄不清楚到底是当饮料卖还是凉茶卖，并且北方市场并没有"凉茶"这个概念，导致加多宝无法走出广东、浙南。通过大量市场调研，加多宝公司将其目标群体锁定时尚、喜欢新鲜事物的年轻族群、亚健康、高压力的消费群体、餐饮娱乐行业的消费群体、注重家庭养生的消费群体以及礼品消费群体，推出"怕上火，喝王老吉（加多宝）"的市场定位，开创了新产品品类，占据市场空缺，从而大获成功。3.5 元的价格比普通饮料高，支持其能"预防上火"健康的观点消费者，又能负担得起。饮食是引起上火的一个重要原因，所以王老吉首先加大力度开拓餐饮市场，重点选择在湘菜馆、川菜馆、火锅店、烧烤场等。通过大量广告以及赞助，强调其"怕上火"定位，将红罐王老吉的销量推向市场第一。

专栏 4-1

定位方法知多少？

艾·里斯（Al Ries）和杰克·特劳特（Jack Trout）在《定位：争夺用户心智的战争》一书中指出六种如何进入顾客心智赢得选择的定位之道。

避强的垂直化定位

避开强有力的竞争对手的市场定位，可以错开市场区域、错开热销品类等，在长尾市场寻找机会。优点是可以避开竞争对手的关注，迅速地在市场上站稳脚跟，并能在消费者或用户心目中迅速树立起一种形象。由于这种定位方式市场风险较小，成功率较高，常常为多数企业所采用。

针锋相对的对抗性定位

一种与在市场上占据支配地位的竞争对手"对着干"的定位。显然，这种定位有时会产生危险，但不少企业认为能够激励自己奋发上进，一旦成功就会取得巨大的市场优势。比如比可口可乐晚十年诞生的百事可乐，采取的就是对抗性定位，强调自己是新生代可乐，可口可乐是老派可乐。

找弱点的对立性定位

对立性定位是强竞争性导向（非用户需求导向），是与对手显著差异化的定位。优点是消费者可以迅速看到两个竞品之间的明显差异，加快选择；缺点是定位差异过于明显，有时候会适得其反。比如五谷道场强调自己非油炸方便更健康，对比康师傅方便面的油炸容易上火。

UPS 定位

20 世纪 50 年代初，美国人罗瑟·里夫斯提出 USP（unique selling proposition）理论，即向消费者说一个“独特的销售主张”。40 年后，达彼思广告将 USP 发扬光大。在实践中，我们一般说的 USP 更集中强调产品具体的特殊功效和利益，是一种物理型定位，适合市场已经相对饱和、后发创业的品牌。

重新定位

重新定位，是对销路少、市场反应差的产品进行二次定位。这种重新定位旨在摆脱困境，重新获得增长与活力。困境可能是企业决策失误引起，也可能是对手有力反击或出现新的竞争对手而造成的，比如江小白一开始的定位是中年人的白酒，受到重击后转而重新定位，青春型时尚小酒大获成功。

升维定位

也就是创造新的需求，或者启发新的需求，让用户觉得，这个产品根本就不是之前的其他产品，是一种更高维度的购买体验，那你自然也会成为新品类的代表者。比如，小米与乐视在传统电视渠道的赛道上创新了互联网电视，让很多消费者觉得他们购买了一个新产品，集电视与互联网于一体的产品。

为你的客户画张像

创业者常常很困惑，这个项目应该很有市场，为什么一落地就失败？主要原因是你不了解你的顾客。创业者想要在激烈竞争中分一杯羹，关键在于能否比竞争对手更了解顾客并解决他们的问题。我们常常会用“白领”“大学生”这些泛泛之词描述最终用户，结果是无法聚焦到真实具体的人。你是否能够清晰地描述你的付费顾客，决定了你是否能够清楚地找到这个独一无二的问题，从而赢得顾客，获取利润。

客户画像是什么？

客户画像是建立在一系列真实数据之上的目标用户模型。它是用来描述目标用户、挖掘用户需求、规划产品方向的有效工具。客户画像不是一个真实的用户，而是目标用户群体的虚拟代表。它的特征是从用户调研中抽离出来的，包含目标用户的需求、行为模式等，汇集了广泛的目标用户群体的关键特征。

通过客户画像，我们可以清楚地分析潜在客户、剖析他们的行为习惯、个人喜好，可以迅速定位目标群体，提高服务质量。一方面，用他们喜欢的方式精准推送相关信息，实现精准营销。另一方面，实现对产品 / 服务的个性化定制，完善产品运营。对于创业企业而言，在产品初创阶段，通过相关数据，勾勒出客户的基本信息代入用户角色，寻找种子用户，打磨产品，优化渠道建设。产品成长期阶段，运用数据基础，为用户贴上标签，强化使用场景，精准投放广告，个性化推荐，持续优化产品，延长产品的生命周期。在产品成熟期阶段，以标签为主，精细化管理，增加使用场景挖掘新用户，延缓产品进入衰退期。

如图 4-4 所示，假设王小利是五菱宏光的典型客户，那么其输出的结果特征为：王小利，男，45 岁，年薪十万元，初中教育水平，育有两女一男；经常出入建材市场、装修店、工地、菜市场等。使用产品的情景等由多个标签构成。客户画像构建的核心就是为客户打标签。

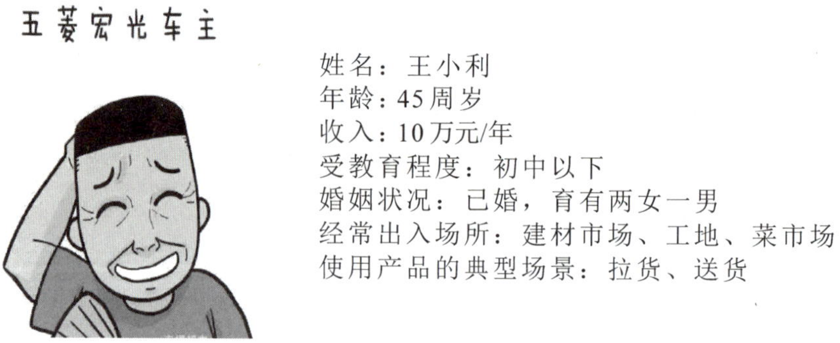

> 图 4-4　五菱宏光典型客户画像

这个过程好比警察画手为小偷描像的过程：几名证人先向画手分别描述该小偷的长相和特征，画手在甄别剔除部分夸大的描述后，通过画笔画出该小偷的图像，最后张贴到各大网站悬赏缉拿。同样，勾勒客户画像也在经历相似的流程：获取相关数据，比如特征、年龄、需求、人口、社会、行为统计等；相关的数据处理，剔除无用的夸大信息；特征标签化和最终的画像成形与呈现。

构建客户标签

标签是对某一类特定群体或对象的某项特征进行的抽象分类和概括，让创业者能够理解客户并且便于做数据分析与归类。比如可以做分类统计：喜欢苹果手机的用户数量有多少？在喜欢小米手机的人群中，男女比例又是多少？也可以做数据挖掘工作：利用关联规则计算，喜欢苹果手机的用户通常还喜欢什么运动品牌？利用聚类算法分析喜欢苹果手机的用户年龄段分布情况。总之，“标签”提供了一种便捷的方式让虚拟代表的客户更容易成像与呈现。

标签一般可以分为基础标签和知识标签两大类，如表 4-2 所示。基础标签是客观地描述客户及其行为且能直接得到的属性特征，比如年龄、职业、社会阶层、居住地、受教育程度等。知识标签是具体描述某种业务场景的标签，存在主观性，同时也是基于基础标签做出的信息提炼。比如近两三年成立的自热火锅“自嗨锅”，通过客户画像，分析 90 后一人食市场这个有着几千亿潜力的大蛋糕，准确分析他们的年龄、爱好、生活、工作、购买行为、心理等，模拟成千上万个使用该产品的场景，最终勾勒出“加班”“打游戏”“宵夜”“追剧”“旅游”场景，然后根据五个场景的特定需求提供多款产品种类。这五个场景则属于知识标签。标签并不是越多越好、越细越好，而是能精准地描述你的客户就是最佳的。

表 4-2　典型的客户画像标签类型

标签类型	具体因素
基础标签	年龄、职业、社会阶层、居住地、受教育程度
知识标签	购买力、偏好属性、兴趣爱好、交往圈、评价倾向、支付偏好

精准归类客户

对这些相关数据进行分类，可以采用封闭性的分类方式。比如，客户可以分三类：高忠诚度、中忠诚度、低忠诚度。新产品的使用者分五类：创新采用者、早期使用者、早期大众、晚期大众、落后采用者。所有的子分类将构成类目空间的全部集合。分类方式有助于后续不断枚举并迭代补充遗漏的信息维度，不必担心架构上对每一层分类没有考虑完整，造成维度遗漏留下扩展性隐患。

例如某金融产品投资公司的投资返现活动，经过数据收集与分析，分成两类客户：一类为出借人 X，复投意愿率大概为 40%；另一类为出借人 Y，复投意愿率为 85%。在没有收集数据并分类客户之前，为了提高成交量，我们可能会对这两类客户都进行返现奖励，但是有了客户分类后，我们只需要对出借人 X 做出激励进行复投便可，从而降低运营成本。

通过大量数据收集，对客户的基础信息、行为特征、心理因素、社会阶层、购买能力等进行信息剔除，保留有效信息，贴标签，归类客户，使创业者清晰明确付费客户。对这些目标群体的诉求、痛点可以有效地概括，细致地刻画客户的性格特点，归纳影响购买决策的因素，根据聚焦到的行为模式设定问题场景或产品使用场景，各行各业如今开始意识到可以借助用户画像，采取垂直或精准营销的方式，来了解、挖掘、找到并转化潜在用户。

你的调研做对了吗？

市场调研是用科学的方法、客观的态度，有目的、系统地搜集、整理、记录市场营销有关问题所需的信息。通过有效地收集和分析这些信息，策略性地提供基础面的数据和报告给决策人作为市场策略拟订的参考。

为什么要进行市场调研？

菲利浦 · 科特勒在《营销管理》一书中提到“可口可乐公司知道消费者最喜欢喝 4 ℃的可口可乐；平均一年看 69 条可口可乐的广告；每年人们花费大约 20 美金去购买鲜花；阿肯色州是美国花生酱消费最低的州；51%的男人走路时先迈左脚，而 65%的女性却先迈右脚。”越来越多的企业将市场调研作为一种实事求是的理念，融入思考问题、处理问题和管理决策当中。许多国外大企业对市场调研的重视程度很可能超乎了我们的想象。他们对市场和顾客可以说是了如指掌。

我们所处的市场环境并非一成不变，大到宏观环境的经济、技术、社会、自然环境、政治法律，小到微观环境的供应商、中介、公众、竞争者、个体消费者。市场的创新也层出不穷，社会观念不断地改变，科学技术不断地进步，消费者的偏好与需求无时无刻不在随着时间、环境、周围朋友的影响、广告、竞争对手的策略、本身的习惯爱好而发生着变化，可能今天喜欢阿迪达斯，明天就喜欢中国李宁，其最为明显的特征就是喜新厌旧。创业者要想真正应对新环境，开展 STP 研究、深入了解与挖掘用户、构建客户画像等都需要市场调研作为基础，形成有效的市场战略，预测市场动向，识别市场机会。

市场调研的基本类型和方法

根据调研目的与需求，市场调研分为三种类型：探索性调研、预测性调研以及结论性调研。

探索性调研（exploratory research）

探索性调研是为了界定问题的性质以及更好地理解问题的环境而进行的小规模的调研活动。探索性调研特别有助于把一个“大而模糊”的问题表达为“小而精确”的子问题，以使问题更明确，并识别出需要进一步调研的信息。主要作用就是界定具体问题，很适合调查方案设计的事前阶段。举个例子，近期公司的购买力出现大幅度下降，原因有很多，可能是竞争者抢夺市场？也可能是新替代品的出现？又或者是顾客的偏好发生了转移？也可能是公司的营销策略问题？公司一时间难以分清，又无法逐一调查排除。为了找到具体的原因，可以先从 VIP 用户或者渠道中间商多方搜集信息，从分析中发现问题，以便开展进一步的调研活动。

预测性调研（predictive research）

预测性调研运用逻辑和数学方法，预先对市场未来的发展趋势做出描述和量的估计，主要作用是预测未来趋势。市场预测步骤：①整理信息。信息一般有两类：一类是不完整信息，这类信息通常未经记录或处理，甚至带有主观性的成分。另一类是完整信息，这类信息是经过处理与整理的资料，通常是进行预测的科学依据。②开展分析。一方面在理论上要分析结果是否符合经济学理论和统计分析的条件；另一方面是在实际上要对预测误差进行精确性分析，并对预测结果的可靠性进行评价。③进行判断。对预测结果的采用与否，或对预测结果依据最新的经济动态所做的修正都需要判断。

结论性调研（conclusion research）

结论性调研的目标是检验具体的假设和关系，它要求所提供的信息必须是具体和明确的。可分为“描述性调研”和“因果性调研”两种。“描述性调研”更注重问题模型中各参数的精确描述。消费者态度研究、市场潜力研究、销售策略分析、推广媒体调研等大都属于描述性调研，其信息源可以多种多样，但主要靠二手资料和访问调研。“因果性调研”用以识别两个或多变量之间关系的调研方法。例如，促销效果调研中通常用实验法来找到促销模式以提高销售量和改善消费的态度，以及变化程度如何。

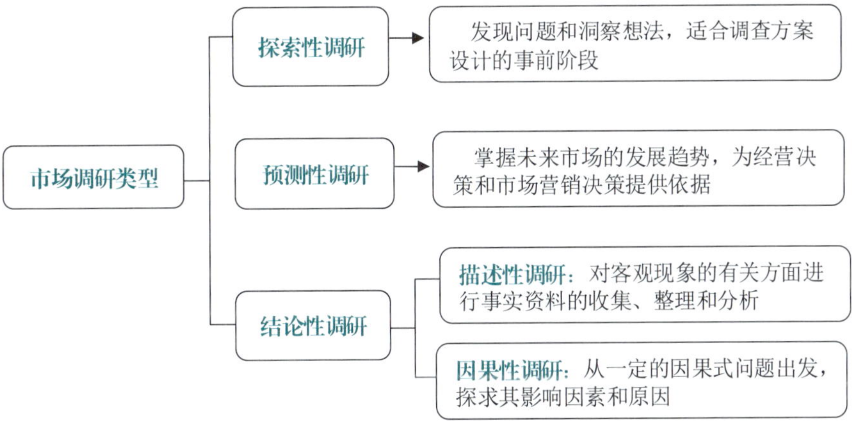

> 图 4-5　市场调研类型

市场调研的方法有定性研究和定量研究两种，具体如下：

定性研究

定性研究的主要目的是形成对消费者需求、关键购买因素、使用行为习惯的基本假设，了解消费者的语言。其主要研究工具是小组座谈会和深入访谈。比如调查者提前罗列需要调研的 10 ~ 15 个问题，通过“一对一”的深度访谈，记录典型受访者的回答，并分析得出调研所需的相关信息。比如 20 世纪 40 年代，雀巢公司率先研制出速溶咖啡。其口味很接近研磨咖啡，并且更为便利，但是投入市场后，消费者却“不买账”。为了找到原因，雀巢公司聘请专家为其进行一系列的市场调研，得到的结果是：很多受访的家庭主妇不喜欢速溶咖啡的味道，因此选择不购买。随后，专家们紧锣密鼓地进行了口味测试调查，结果却发现，主妇们大多分辨不出速溶咖啡与研磨咖啡味道的区别。很明显，在第一次的调研中，受访的主妇们说了谎。之后，他们又进行了相关的定性调研，最终发现，口味从来都不是原因，个人动机才是。主妇们认为采用了更为便利的速溶咖啡，会让其他人觉得她们不是勤劳的、称职的家庭主妇。

定量研究

定量研究的目的是对前期假设进行测试和量化研究来找出消费者的细分市场。主要的研究工具是结合分析，使用态度调查。比如采用线上或线下发放调查问卷的形式，结合电脑做数据处理与分析，获得需要的调查信息。资料收集的方法分为二手资料与一手资料。二手资料的收集可以通过外部资料获取，如网站、报纸杂志、相关官网、权威新闻网等。二手资料的优点是快速、成本低，当然缺点也比较明显：信息的真假难辨、信息滞后。一手信息的优点是信息真实性高，缺点是所需时间周期较长、存在误差、成本高。一手资料收集的主要方法包括观察法、询问法、实验法。创业企业准备进入某个行业时，可以先从二手资料开始，对该行业的过去、现状、标杆企业、可能竞争对手的情况有初步的了解与判断，然后再进行一手数据收集，包括行业发展前景、项目可行性分析、目标群体需求、购买力、消费模式、产品特性、客户满意等资料。这些都需要创业企业投入大量的人力、物力和财力。

确定调研的关键问题

调研问题的确定非常关键，是整个市场调研过程中最关键的一步，确定了问题可能意味着我们抓住了一个市场机会。如果问题被错误地确定，那么所有的努力注定是白费。创业调查的问题确定首先要确定调研目的，是发现问题与洞察想法还是掌握行业未来发展趋势？是调查客观现象的事实搜集还是因果关系的验证？比如字节跳动公司想要开发一款“千人千面”的视频软件来验证这个创意是否可行，可以采用因果性调研。大量调研数据显示，现在人们的生活高度碎片化，娱乐、打发时间和休闲活动都是在碎片时间内完成。人们需要在短时间内看到更多新鲜的内容，所以抖音的视频不会超过 15 秒。因此，个性化的短视频在这个速食时代是具有绝对的潜力。

再比如，当淘宝、天猫、京东积极抢占一二线城市的消费者的时候，拼多多通过探索性调研发现，三四线城市乃至乡村镇仍有未被满足的市场并且这部分顾客对于价格十分敏感，因此价格成为重要突破的痛点，拼多多反其道而行之，做消费降级。所以我们在确定调研问题的时候，需要结合调研目标，反复自问这些问题：为什么要寻找这些信息？这些信息是否已经存在？问题确实可以回答吗？假设信息已获得，应该如何使用？调研问题的需求一般来自两个方面，发现问题的研究与解决问题的研究。确定好问题导向，这样才不会导致调研重点模糊而出现调研结果价值不高的局面。

MOS 汉堡九宫格构面设计法

那么，有什么办法能够帮助我们完善关键问题的识别呢？不妨利用“MOS 汉堡九宫格构面设计法”来进行一场头脑风暴。日本知名连锁快餐餐厅“摩斯汉堡”为全面了解目标客户的产品和服务需求，开发了一种市场调研方法论小工具。如表 4-3 所示，摩斯汉堡从九大方面来考虑消费者满意度。

表 4-3　MOS 汉堡九宫格构面设计示例法

商品	价格	人员
1. 商品种类多样性 2. 商品创新 3. 口感满意程度 4. 整体满意程度	1. 与同业相比价格满意程度 2. 套餐满意程度 3. 物超所值满意程度 4. 整体而言价格满意程度	1. 员工的语气 2. 员工服务态度 3. 随时保持笑脸 4. 人员的整体满意程度
供餐	环境	服务
1. 供餐的满意程度 2. 点餐速度满意程度 3. 送餐效率的满意程度 4. 整体供应效率满意程度	1. 招牌设置易见的满意程度 2. 清洁桌面效率的满意程度 3. 洗手间清洁的满意程度 4. 整体环境的满意程度	1. 营业时间满意程度 2. 服务效率满意程度 3. 服务整体满意程度
地点	广告	整体
1. 停车的满意程度 2. 交通便利满意程度 3. 整体地点满意程度	1. 价目设计满意程度 2. 广告吸引人的程度 3. 广告整体满意程度	1. 本店的整体满意度 2. 愿意推荐 3. 再度光临本店

第一级维度是整体探索，对于项目会影响消费者满意度的各个方面进行研究。作为一家快餐服务企业，MOS 汉堡选择了与其自身经营高度相关的九大方面进行思考，包括商品、价格、人员、供餐、服务、整体、地点、环境、广告。

第二级维度开始考虑细节，针对每个方面设置 3~4 个问题。通过这样的形式，对项目的满意度调研深入思考。收集、整理和分析公司内部及外部有关产品、销售、服务、消费者、品牌、广告等信息，进行销售预测与评估。从顾客对产品的品类、品质关注，可以更有效地分析产品结构，进行产品管理。对于广告的满意程度，可以了解广告投放的作用，促进产品销售，从而树立公司品牌和形象。对于整体的了解，可以从宏观上清晰辨认消费者整体体验感是否符合预期，会不会进行下一次的光顾，以便于进一步的营销计划调整。

当我们的创业项目需要确定调研问题时，同样可以借鉴 MOS 汉堡构面设计方法的基本思想，为项目 / 产品的可行性设计多个（不一定是 9 个）方面的调研方向，并在每个方向下面设置 2~3 个问题，形成初步的调研问题，为可行性分析确定方向与内容。

沙盘练习

市场调研九宫格训练

◎ 沙盘主题

市场调研九宫格训练。

◎ 讨论方式

分部门讨论、头脑风暴、集体讨论。

◎ 主要任务

基于项目 / 产品的整体，为产品的可行性设计九个方面的调研内容。

表 4-4 ____________ 项目调研之九宫格设计

所属产业 / 市场：	调研目的：	
方向一：(　　)	方向二：(　　)	方向三：(　　)
1. 2. 3.		
方向四：(　　)	方向五：(　　)	方向六：(　　)
1. 2. 3.		
方向七：(　　)	方向八：(　　)	方向九：(　　)
1. 2. 3.		

◎ 作业过程

1. 设计问题时应结合调研的内容与目的。

2. 调研内容提示：如市场需求、市场前景、目标群体、竞争对手、产品、定价、渠道（经营模式）、推广、整体资源等集体讨论。

3. 由团队内各个方向上的职能总监再提出 2～3 个具体核心问题。

◎ 作业提示

九宫格构面设计主要是让同学们从上帝视角全面考虑一个项目，特别是在可行性分析时，需要从市场中了解哪些方面的信息，并在多个主要方面（不一定是九个）思考更加具体的调研问题。根据重要程度和需要程度，每个方面内容后续都可以深入挖掘升级成为一个完整的调研主题。

走完市场调研七步骤

市场调查是一个科学的过程，任何一个环节的疏忽都可能使得我们前功尽弃。创业团队在市场调研中应遵循以下七个步骤。

确认调研问题与研究目标

调研问题是调研人员能获得解决管理问题所必需的全部信息；研究目标能够指导调研者完成调研项目。创业项目的调研目标主要包括：背景和行业调研、竞争对手调研、消费者调研、产品调研。其中，背景和行业调研以及竞争对手调研应在项目发展早期及时完成，以此预估项目的合理性和必要性。消费者调研是整个创业调研的核心，需要创业团队花费相当的精力，开展多轮、多样化的消费者调研，以此摸清“猎物”的秉性。产品调研也应在产品创意生成、产品原型完成、产品迭代过程中不断进行，在实践中可以结合消费者调研完成。

数据选择的途径

确定需要调查的问题后，根据调研目标，列明数据收集的范围以及获取的途径。数据分为一手数据与二手数据。一手数据可通过观察法、询问法、实验法等获取。二手数据包括内部数据与外部数据，内部数据是企业的各种凭证、报表、报告，外部则来自于政府机关、金融机构、咨询机构、企业网站信息等。

确定调查方式

主要是结合调研目标与问题，选择二手数据或原始数据收集。落实调研方法、对象、调查时间、调查地点、接触方法，确定调研工具、样本类型与数量实施调研。

抽样设计

首先，仔细确定抽样的范围，是选择部分样本还是全样本。其次，确定用哪个具体方法来进行抽样，是随机抽样还是非随机抽样方式。最后根据调查目标以及所需的时间、费用等因素，决定样本的大小。

数据收集

数据的收集工作包括对收集数据的人员进行培训、控制和考核，准确掌握收集数据的方法和程序，及时有效地甄别信息的真假与数据的实用性，减少误差。这个步骤至关重要，直接影响数据的质量。

调查分析

这是加工与分析信息的过程，需分离出重要信息和发现，检查数据的完整性和准确性，并把数据转化成可以分析的形式，比如编制表格，计算统计值，或者用文字表述。

口头与书面报告

调研人员将数据转化成有效的报告，以口头与书面的形式，向管理者 / 决策者汇报调研所得到的发现。调研人员与决策者 / 管理者一起讨论，减少主观性，为数据寻求最佳的解释并形成有效的决策依据。

专栏 4-2

问卷设计的注意事项

一份好的问卷设计应该避免出现被访问者可能不明白、容易造成歧义的问题。问题设置要具体但又不让受访者反感。避免主观性，不设置引导性问题和假设答案，尽量减少调研误差。问卷设计离不开三个主要目标：读得懂、愿意答、少出错。问题必须将所需要的信息翻译成一组调研对象能够并且愿意回答的特殊问题。问卷必须促使、激励和鼓励调查对象在访谈中投入、合作并完成访谈。

避免无法回答现象的发生

调查对象是否具备相关的信息。在提问关于话题本身的问题之前，应该设置一些测量熟悉程度、产品过去使用经验的过滤性问题来筛选不合适的调研对象。比如，想调研电子阅读器的不足之处，必然需要调研使用过的用户，于是，可以在问卷开始提问，“您使用过电子阅读器吗？”这样就可以检查被调研者是否是合格的对象，过滤不合适的。

避免不愿回答情况的发生

这里可能有两种情况：一种是问卷涉及个人隐私、填卷人的心理、生活习惯等，这类问题即使列入问卷一般也得不到真实的答案。如果不可避免地需要询问，可列出档次区间或用间接的提法提问。比如调查收入情况，可以划分不同的档次区间供受访者选择。另一种是时间久、回忆不起来或回忆不准确的问题。

避免措辞不当的情况发生

问题的内容和结构必须翻译成调研对象可以清楚并且能够轻松理解的用语，避免出现词不达意、让被调研者产生歧义认知的情况。比如调查饮食消费情况，使用“您通常喜欢去什么样的店吃饭？”用词不准确，因为对于“通常”“什么样”的含义，不同的人有不同的理解，回答各异，不能取得准确的信息。改为具体的问题：“您外出就餐时，会选什么餐厅？”这样表达就很准确，不会产生歧义。

避免刺激性字眼出现

问卷问题的设计应该有艺术性，避免对填卷人产生刺激而不能很好地合作，导致问卷结果出现偏差。比如，您至今未买汽车的原因是什么？（a）买不起；（b）没有用；（c）不会开。选项（a）（c）会让受访者感到被歧视与反感，可改成：您至今未购买汽车的主要原因是什么？（a）价格高；（b）用得少；（c）不了解性能。

要点回顾

市场调研是一切市场行为的开端。瑞幸咖啡从大量的市场调研数据开始，综合运用市场分析工具，识别市场机会，对目标群体进行细致的客户画像，使用场景的模拟假设对可行性进行了详尽的分析，在咖啡行业这个大蛋糕下找到属于瑞幸的缝隙市场。STP 三步骤是美国著名的市场营销学者麦肯锡在 1956 年提出的，时至今日，STP 战略已然成为市场营销的主导，并且对企业尤其是初创者具有重大作用。创业者通过市场细分，可以顺利找到属于自己那块“小而美”的“蛋糕”。对目标群体进行客户画像，精准描述我们的付费客户，使营销策略可以直接触达目标群体，形成有效定位。在此基础上，针对目标群体开展下一步的市场调研，遵循调研步骤，检验项目整体，做进一步的调整以达到最佳结果。市场调研应贯穿项目的全过程，每一个决策都要有调研数据作为支撑，否则一切只是纸上谈兵。

课后作业

项目发展之调研系统设计

在完成本章学习之后，请同学们结合本章所学和重点注意事项，结合各个项目本身的特点，使用以下沙盘，对项目调研进行一个系统设计并完成调研工作。

表 4-5　项目调研系统设计表

<table>
<tr><td>项目名称：</td><td>小组：</td></tr>
<tr><td>调研背景与意义：</td><td>确定调研问题（比如对某个事件的看法）：</td></tr>
<tr><td>调研对象（比如某地区白领、特定年龄段人群）：</td><td>抽样方式（随机抽样、分层抽样、整体调查，其他____）</td></tr>
<tr><td>调研方式（问卷、访谈、观察，其他____）</td><td>发布途径（网页、通信软件、纸质、其他____）</td></tr>
<tr><td colspan="2">其他：</td></tr>
<tr><td colspan="2">评价：</td></tr>
</table>

第 5 章

产品原型设计

学习导言

初创企业运营中包含了太多不确定性。企业如果还不知道谁是自己的顾客，顾客的真实需求是什么，自身的产品应该是什么，就别谈长期的商业计划与市场预测了。好的产品 / 服务设计必须注意以下三个原则：需求上有效、技术上可行和商业上可持续。本章主要基于 IDEO 产品设计思维进行教学。深入了解用户，配合研究工具“AEIOU”观察法、移情图等，讲解如何换位思考，以顾客的角度代入产品设计。融合“产品原型设计”沙盘，讲解产品原型设计的方法与步骤，理解最小可行产品的价值与类型，掌握用户测试和产品迭代的方法。

引导案例

“非洲之王”传音手机

深圳传音控股有限公司截至 2021 年 2 月 19 日，公司市值达到 1 792 亿元，2020 年公开的第三季度报告显示，传音手机占全球功能手机市场的 34%，远超过三星和 HMD。全球手机市场当前遭受较大的冲击，传音却能实现逆势增长，但在国内市场却毫无存在感，鲜有人听过这个名字。

传音到底是一家什么企业？

深圳传音控股有限公司成立于 2006 年，总部位于深圳。主要从事以手机为核心的智能终端的设计、研发、生产、销售和品牌运营，致力于成为新兴市场消费者喜爱的智能终端产品和移动互联服务提供商。全球销售网络覆盖非洲、中东、东南亚及南亚等 70 多个国家和地区。

企业能有今天的成绩，离不开创始人竺兆江的独到经营。竺兆江在 2006 年从波导辞职，成立传音科技。当时他已经有着非常丰富的海外市场拓展经验，当时国内市场被苹果、三星、华为等大品牌占据，他将目光投向被其他大品牌忽略的非洲市场。非洲市场拥有 11 亿人口，平均年龄只有 19 岁。2013 年非洲手机销量超过 5 亿部，发行 8 亿张 SIM 卡，移动电话普及率达到了 74.18%。

如何打开非洲市场？

深圳华强北素有“山寨手机”发祥地之称，但传音手机一点也不山寨，深耕顾客需求，在品牌化和国际化上很有大将之风。和其他大品牌如苹果、三星在非洲坚持国际化、标准化的路线不同，传音手机把为非洲人民“独家定制”的个性化做到极致。相较于其他品牌，传音公司贴近顾客需求，从顾客痛点出发，通过前期大量的市场调研，将传音手机做到最接非洲地气。他们的目标很明确，全球化 + 本土化战略相结合，既要做到迎合手机市场的全球化趋势又兼顾非洲市场的实际需求。例如，非洲地区有众多运营商，每个运营商之间跨地区使用的费用很高，因此非洲地区几乎每个人都拥有 2 张以上的 SIM 卡，传音公司针对这一特性，开发的手机最少能双卡双待，有的还能 4 卡 4 待。

再者就是拍照功能，因为非洲人民的皮肤比较黑，拍照很难拍出他们的轮廓，尤其是光线暗黑的情况下，几乎只看到一排洁白的牙齿，于是传音手机在拍照功能上做了很大的改进，通过整合非洲人肤色的数据、轮廓、成像效果、曝光度的数据分析，制定牙齿和眼睛定位的美肌模式，加上强曝光，从而帮非洲消费者拍出更令他们满意的照片。这个“美黑”杀手级应用，秒杀苹果、三星的拍照效果，深受非洲人民的喜爱。

在消费者体验方面，因为非洲人民的文化影响，他们酷爱唱歌跳舞，于是传音特别推出音乐手机，不仅有超长的开机音乐、巨响的来电铃声，还随机赠送一个头戴式耳机。另外还针对非洲当地的供电不稳定的问题，推出“火箭充电”，充半小时可以用 7 小时以及巨大电池容量，可以超长待机半个月；再者，针对非洲人民由于气候问题容易出手汗，其手机的电池后盖采用制作防弹衣的材料——凯夫拉材质、防滑设计等。种种细节和无微不至的产品设计和创新技术，都深抓非洲消费者的需求和痛点，因此在非洲市场很快打响了品牌，赢得了名气。

——资料来源：综合整理自程璐（2021）等相关报道

思考：

1. 好的产品 / 服务有什么特征？
2. 从这个案例中，你可以得到什么启示？

产品设计三原则

什么是好的产品？好产品的本质是通过“产品”这个媒介创造使用价值和商业价值。所以产品无论大还是小，简单还是复杂，都要展现其价值。通过是否满足创造价值、传递价值、收获价值这三点，来评判产品是否成功。成功产品的设计离不开三个原则（见图 5-1），需求上有效的、技术上可行的、商业上可持续的，缺一不可。

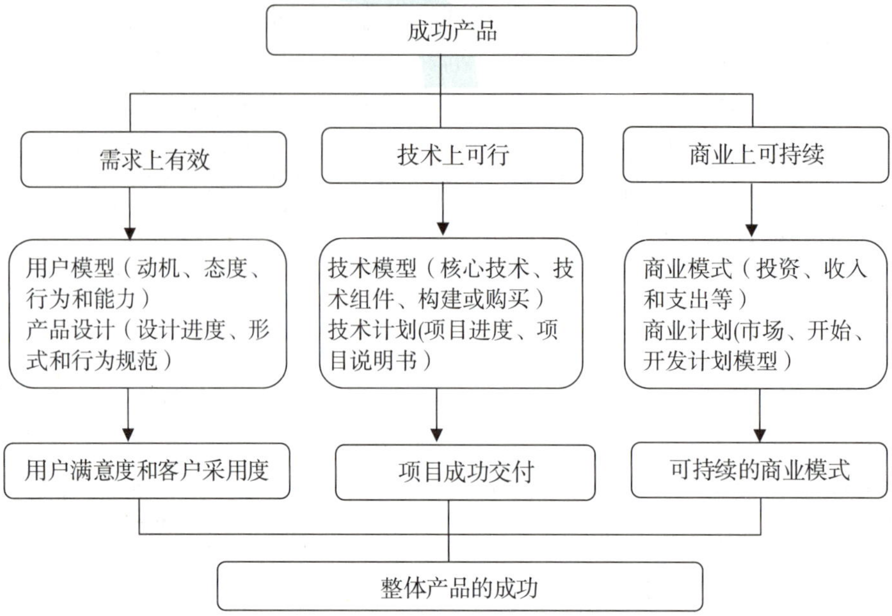

> 图 5-1　成功产品的设计三原则

需求上有效

一个产品首先必须是“有效”的，能解决客户痛点，能给客户带来好处并且能满足客户需求。没有充分探索顾客需求，产品 / 服务的设计再创新也没有市场。谷歌公司在 2012 年推出的谷歌眼镜，具有拍照、录像、电话、语音、上网冲浪等功能，但是使用起来极其不方便，例如谷歌眼镜戴上后让人头疼，用户或多或少会看不清周围的人或物，甚至无法聚集离你面部很近的事物，电池待机时长只有近三个小时，无法调整谷歌眼镜中的设置，个人隐私泄露等，并且售价近 2 万元。由于销量惨淡，客户不买账，谷歌公司于 2015 年宣布停止生产该款眼镜。归根究底，即使如谷歌这样的大公司，没有细致地研究客户需求，生产“没用”产品，也会以失败告终。我们讨论产品的“好坏”，如果不能站在用户角度，针对目标用户来设计，那么好和坏可能完全颠倒。对于消费者而言，好的产品意味着产品确实解决了用户的某些需求，产品可用、好用、易用。设计符合用户习惯，才能激发用户情感共鸣。

技术上可行

我们看 007 电影中先进的交通工具，跑车酷帅又能挡子弹又能飞，但是在现实中这些方案基本很难实现。在技术层面上，仅能做出来是远远不够的，产品背后的技术支撑必须是完善的、稳定的、可靠的。简单地说，许多厂商都可以开发手机，但是苹果手机的上网速度相较于其他品牌手机确实要快并且稳定性高，这背后是完善的技术堆叠。好的产品对于技术人员而言，是既有核心技术支撑又有技术组件，能用于生产并真正创造出来满足用户需求的，而不是纸上谈兵。

商业上可持续

有些产品，属于“一锤子买卖”，或者有时候依靠“欺骗”“忽悠”用户也能创造商业价值，但这种方式不持续，不算“好产品”。比如一些连锁美容院，推出“充值打折活动，充一万当两万使”。很多客户都充值，但由于经营问题等关闭了一些门店，客户维权申请退费也不理，让客户到其他偏远门店消费，这种模式无疑无法持久。好的产品对于企业而言，是产品的竞争壁垒高，让潜在企业望尘莫及，可扩展性强，可以持续发展，并且成本可控。

产品的成功同样也离不开这三个维度，这样才能兼顾市场、企业多方利益。设计师基于用户模型与产品设计，从这两个角度出发最大限度满足消费者需求，通过用户满意度与用户采用度来检验效果。管理层从战略管理角度出发，通过商业模型与商业计划统筹企业资源与资金，发展成为可持续的商业模式来检验项目是否具有可行性。技术人员从技术模型和技术计划上服务于创造能满足消费者需求的核心技术，从项目交付是否成功来检验技术的成效与核心竞争优势。我们做一个产品，不是专门建一个“灶”煮一个“鸡蛋”，而是通过一个产品的切入点，这个“灶”可以煮更多“鸡蛋”，挖掘“鸡蛋”的不同用途，开发不同类型的产品，满足不同需求，也使企业可以持续稳定地运行。

专栏 5-1 导致产品失败的五大主要原因

表 5-1　导致产品失败的五大主要原因

原因	说明
技术狂热症	一种新技术或工艺，不理会消费者，一厢情愿地做成产品推向市场，忽略市场需求
凭直觉判断	不经过反复论证并进行科学分析，仅凭借“领导直觉”决策；缺乏市场调查，无大量数据支撑与信息储备，仅凭主观判断
山寨、模仿、一窝蜂	以“抄袭”为出发点的新产品开发很容易获得短期利益，但绝不是企业的长久发展之计
无法把握趋势的变化	在新产品开发时，没有预测性调查，导致对于行业的过去、现状、未来发展把握不准确
不做消费者调研	没有专业的消费者调研考察，对于市场环境知之甚少就莽撞进入未知领域，容易造成营销近视症

资料来源：王直上（2016）等

用户观察知多少

用户的需求是多变且复杂的。显性的需求，可以通过对用户进行访谈，从其所说所想的表达中获得。更多的需求是隐性的，比如行为、使用经验，或者是隐藏的，比如用户的所知、梦想、感觉，需要通过细致的观察才能获得。用户研究的程序包括用户背景研究、用户问卷调查、用户访谈、用户观察、用户情境等方法。其中，用户观察是用户研究的核心方法。研究者通过观察得出在特定的活动和环境下对用户的内在需求的理解，并以此开发设计产品。当前，常见的研究用户工具有 AEIOU 观察法、移情图等。

AEIOU 观察法

AEIOU 是一种解释观察的探索性分析方法，最初用于分析数据和建立模型以针对性解决问题。观察记录完成之后，要对记录的观察信息进行重组归类和综合分析，从而找到活动的目的和意义。在产品设计中，通过 AEIOU 观察框架，记录下用户的活动（activities）、环境（environment）、交互（interaction）、物品（object）、用户（user）等相关要素，可以挖掘用户的实际需求与潜在需求，找出影响用户行为模式的方法，设计符合用户习惯的产品。

活动

记录主要活动、相关行为，即人们为实现目标而完成的一系列行为，也就是人们朝着他们想要完成的事情具体做了什么。这其中包括具体的行动和过程，也包括这些活动的性质、产生的作用等。如表 5-2 中人们看电影的情景。观察人们来电影院时正在做什么，可以判断这个人来电影院的动机：主动来看，被朋友拽着来看，还是陪看。

环境

指活动发生所在地的所有场景，描述环境的特点以及功能；被研究对象所处的环境对其行为、精神状态都会产生重要的影响。我们在描述状态时，要描述出这是一个什么环境，同时要注意描述出该环境的氛围、细节，以及对被研究对象产生的影响功能是什么。

交互

指所有构建人与人或者人与物之间互动的因素，这是活动“activities”的重要组成部分，是活动的基石，也是重点关注的部分。我们需要观察记录好人与人之间、人与环境中的物体之间的互动形式、规则，同时也要思考这些互动的本质是什么，会产生怎样的影响，比如座位的舒适程度也会影响观影人的感受。

物品

物品是环境的组成部分，它们的存在形式会影响到互动形式。所以我们的观察记录不仅仅注重于人们使用了哪些物品和设备，还要考虑这些物品和设备与人们活动有什么关系和影响作用，比如电影开场前，人们是玩手机的多，还是享受这个氛围的多。

用户

即人物定义、角色以及其他人在时空上的关系，发出行为、喜好、需求的主体。除了我们研究的主要用户对象外，还要关注一下其他人，他们也起到了不同作用，比如有些影响可能是正面的，也可能是负面的。主要用户是观影的人，但是朋友的观影感受、家人的感受都对用户有影响。

表 5-2　AEIOU 观察框架使用示例

项目	定义	记录内容
活动	人们正在做什么？	正在进入电影院；找座位；重看一下票的座位号；穿过人群找到座位坐下；留座给即将到的朋友；看完离开电影院
环境	人们怎么使用环境？环境的角色是什么？	电影院满座了；有点黑但有蓝色小射灯；人们都在聊天，环境很活跃；有的人走上来找座位；有的人走下去找座位；快迟到的赶紧找到位置坐下
交互	观察人与人、人与物之间特殊的交流	人与人之间交流；人与座位；人与电影院工作人员的交流
物品	描述物品；周围的物品是否可被识别？	座位排；手机屏幕灯；预约 APP；进入 / 出门
用户	谁是我们观察的用户？他们的角色是什么？	这部电影的粉丝；被朋友拽来看电影的人；全家出动；迟来的人

当然，还有其他类型的观察方法，比如随行观察与参与式观察。随行观察的目的是了解目标人物的使用行为和习惯，建立基本的熟悉感。主要的方法就是以如影随形的方式，观察目标人物在工作和生活中的体验，透过他显露出来的细节，搜集第一手资料，用照片、笔记和录音设备翔实记录。

参与式观察采用的方法是以自然观察者的身份融入环境中，与关键人物和他们觉得重要的事物形成深刻的联结及同理心，用和研究对象一样的方式体验活动事件。重点是系统性观察与记忆，记录的不单是环境中显而易见的事物，也包括参与者的行为、互动、语言、动机与感知。在观察的过程，切记要运用同理心，能够换位思考。

移情图

移情图（empathy map）是一种将目标人群所思所想可视化表现的呈现方式。“empathy”意思是“共情、同理心、移情作用”，这也是该方法的核心，即调查者站在被调查者的角度，并且尽量客观、完整地传达被调查者的意思，来填充用户移情图。移情图可以帮助我们了解目标人群的态度与行为，有效地表达用户信息，建立对用户需求的共同理解，并且帮助决策。那么如何创建移情图呢？

第一步，收集、整理所有定性研究数据与前期的客户画像（人物角色）。

第二步，将用户画像放在纸张的中心，一般是一个很大的无填充头像。

第三步，纸张按象限划分，在用户周围，每个象限代表一个类别，用于探索用户的外部环境和内在思想：用户正在思考什么和感受什么（think and feel）？说什么和做什么（say and do）？看什么（see）？听什么（hear）？

第四步，总结目标用户的痛点是什么（pains），获得是什么（gains）。

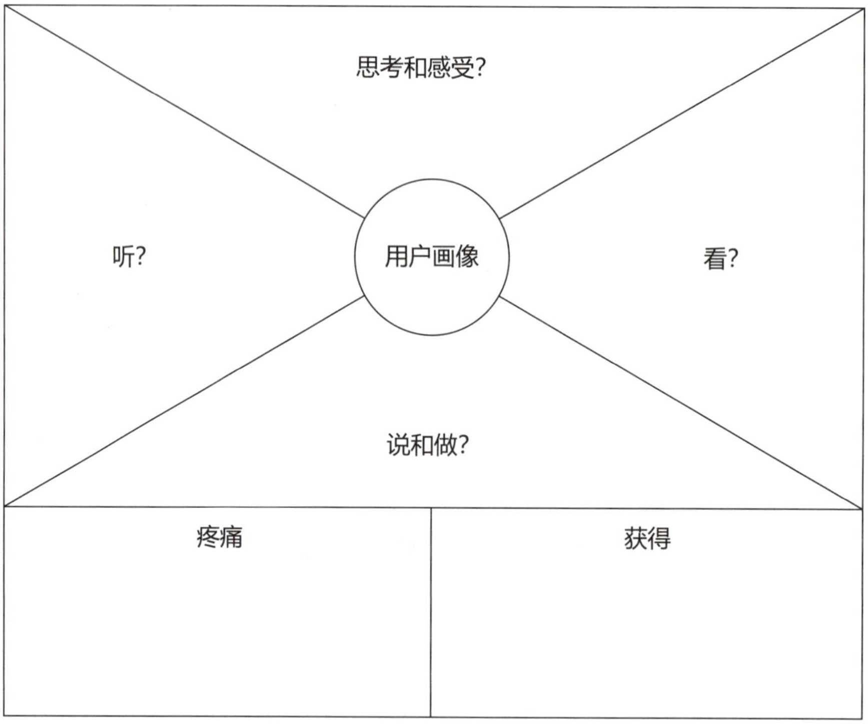

> 图 5-2　一个标准的“移情图”模板

在完成以上步骤的过程中，团队成员要基于对用户的了解和研究数据来共同填充相关信息。具体步骤中需要注意以下几个重点。

建立焦点和目标

移情图中的人物应该是那些你希望理解和共情的用户，总结他的个人情况和角色特征。如果你的项目有多个用户画像，则需要为每个人物角色分别创建地图。期望得到的结果也就是你希望这些用户做什么？比如他会以不同的方式去做出哪些决定或行为？回答这一问题有助于聚焦用户并为移情图设定好背景。

记录用户的外部环境

每一个象限没有特定的顺序。因为相比内在思想，外在行为更易获得，所以可以先从用户可观察的行为开始了解。先探查用户的体验，并想象是他本人。将这些记录在移情图相应位置：用户看到什么、说了什么、做了什么以及听到什么。比如，一个小月龄宝宝的母亲，她每天可能接触到的人是与她相似的母亲、育儿嫂、育儿信息、幼儿饮食、早教、同事，还有她工作相关内容等。再者，在他所处的生活环境或能影响他的商业环境中都接触了些什么？他做了什么？说了什么？他的行为是怎样的？他如何表现自己？他的态度是怎样的？他听到了什么？这些东西是如何影响他的？主要考虑各种人际关系，如家人、朋友、同事，以及来自社交媒体或各领域的专家意见。聚焦于那些能影响用户行为的因素，如人、事物、地点。

探索内在思想

在完成外部元素的探究后，焦点转移至用户的思想，以探索用户的内心感受。这些感受可以通过推断、猜测验证或从用户调研中直接获取，核心思想是揣摩出用户脑中在想什么。他到底在想什么？有什么感受？用户会考虑哪些内容？这些想法的积极面和消极面有哪些？什么让他感觉良好或很糟糕？他在担心什么？当他考虑或尝试做某事时，他的思考路径和方式是怎样的？他现在的感受是什么？恐惧？兴奋？紧张？接下来，深入探索用户的付出和收获。他经历了哪些成功和失败？构建出用户在通往成功路上遇到的挫折和挑战，以及用户的目标和梦想。

总结和分享

完成以上步骤后，再花一点时间反思，让参与者分享他们的经历和想法，询问他们为什么改变了观点或产生了新见解。把团队得出的结论和想法用照片、文档记录下来分享给大家，这是让团队其他成员走进用户角色、与用户产生共情的好方法。

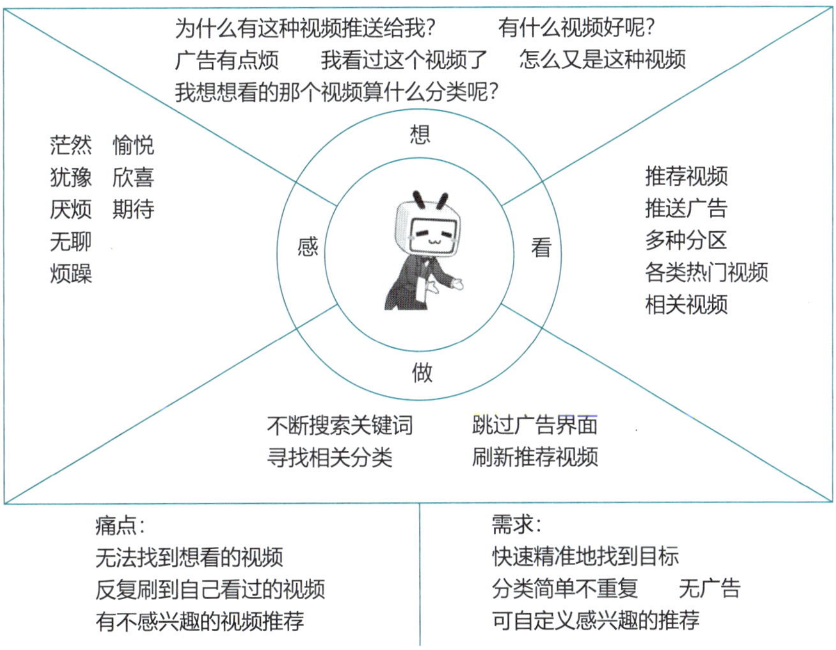

> 图 5-3　一个“移情图”分析示例：哔哩哔哩的用户

创建移情图是一项看似简单实则又不简单的工作，由利益相关者、市场和销售人员、产品开发人员或创意团队共同完成，目的是培养各方对终端用户的同理心，让他们形成“深入用户的头脑”。“移情图”工具在需求和概念设计尚未完成前的作用最大。在绘制移情图的过程中可以帮助团队总结研究结果，挖掘用户深层次的需求。当已有的人物角色仅仅只有研究数据时，移情图也最有效，它可以帮助引导人物角色的构建并在人物角色和设计理念间起到连接纽带的作用。当然，移情图还可贯穿整个设计过程，在获得新数据后加以修订。

产品原型设计五步骤

产品原型设计是一个从无到有、从 0 到 1、将抽象信息转化为具象信息的过程。产品原型能够让用户提前体验产品、交流设计构想、展示复杂系统的方式。从本质上来说，产品原型更像是一种沟通工具，向目标用户描述产品功能与内容的逻辑关系。

同理心收集真实需求

产品设计的第一步是学会运用“同理心”。同理心就是换位思考，指站在对方立场设身处地思考的一种方式，体会他人的情绪和想法，理解他人的立场和感受并站在他人的角度思考和处理问题。如何运用同理心，一般我们会有三种方法：角色扮演、观察法与用户深度访谈。

方法一：角色扮演。让人们得以亲身体验对象的处境，用感同身受代替主观臆测。这种思考，比先人为主的“我以为”要更深刻。比如，某公益组织为视障人士做产品设计，设计师让其团队成员的眼睛均蒙上纱布，让他们在图书馆体验盲人的感觉。他们在图书馆探索一小时，有人撞到彼此，有人踢到书架，有人不小心摔倒，不时传来各种声音，到后面大家真的把自己当成盲人，开始思考他们真正能为视障人士的阅读障碍提供什么好的解决方案，于是有了“视障人士线上阅读系统”以及“视障人士阅览室”。

方法二：观察法。我们最常用的观察法有 AEIOU 观察法、随行观察法、参与式观察法、移情图。通过亲身参与、观察，设身处地、运用同理心，与用户产生共情。这里所说的“亲身观察”绝不是冷眼旁观式的观望，而是需要我们用求知者角度，实地进行深入了解，将所收集的资料与亲眼所见的情况进行对比，全方位地了解，这样也就不至于盲人摸象。“亲身观察”不是一件容易的事，在许多情况下，我们的视觉和听觉都受大脑既有的认知干扰，因而影响我们正常的观察能力。

方法三：用户深度访谈。理解并倾听是这个过程中非常关键的要素，最基本的原则是“5W+1H”。5W 主要是指 who（谁？）、what（做什么？）、when（什么时候？）、why（为什么？）、where（在哪儿？）以及 how（什么感受？）。在这个过程中，不要打断采访人的讲话，多听少说，更不要告知、影响或者说服你的客户。不要问封闭性的问题，开放性问题能够让你获取更多信息。因为我们需要的是信息，而不是观点。

从需求中提炼问题

搜集到各种各样的需求后，下一步是明确具体的问题。即我们要给顾客解决一个什么痛点以及如何解决。可以归纳为一个常用语句："我们该如何，为谁，做点什么，好解决问题。"比如，年轻妈妈既有工作又需要带孩子，所以年轻的夫妻经常吵架，因为带孩子似乎变成是妈妈一个人的责任，爸爸的贡献率几乎为零。通过调研，我们会搜集到年轻妈妈的各种需求：解放双手、时间分配、哄睡孩子、陪孩子玩等，在众多需求中，我们可以用常用语句来定义问题，比如哄睡孩子是想释放更多的独立时间。我们应该设计一种有声读物或工具代替妈妈讲述故事哄睡孩子，解决妈妈的时间成本问题。

头脑风暴集思广益

前两步主要是帮助我们发现问题，抓准痛点，从第三步开始，就进入解决问题的阶段。这个阶段要求大家尽可能地写下一些能解决问题的创意点子，集思广益。

方法一：逆向风暴。主要通过批判批评来诱发新的创意点子；但这类方法对于团队成员的整体要求较高，需要每位成员本身都具有该领域相关的背景知识，才能达到预期效果。

方法二：速度风暴。给小组成员每个人手里发一张纸，在规定的时间内（比如5 min），写下自己对于该问题的若干个解决方案或者想法，接着再把想法传递给下一位成员，根据上一人的想法再创造新想法；该过程反复进行，大概30 min，直到提出所有的想法。

方法三：内容风暴。这是一种可视化的内容集思广益。主要是用表格记录参与者（典型目标群体代表）对于该问题的想法、看法，让参与者写下尽可能多的可能性和标题。

方法四：发散思维导图。设置一个中心词，将该词写在白板或页面的中心。然后参与者自由联想，提供更多与该单词相关联的内容，将其拓展为与该单词相关的不同类别。如图5-4所示的"树状图"设置中心词为"太阳"，将你所能想到的写在旁边。

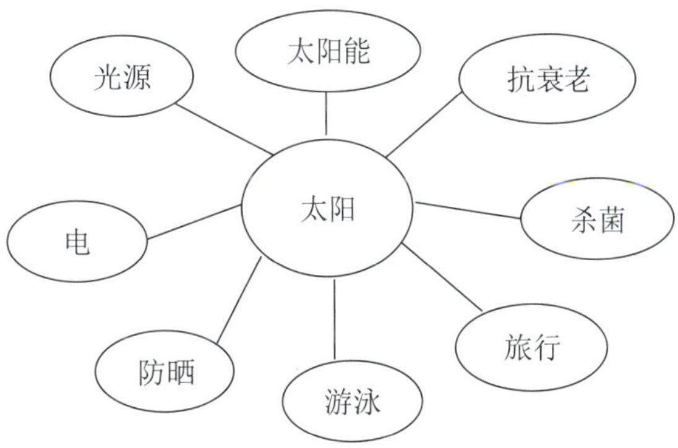

> 图 5-4 "树状"思维导图

把大脑中的想法制作出来

这个步骤是把脑海里的想法制作出来，试错优化。产品原型一般分为两大类，一类是低保真原型，另一类是高保真原型。低保真产品原型主要是被测试的产品基本模型或示例。模型可能不是完整的，只是产品的一个大概。可能仅仅使用了整体设计中的部分功能，或者是选择可以成型建模的简单材质而非最终材质。产品原型可以是低价简易制作的模型，也可以只是简单的描述或可视化，比如用故事板、草图绘制等来示例。低保真度的产品的优点是成本低速度快，便于即时更新迭代，大量节省时间成本，对于能力和经验的要求低，基本上都能做出最基础的产品版本或示例，用于用户测试与征询利益相关者的意见。其缺点在于低保真原型仅仅只是基础的简易版本，有些功能还未全部展示，因此对于产品的测试结果存在一定局限性。利益相关者也只能看到产品基本样式，对于产品未来的发展愿景还需要时间考察。

高保真产品原型是指基本上已经很接近成品的原型，包括外观、操作、系统以及功能。比如 Sketch 软件的开发。早期的系统版本与纸质示例相比，具有较高的保真度，它允许用户在 APP 上用与最终设计相同的方式进行操作并与设备进行交互。高保真原型的优点是相比较低保真产品原型，其用户结果测试更具备有效性与参考性。能让利益相关者马上看到产品的愿景实现。其缺点是完成周期较长，迭代速度缓慢，有时甚至会影响整个项目的进度。因此，在项目的早期阶段，通常使用低保真产品原型，而在测试问题更加细化的后期阶段使用高保真原型。

测试优化迭代不停息

测试的目的只有一个，就是看设计师是否真的解决了用户的问题或是痛点。这个过程本身并非一蹴而就，而是不断地试错、改进、完善。在这一步，我们可以用最小可行性产品（MVP）进行小样调研，快速进入市场，接触客户并得到反馈。接收客户反馈不断修改产品原型以及不断迭代开发，降低试错成本，最终完成正式版本的开发。

事实上，MVP 的目的在于弄明白你投入的努力是否值得，并且你肯定不想要花时间在对客户毫无用处或者客户不愿花钱的事情上面。需要注意的是，当你在测试你的假设时，你也许会需要考虑使用多个 MVP 测试的技巧。毫无疑问，适合你业务模型和市场的最佳 MVP 一定是多种多样的。但是无论何种形式，最重要的一点还是走出去，做出你的 MVP！弄清楚你产品里最大的假设，然后做出来，验证它。

专栏 5-2

15 种测试最小可行性产品的方法

用户访谈

用户访谈用来测试你的假设是否成立。用户访谈也是需要讲究方法与技巧的，访谈的方向并非兜售你的产品，而是你的产品能否解决让客户头痛的问题或者使用产品后的感受或者将问题解决的程度做一个等级排序。

着陆页

当用户受某渠道影响接触到产品的时候，着陆页是他们最先看到的页面。这是个绝佳的营销机会，可以解释产品的特点并引导用户注册。着陆页也可以测试产品和现实市场期望的差距，包括衡量需求、产品特点以及价格计划等。

A/B 测试

A/B 测试用来测试产品或市场营销策略变化的有效性。可以用各式分析工具测试访客对设计方案的反应。A/B 测试让你有机会测试两种版本，让访客决定哪款产品执行性更高。

广告

广告让你能够深度挖掘到目标用户的统计信息，同时可以进行一次低保真度的测试，测试产品中哪些特点或者哪部分对访客是最有吸引力的。通过这些服务进行广告活动可以为你提供一系列数据，比如点击率和转换率。

众筹

本质上来说就是 MVP 的集散地，可以通过筹款活动中客户的贡献度来判断人们的兴趣点。这项活动把验证性学习的优势和众筹结合起来，甚至可以给你机会接触到一群对产品感兴趣又积极参与的早期使用者。

产品展示视频

产品展示视频能在带领潜在用户认识产品的同时清晰地展示出它是怎样协助用户的，并最终引导人们了解想要购买它的原因。

拼接个 MVP

比起完全自建，你可以通过将市场上现有的工具和服务组合起来变成一个可运行的产品 demo，用于向用户传递你希望的产品体验。

SaaS 和 PaaS（软件即服务、平台即服务）

比起投资大规模服务器技术，依靠市场上已有的云平台以及平台服务，可以随意组合这些系统和平台来测试 MVP，从而达到预想效果。

博客

博客的双向沟通能够在 MVP 开发过程中为产品蓄势和获取顾客反馈提供一个理想的平台。此外，博客还能够积攒粉丝，让产品问世前就有潜在用户。

人肉手动式 MVP

在这个过程中，客户以为自己正在体验的是实际产品，事实上他们在使用的产品背后效果都是人堆出来的。这类 MVP 提供的关注点更侧重于问题而不是解决方法。

定制型 MVP

定制型测试和人肉型测试很相似，只是你告知了对方这个是人为干预的，并且这样的产品或服务会作为高度定制化的服务交给特定的客户。

电子原型

实物模型、框线图以及产品原型以最接近产品实际用途的方式展示产品的功能，涵盖了最模糊的草图、功能预览截屏到更加复杂傻瓜型应用，来模拟用户的产品体验。

纸质原型

纸上的原型是用物理线条，或者是通过折纸或者是通过纸上草图来展示产品以及产品的客户体验。优点是他们能够被团队的任何一个人使用。

单一特征 MVP

专注于 MVP 的一个特征反而是最好的方法，这样可以节约开发时间和精力，也能够防止用户从产品的最初预期上分散注意力。这些限制能够帮助你缩小最初的客户群并且专注于更重要的问题。

产品预定网页

和融资 MVP 差不多，产品预定网页 MVP 测试让你向潜在客户说明你的产品，目的是吸引客户在产品还没有开发出来前就为它买单。这样能够帮助了解你正在努力制造的产品究竟有多大的需求量。

——资料来源：Christopher Bank（2014）

沙盘练习

产品原型设计画板

◎ 沙盘主题

产品原型设计画板。

◎ 讨论方式

群体讨论。

◎ 主要任务

通过群体讨论提炼观点，对产品进行低保真原型设计（见表 5-3）。

表 5-3 产品原型设计画板

产品 / 项目名称：	
产品 / 服务理念：	产品图示 / 服务图解：
工作原理 / 服务流程（图文）：	功能模块 / 服务内容：
创新点：	市场前景：

◎ 作业过程

1. 产品 / 项目名称。为产品或项目命名，该名称应具有一定的激励性，能让小组成员感到奋进、团结，并且具有创意。

2. 产品 / 服务的理念。简明扼要地阐述你们产品 / 服务设计的理念。

3. 画出产品 / 服务的图解。将你们脑海中的想法，通过图解“画”出来，并且是可以展示给客户进行说明的。

4. 以图文方式说明产品 / 服务的工作原理 / 服务流程；该产品 / 服务的内在工作机制、运行以及流程。

5. 产品的功能模块 / 服务内容。该产品 / 服务具体是如何实现产品 / 服务功能的，配以文字说明。

6. 罗列产品 / 服务的创新点。与其他同类竞品比较差异点。

7. 描述该产品 / 服务所处的市场前景。该产品 / 服务未来的发展、盈利方向。

◎ 作业提示

产品原型画板的目的是让大家的项目 / 创业机会落地，更完整地展现产品 / 服务的理念、功能、工作原理以及把你的产品 / 服务与其他同类竞品的差异点或创新点凸显出来，可以更准确地把握市场趋势，对于下一步商业模式的建立与营销策略的设计具有重要作用。

要点回顾

传音手机案例向大家展示了好产品的基本特征。如何设计一个成功的整体产品，离不开设计三原则；好产品的设计不仅要从客户需求出发，还要从企业的角度来考量。当然，深入理解你的客户是产品设计的第一步。我们用到的主要方法是 AEIOU 观察法、随行观察法、参与观察法、移情图等，这些工具的目的只有一个，就是让我们能从浅显到深入地理解客户、深挖痛点与切实需求，设计能解决客户问题的产品。产品原型设计是从无到有的过程，是让创业者将其创意通过具体的产品展示出来。产品原型的设计，既能凸显与其他同类竞品的差异点，也能通过产品原型继续改进不足之处。不管原型是低保真还是高保真原型，都需要以消费者为中心来筛选创意、设计、模拟消费者使用过程、盈利反馈、数据收集等。产品原型设计有助于创业者测试产品的市场可行性，进一步为商业模式奠定基础。

课后作业

产品测试结果报告

作业要求：

请完成你的产品原型设计，并进行一次小规模的产品测试。测试结果以报告形式呈现。报告呈现的形式由小组自行设计。

第 6 章
商业模式设计

学习导言

随着全球化的深入与信息技术的颠覆性应用，21 世纪的商业竞争越来越推陈出新，其关键之处在于商业模式之争。从创业的角度来讲，商业模式设计是整个创业项目承前启后的关键环节。在前述商机发现、市场调查、产品设计与测试的创业准备的基础上，本章教学商业模式设计的基本思路。让学生了解商业模式的定义，从赚钱点子、独特价值与产业链位置三个层面，深刻理解商业模式的内涵，通过“商业模式画布”沙盘让团队进行“纸上谈兵”，让学生对基于利益相关者和产业链的价值创造产生更加深刻的认识，最后通过教授商业模式评价方法完成项目设计的自我反馈。

引导案例

名创优品：没有秘密

北京时间 2020 年 10 月 15 日，名创优品正式登陆美国纽交所，股票代码“MNSO”，市值达 69.92 亿美元。这个国民零售品牌，在实体零售业一片哀号的商业环境中，达到了“一鸣惊人”的效果，实现了逆势增长。

简约不简单的名创优品

公司从 2013 年成立之初的 27 家门店发展到 2018 年全球门店达 3 500 家，其开店数量呈现“爆炸式”的增长。名创优品自设立之初就定位于“快时尚”消费品牌，因此对产品的设计和上新速度要求较高。在面积为 200 平方米左右的名创优品门店内，有 3 000 多个单品，每个单品不会超过 3 个 SKU（库存进出计量的基本单位），且每件单品的售价一般在 10～50 元。品牌遵循“优质、创新、低价”的原则，清晰的品牌定位策略、优质低价的潮流产品，使得名创优品与其他“十元店”和普通连锁百货店区分开来。

名创优品：你有什么秘密？

名创优品采取了“以量定价 + 买断定制 + 不压货款”的供应模式。通过全球大规模的采购，与特定的合作供应商（工厂）确定较低的价格以削减产品的平均成本，通过大批量买断供应商的产品并自行负责销售，承诺在 15 天内给供应商回款。

随着企业规模的壮大，特别是 2016 年以后企业海外扩张速度明显加快，采取直营投资模式所需资金巨大，因而企业转向了加盟投资的模式。“直营 +

加盟”的投资模式缓解了企业直营模式下资金紧缺的问题，也加快了企业扩张的步伐。

名创优品在华有八大物流仓储基地，涵盖了我国的东中西部。公司从供货商处集中采购，将货物运送至各大物流仓储基地，通过合作方第三方物流统一配送至各门店，保证了全国各地门店产品上新同步。目前公司在中国区已经能实现产品 21 天的全场周转。

名创优品在发展早期就投资 3 000 万元与海鼎公司共同研发管理系统。通过系统信息化的管理来规范企业的各项流程操作。智能化的物流仓储较于传统的人工仓储效率更高，精准度更强，时效性也更好。通过数据采集平台可以分析企业的销售数据，例如，通过分析各门店的月、季度销售状况，各项产品的销售情况，判断消费者的产品购物偏好及消费高峰期，以此帮助企业更好地制定经营策略。

——资料来源：综合整理王萍（2021）、赵青松（2019）等相关报道

思考：

1. 谈一谈你在名创优品的购物体验。从顾客的角度分析名创优品提供了哪些与众不同的价值？

2. 名创优品在供应链、合作伙伴、物流以及电子商务上的动作与这些价值之间是什么样的关系？

3. 查阅资料，分析名创优品与欧洲的 ZARA 有哪些相似之处。

沙盘练习

商业模式画布工具

◎ **沙盘主题**

商业模式画板。

◎ **讨论方式**

集体研究。

◎ **主要任务**

使用本画布，对小组的项目进行相关设计。

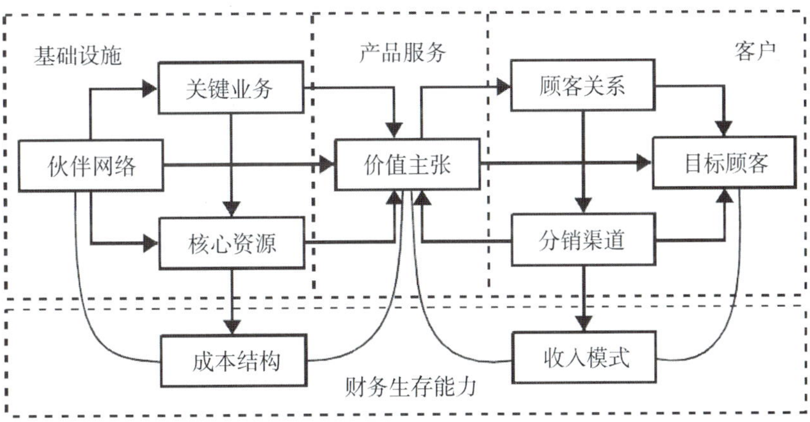

> 图 6-1　商业模式画布的主要框架及逻辑关系

◎ 作业过程

1. 根据前述课程及调查研究结果，填入“价值主张”“客户细分”“关键活动”三个部分。

2. 对“价值主张”“客户细分”“关键活动”的讨论结果及相关关系进行调试。

3. 对于市场导向的创业项目，从客户细分出发，根据已有内容，逐渐分析客户关系的设计、分销渠道的设计，根据收益来源，分析潜在的合作伙伴以及关键资源，最后完成成本结构的估算。

4. 对于技术导向的创业项目，从关键活动出发，分析潜在的合作伙伴以及关键资源，分析成本结构，而后评估细分客户是否正确，设计相应的客户关系和分销渠道，最后完成收益估算。

认识商业模式

商业模式就是一个交易结构

早在 20 世纪 50 年代，商业模式（business model）这个概念就已经出现，但真正引起人们的关注是在 20 世纪 90 年代之后。随着信息技术的突破、全球化运动的汹涌澎湃以及产品更新速度的日益加快，传统的商业模式受到空前的挑战，特别是互联网技术的出现，更是催生了各种颠覆性的商业模式。商业世界的竞争日新月异，商业模式成为一个高频词语，成为学术界和实务界关注的重点领域。

有关商业模式的定义，不下 30 余种。从现有的研究来看，大致从经济类、运营类、战略类三个角度来理解商业模式。经济类商业模式侧重强调企业获取利润的逻辑性结构与制度安排，强调企业经济租金的来源，即获利来源。运营类商业模式研究侧重企业如何通过内部流程与构成来实现利润，即获利的组织形态。战略类商业模式则侧重组织的资源与战略方向的总体考虑，即体现获利方向。

按照明兹伯格的说法，所谓模式，是指组织在发展过程中形成的一套惯性，它可以是组织的文化、行为、原则、思维方式、产品特点、工艺特征等。但是“商业”一词的说法未能准确反映 Business 的原始含义。在英文中，Business 具有“商业”“买卖”“生意”“商务”“公事”“业务”“营业状况”等多种含义。

在日常用语中，更多为生意的意思，用于说明我们从事的生意的类型和方式。追逐利润是个体或组织从事生意的天然属性。利润来自于我们与顾客的价值交换活动。而为了实现这种价值交换关系，需要协调和组织各种利益相关者与我们进行交易和协作活动。从这个意义上来说，商业模式的本质是由一系列交易关系组成的具有营利性商业逻辑的交易结构安排。

设计和组织商业模式的任务，就是让一群利益相关者把自己的资源和能力投入进来，形成一个稳定的交易结构来进行持续的交易，不断地创造出新的价值。每一方会按照一定的盈利方式去分配这个价值。如果每一方分到的价值超过了它投入资源能力的机会成本，这个交易结构就会越来越稳固。同样的一个产品、技术或者服务，配属上不同的商业模式，可能会产生截然不同的效果。

用通俗的话来讲，思考商业模式就是先想一想交易结构是什么样子，会与哪些利益相关者发生什么样的交易关系。对于创业者而言，一个好的商业模式设计，既是对自身战略和业务运营的总结指导意义，也是向外寻求合作（包括融资）的重要砝码。然而，建立一个系统、缜密的商业模式思维需要对商业世界有长期的观察体会和比较充分的理解，不可能一蹴而就。我们可以通过以下三个层次的训练，循序渐进地培养自己的商业模式视角和思维。

层次一：说清赚钱的点子

商业模式的核心是盈利。如何实现盈利就成为一个必须解答的问题。在设计商业模式时，可以从这一最基本的问题，即实现盈利的角度来进行思考。当创业者能够明确自身的盈利方法以后，实现这组盈利方法的交易组织方式也就会被水到渠成地思考出来，整个模式的设计也就逐渐地浮现出来。

从这个意义上来讲，盈利模式这一结果本身确实能够反映深层次的商业模式。例如，“周黑鸭”和“久久鸭”同样是做卤制品零售业务的两家食品企业，尤其是以鸭脖子产品而闻名。从产品的角度来讲，两家公司类似，并没有本质性的区别。但是它们赚钱的方法不一样。这种差别从以下两组数据就能看出区别。“周黑鸭”的营收、成本、毛利润、门店数量分别是 24.3 亿元、10.5 亿元、13.7 亿元、715 家；“久久鸭”营收、成本、毛利润、门店数量分别是 29.2 亿元、25.2 亿元、3.86 亿元、7172 家。

从数据上来看，两家公司在毛利润和门店数量上呈现出极大的反差。周黑鸭的门店数量仅为久久鸭的 1/10，而毛利率是对方的 355%。“周黑鸭”采用直销模式，利用自建店铺，直接面向消费者来赚取全部的产品利润。而“久久鸭”采用的是加盟模式，利用合作伙伴大量的社会资本和资源，进行门店扩张来获得生存，其获利的来源则是加盟商的年度加盟费用和批发收益，从而和终端渠道分享了产品收益。这两家公司不同的盈利方法也就塑造了它们不同的商业模式。

再举一例。一家从事农产品机械制造的企业，希望把自己的产品出售出去，它可以有多种方法。第一种，也是最基本的方法，是通过卖给农户（C 端客户）赚钱。第二种，可以是聚焦另外一个群体来赚钱，比如大型的农场企业（B 端客户）。第三种，可以是寻求经销渠道上的扩张，通过更多的代理商 / 经销商来销售产品。第四种，可以利用国家的农机具补贴政策来赚钱，假设一台拖拉机 10 万元，而国家补贴 60%，农户缴纳 40%，此时政府财政就是一个极为重要的付费用户。第五种，我们还可以引入融资租赁服务，使用贷方的资金，通过赊销产品来为农户解决这 40% 的资金问题。当这样一种交易模式产生时，产品的吸引力和销量将会大增。第六种，类似于汽车制造商的常见做法，通过自产自销的纵向一体化，涉足下游的农机租赁服务，通过租赁收费来赚钱。第七种，也可以将竞争力放置在售后服务环节，通过附加的售后和培训环节来增加收入。如此种种，我们还可以设计更多的盈利方法。在这个案例中，同一家企业同样的产品或服务，由于盈利来源的差异，完全可以演化出截然不同的商业模式，从而产生差异化的发展效果。

层次二：阐述独特的价值

对于商业模式，我们还可以从价值阐述的角度进行思考。企业实现盈利的关键，不是靠一时的哄和骗，而是切切实实地解决了市场真实存在的痛点，发现并利用一些交易关系实现、创造出某种独特且有一定持续时限的价值。对于自身独特价值的阐述，是脱离了盈利的浅层次分析，从深层次理解商业模式的关键步骤。当对自身独特的价值具备完善的概括和认知以后，我们就能找出精准的交换对象（为谁服务？）以及潜在的合作伙伴（与谁一起？）。此时，商业模式的交易结构也就比较清楚了。

阐述价值可以先从“为谁提供什么样的服务”入手进行思考。塔塔集团的拉丹·塔塔看到“雨中有许多载着一家人的摩托车在汽车间摇摇晃晃地穿来穿去”的景象时，提出了自身的价值主张：“为这些家庭提供一款更安全、可以挡风遮雨的廉价汽车”。这一价值主张直接定义了自身的交换对象，即千百万尚未进入汽车市场的广大民众。据此，拉丹·塔塔认为，要想让那些骑摩托车的家庭拥有汽车，唯一的办法就是大幅调低车价。他想：“我是否可以打破常规，推出 10 万卢比一辆的汽车呢？”他把汽车价格定在 2 500 美元左右，还不到市面上最便宜的汽车价格的一半。虽然塔塔瞄准的客户群潜在规模巨大，但是这种价值主张的实现既要大幅降低毛利润，又要大幅降低成本结构中诸多要素的费用。这需要企业内部以及从“原材料到销售”整个产业链上的合作伙伴一齐协作，重新定义和实现汽车的这一新价值。

叶国富从 2003 年开始在佛山创业，专注十元饰品生意。后来将店铺扩张到广州，并取名“哎呀呀”。名字来源于消费者到店后的惊呼，因为店内东西精美价格又便宜。“哎呀呀”产品单价居于 10～30 元范围，定位消费群体是 14～26 岁的女性，其中 18～22 岁的女性是核心消费者，客单价约 20 元。“哎呀呀”利用年轻女性对韩流等洋文化的趋之若鹜，聘请了近百名时尚买手，这些买手常年流连于日韩、欧美等国，搜索全球最流行的饰品，经过其甄别后第一时间发回国内。“哎呀呀”收到产品样式后，便会联系合作工厂进行再设计、再加工，再将小小的饰品进行包装、出售。在 2010—2014 年期间，“哎呀呀”迅速占领了一线城市以及偏远城镇的四五线市场，一度被冠以“中国饰品第一品牌”。叶国富曾用 18 个字概括了“哎呀呀”的商业模式：高颜值、高品质、高效率，低成本、低毛利、低价格，即“三高三低”。“三高三低”的商业模式，就是一个基于独特价值阐述的描述。“高颜值、高品质、低价格”回答了为谁提供什么样的价值这一问题；高效率、低成本、低毛利则预示了企业将会与谁一齐合作来实现这一价值。

层次三：刻画产业链位置

产业链是对产业部门间基于技术经济联系而表现出的环环相扣的关联关系的形象描述。产业链的实质就是不同产业的企业之间的关联。一个产业的链条是非常复杂且多元的，一般而言包括上游原材料供应、中游生产加工、下游的市场营销三大部分。有的大企业可以囊括产业链的所有环节，如中粮集团作为一家以粮食生产为主导的国有企业，从产业链源头做起，将种植与采购、贸易与物流、食品原料和饲料原料加工、养殖屠宰、食品加工、分销及物流、品牌推广、食品销售等每一个环节，都纳入运营体系当中，实现食品安全可追溯，形成安全、营养、健康的食品供应全过程。中粮集团养猪的项目从饲料生产、配良种、母猪繁育、养殖、屠宰、深加工、冷链配送，直至中粮肉食专卖店、中粮购物网站，都一手操办，形成了“一条龙”经营模式。

对于大部分企业或者说创业项目而言，我们可以选择产业链条上某个或某几个环节来创造自身的价值。商业模式设计就是在产业链的思维下定位自身的位置，从产业链的哪个环节切入又从哪个环节退出，与链条的其他环节形成一种什么样的关系。放在产业链上的位置标明以后，整个商业模式的全局概貌也就更加清晰。基于产业链视角的商业模式设计是一种战略思维，使得我们可以更好地进行战略定位，有更多的机会发展出独特的游戏规则，从而创造出独特的竞争优势。

戴尔（Dell）电脑的崛起就是一例明证。与 IBM、惠普、康柏等老牌电脑生产厂商不同，戴尔公司的运营环节不包含大量的零部件制造环节，戴尔对整个产业链进行了分拆，将非核心价值活动分拆到企业之外，仅仅保留极少数关键部件的制造活动，甚至将研发活动也分离出去，外包给专业的研发机构。在分拆之外，戴尔利用信息技术对整个产业链进行重新整合，采用大规模定制。运用互联网订单按需生产消灭了中间商，为戴尔节约了大量的交易费用；运用供应链管理对供应商进行后向整合，将研发厂商、零部件厂商、组装厂商、物流厂商统统装进自己的围绕订单流的信息链控制之中，使用电子商务使得整个产业链更加灵活、快捷和高效。从这种意义上来讲，戴尔并不是一家传统意义上的电脑生产商，而是在整个产业链上只负责接单和进行订单流运营管理的信息服务企业。

瑞典利乐公司是为食品饮料企业提供生产和包装设备的设备供应商，表面上看，它是整个产业链的配角企业。利乐进军中国市场时，乳业是一个新兴市场。乳品企业都是初创企业，他们不仅对包材有需求，更加渴望资金、技术和工艺。按照“不仅仅做包装（more than package）”的经营宗旨，利乐不动声色地成为一家“银行”，乳品企业向它购买生产设备时，只需交付 20% 的货款，客户只需要承诺若干年后只向利乐购买包材。利乐更是把自己变成一家提供从生产到营销系统解决方案和实施的行业咨询公司和培训公司。通过这种方式，利乐把自己的商业基因植入客户中，形成一种隐秘而牢固的锁定效应。通过独特的商业模式，利乐在液态食品产业链中扮演了隐藏得非常深的“链主”角色。

专栏 6-1

常见商业模式面面谈

彼得·德鲁克曾经说过：“当今企业之间的竞争，不是产品之间的竞争，而是商业模式之间的竞争。”商业模式基本类型可分为四种，分别是产品领先模式、成本领先模式、服务领先模式与平台领先模式。产品领先模式是技术创新导向企业常用的方式，追求产品的绝对领先，为客户带来的创造创新价值。成本领先模式是迈克尔波特意义上的对同一价值下的性价比追求。服务模式的重点在于强调产品的服务外延性的差异性空间或者做好价值链的服务环节来创造价值。而平台模式追求的是系统生态规则的变化来提供价值。例如，苹果智能手机的商业模式的本质是其产品背后的 IOS 平台领先的商业模式，这与诺基亚代表的传统手机注重通信与耐用等产品领先的商业模式形成了鲜明的竞争优势。其他复杂的商业模式则是这四种基本商业模式组合或演化而来的。

商业模式的分类目前没有统一的说法，对于其总结也是非常多样化。这里介绍一种分类方法。1998 年，亚德里安·斯莱沃斯基在 *The Profit Zone* 一书中提出了以客户为中心的思维模式。该书提出了企业如何实现持续赢利的问题，并提出了 22 种具体获取利润的方法，形象地概括了各种有效的企业商业模式。

客户解决方案模型

卖解决方案而不是仅仅卖产品。客户的需求从产品上升到解决经营中的问题；并且，服务的利润往往比产品高。

产品金字塔模型

产品系列全而广。低端产品起防火墙作用，高端产品是利润主要来源。

多种成分系统模型

碳酸饮料可以在超市销售，也可以在饭店和自动售货机销售。后者的利润高，但是为了进入后者，需要在前者建立一个强大的品牌。

配电盘模型

当买方和卖方之间的交易成本很高时，这种模型便诞生了。典型例子如阿里巴巴在交易活动中的中介作用。

速度模型

产品刚发布的时期利润是最高的，随后随着竞争的加剧，利润率快速下滑。典型例子如英特尔利用这一特点设计自身的企业经营方式。

卖座“大片”模型

适用于固定成本很高、变动成本低的情况，通过大量的发行来摊薄固定成本。

利润乘数模型

发展相关产业。典型公司如迪士尼。围绕角色开发电影、电视、书刊、服装、手表、主题公园、专卖店等一系列产品。

创业家模型

为了避免大企业的规模不经济，交易费用上升，将公司拆分成很多小的利润中心，以强化赢利责任，更加接近客户。

专业化利润模型

对应波特教授提出的聚焦战略（focus strategy）。

基础产品模型

采用基础产品加耗材、后续产品的模式。基础产品的利润低，但耗材、后续产品的利润高。如刮胡刀 + 刀片模式、发电机 + 维护服务模式。

行业标准模型

典型例子如微软。致力于将基础产品模型发展成行业标准模型来获得行业竞争优势的发展方式。

其他盈利模式

还包括品牌模式、独特产品模式、区域领先模式、大额交易模式、价值定位模式、周期利润模式、售后利润模式、新产品利润模式、相对市场份额模式、经验曲线模式、低成本企业涉及模式。

设计商业模式

价值设计

一个商业模式必须说清楚创造价值的主要内容，因而要说清楚自身商业合理性的关键价值起源是什么？从创业者的角度来说，就是阐述自身的价值主张。价值主张是指客户界面、伙伴界面和内部构造中那些能够为客户、伙伴和员工创造价值，并最终为企业带来显著价值的关键要素形态组合。在商业模式设计中，要围绕客户的需求来设计价值主张，通过挖掘客户消费决策信息为目标客户提供产品和服务。一个清晰的价值主张，可以设计并增强与利益相关者之间的有效信息沟通以及可以帮助企业减少认知盲点和认知偏见。

价值主张的设计可以是多样性的，既可以是概括性的，主要是面向最终用户，以解决用户的痛点为出发点的价值设计方式陈述，也可以是具体性的，描绘为特定顾客细分创造价值的系列产品和服务。价值主张一般要回答以下问题：“我们该向顾客传递什么样的价值？我们正在帮助顾客解决什么样的难题？我们正在满足哪些顾客的需求？我们正在为细分客户群体提供哪些具体的产品和服务？”价值主张的设计可以从

表 6-1 中获取灵感，可以是针对某个单一具体要素，如定制化，深入进行商业模式的主导设计；也可以集合某几个要素进行整合创新和价值提供。摘取价值主张要素的前提是必须满足市场痛点，即我们主张的价值有合理的市场需求和盈利空间。需要指出的是，聚焦在某一个或多个价值要素，实现这些价值要素需要企业付出相应的价值创造成本，因而价值创造性必须足够有吸引力，才能弥补付出的创造成本，进而实现盈利。从这个角度来说，价值主张必须是建立在扎实的商机发现、市场调查、产品设计与测试等创业准备的基础之上。

表 6-1　价值主张的简要要素

序号	要素	解释
1	新颖	产品或服务满足客户从未感受和体验过的全新需求
2	性能	改善产品和服务性能是传统意义上创造价值的普遍方法
3	定制化	以满足个别客户或客户细分群体的特定需求来创造价值
4	把事情做好	可通过帮客户把某些事情做好而简单地创造价值
5	设计	产品因优秀的设计脱颖而出
6	品牌 / 身份地位	客户可以通过使用和显示某一特定品牌而发现价值
7	价格	以更低的价格提供同质化的价值满足价格敏感客户细分群体
8	成本削减	帮助客户削减成本是创造价值的重要方法
9	风险抑制	帮助客户抑制风险也可以创造客户价值
10	可达性	把产品和服务提供给以前接触不到的客户
11	便利性 / 可用性	使事情更方便或易于使用可以创造可观的价值

市场设计

市场设计模块在整个商业模式架构设计中负责描述在终端链条上的想法。尤其是市场导向型的创业项目，往往以市场设计模块为商业模式设计的出发点。对于商业模式的设计，首先，需要进行客户的洞察，根据自身的价值主张，对不同的客户群体进行细分，找出与自身相匹配的目标人群，并考虑企业应当与细分群体建立何种客户关系以及通过相应有效渠道通路传递价值主张。从客户的角度出发来对待商业模式，主要是运用一种创新性的思维，深入理解客户的意图，将客户的需求包容在商业模式之中，从而提高商业模式设计的有效性。

目标顾客

目标顾客即对客户进行细分，找出与企业匹配的目标客户人群。企业都是在有限的资源约束条件下生存，市场上的顾客需求具有明显的异质性，因而我们应该明确："我们为谁创造价值？谁是我们的重要客户？"市场营销基础理论一般将顾客细分划分为五种群体：①大众市场。价值主张、渠道通路和顾客关系全都聚集于一个大范围的顾客群组，顾客具有大致相同的需求和问题。②利基市场。价值主张、渠道通路和顾客关系都针对某一利基市场的特定需求定制。③区隔化市场。顾客需求略有不同，细分群体的市场区隔有所不同，所提供的价值主张也略有不同。④多元化市场。经营业务多样，能以完全不同的价值主张迎合完全不同需求的顾客细分群体。⑤多边平台或多边市场：服务于两个或更多的相互依存的顾客细分群体。通过以上的市场细分，识别出创业企业意图服务的不同用户 / 客户群，注意区隔出不同群体的不同诉求，其中哪些是核心关切用户？哪些是较次的客户群体？

顾客关系

顾客关系是指企业为达到其经营目标，主动与顾客，特别是已经明确的特定顾客细分群体，意图建立起的某种关系。关系可能只是单纯的交易关系，也可能是信息沟通的关系或者是为双方利益而形成的一种长期的买卖关系。客户关系具有多样性、差异性、持续性、竞争性、双赢性等特点，因此提高企业客户关系管理的能力是商业模式得以持续运行的关键。在设计商业模式的过程中，应该根据我们的价值主张建立哪些客户关系？已经建立了哪些关系？这些关系成本如何？这些关系如何影响着我们的商业模式设计？如何将其整合到商业模式的价值流中？

渠道通路

渠道通路的设计用来描绘如何沟通接触到细分顾客从而传递我们的价值主张，应根据我们的客户关系和细分市场进行整合，从而形成一个有效的客户网。企业分销渠道建设既是客户关系管理的实施基础，也是实现客户关系管理的保证。对渠道分销系统进行设计和整合，能够吸引潜在的客户并提高客户的满意度和忠诚度。渠道通路需要回答清楚以下问题："通过哪些渠道可以接触我们的顾客细分群体？我们如何接触他们？我们的渠道如何整合？哪些渠道最有效？哪些渠道成本效益最好？"企业可以选择通过自有渠道、合作伙伴渠道或两者混合来接触顾客。其中，自有渠道包括自建销售队伍和在线销售，合作伙伴渠道包括合作伙伴店铺和批发商。

运营设计

运营设计模块是企业实施商业模式的基础，它主要分为三个要素，即关键业务、核心资源、伙伴网络。这些要素之间相互具有逻辑关系并产生共同作用，为商业模式整条价值链的设计提供了前提。

关键业务

关键业务用来描绘为了确保商业模式可行所必须做的最重要的事情。关键业务是有效运转商业模式的基础框架，产品流动、客户维护与开发、企业的辅助服务等都需要有合适的业务去驱动。我们在商业模式的整体设计框架下，识别出所需要的关键商业活动 / 业务流程，如宣传、促销、生产、配送等。关键业务主要回答以下问题："我们的价值主张需要哪些关键业务？我们的渠道通路需要哪些关键业务？我们的顾客关系需要哪些关键业务？我们的收入来源需要哪些关键业务？"一般来说，关键业务可以来源于以下三种活动领域：①制造产品领域，与设计、制造及配送产品有关的主要活动，是关键业务中的关键环节。②建立平台与网络的意图。创业者开发重点在于提供网络服务、交易平台、软件甚至产品，都可能是平台导向的，相关的关键活动可能包括平台管理、服务提供和平台推广等。③问题解决导向型的关键活动，其核心在于为顾客提供特定的、创造性的解决方案，其核心活动在于需要知识管理、持续的培训等业务。

核心资源

核心资源是提供和交付先前描述要素所必备的重要资产，是描绘商业模式有效运转所必需的最重要的因素。核心资源可分为内部资源和外部资源。内部资源可以是实体资产、金融资产、知识资产或人力资源、管理资源、技术资源、信息资源等。外部资源包括行业资源、产业资源、市场资源等。核心资源为商业模式的构建提供保障。因此，在商业模式设计时应根据不同的需求，分析所需的核心资源。核心资源的分析用来回答以下问题："我们的价值主张需要什么样的核心资源？我们的渠道通路需要什么样的核心资源？我们的顾客关系需要什么样的核心资源？我们的收入来源需要什么样的核心资源？这些核心资源，我们具备哪些？有哪些我们还不具备？如何寻获？"

伙伴网络

伙伴网络即重要伙伴，是指让商业模式有效运作所需的供应商与合作伙伴的网络。企业在满足客户需求的过程中，有些资源企业自身可以提供，有些资源需要与我们的合作伙伴合作去提供给客户。构建一个合作网络不仅在于满足客户的需求，它也是一种完善企业内部流程，提升企业竞争能力的重要一环。首先，在进行伙伴网络的构建过程中，潜在合作者的关键业务、核心资源是我们考虑的重要因素；其次，与合作者的合作深度决定了我们可以从我们的伙伴企业中获得什么。因此，在这个要素构建的过程中，我们不仅要考虑是谁，也要考虑谁可以给我们带来什么。需要回答的主要问题包括："谁是我们的重要伙伴？谁是我们的重要供应商？我们正在从伙伴那里获取哪些核心资源？合作伙伴都执行哪些关键业务？"

财务设计

通过财务设计，从具体的金融数字上来衡量商业模式的可行性以及持续性，是整条价值链运行的落实模块。它包括了两个设计要素，即成本结构和收益模式。任何一个商业模式地图模块的设计都离不开这两个要素。

收入来源

收入来源用来描绘从每个顾客群体中获取的现金收入。主要回答以下问题："什么样的价值能让顾客愿意付费？他们现在付费买什么？他们是如何支付费用的？他们更愿意如何支付费用？每个收入来源占总收入的比例是多少？"总体而言，收入可以来自以下7种来源：资产销售、使用收费、订阅收费、租赁收费、授权收费、中介服务收取佣金、广告收费。对于收入来源的设计可以进一步细化，进一步分析收入源、收入点、收入方式三种相对独立的功能模块。①收入源是指企业据以获取收入的那部分价值内容，解决的是"凭什么收费"的问题。②收入点解决的是"对谁收费"的问题。③收入方式是指企业获取收入的手段，解决“怎么收费”的问题。

成本结构

成本结构是指商业模式运转所引发的所有成本，主要回答以下问题：“什么是我们商业模式中最重要的固有成本？哪些核心资源花费最多？哪些关键业务花费最多？”成本分为直接成本和隐性成本，直接成本即为满足顾客需求、维护顾客关系、所需消耗的核心资源成本，以及价值链有效运作的成本。隐性成本指的是商业模式更新的成本，即失败的代价。成本结构分析分为成本布局和成本控制两个部分。成本布局指的是企业自身成本要素的分布情况。成本控制是指企业对经营活动中产生的成本进行压缩。

沙盘练习

评估你的商业模式

◎ 沙盘主题

商业模式评估。

◎ 讨论方式

集体讨论。

◎ 主要任务

利用商业模式评估指南，对本组设计结果进行评价。

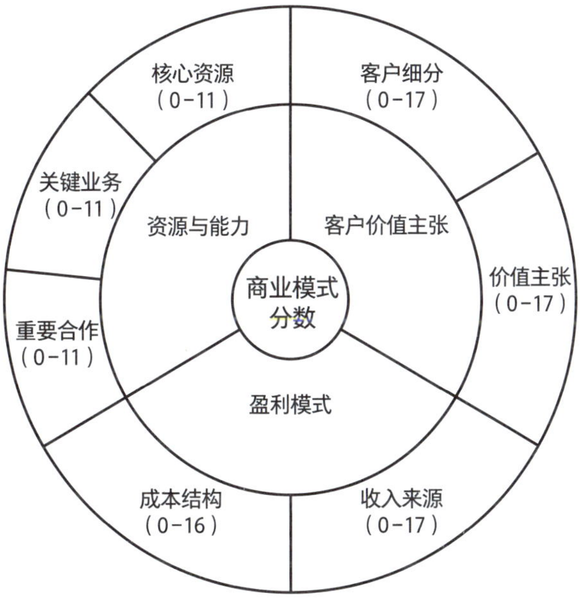

> 图 6-1　商业模式评估指南

◎ 作业过程

按照以下商业模式评估指南指示的问题，对商业模式的各个部分进行打分。

对于图 6-1 中的“客户价值主张”部分，我们可以询问自己以下问题：

1. 我的市场规模有多大？
2. 我的客户忠诚吗？
3. 我的客户的整体经济状况是否健康？
4. 客户是否认为我的品牌性价比高？
5. 我的市场竞争激烈吗？
6. 我的价值主张的有利程度和差异化程度到底有多强？
7. 我的客户能明确地将我和竞争对手的产品、服务区分开吗？
8. 我的市场份额波动大吗？
9. 使用我的产品、服务的最终利益到底有多大？
10. 在劝说客户选择我的产品、服务时，我有多高的效率？
11. 我与客户、供应商和员工构建关系的能力如何？

对于图 6-1 中的“资源与能力”部分，我们可以询问自己以下问题：

1. 我的产品、服务是否有基于差异化的竞争优势？
2. 我是否拥有经验丰富、忠诚且能力突出的员工？
3. 我是否拥有品牌资产？
4. 我面对供应商的议价能力是强是弱？
5. 买家的议价能力提高还是降低了？
6. 为了在竞争中不落下风，我需要进行多少创新？
7. 我是否有能力以更快的速度进行创新？
8. 我是否通晓财务、战略和技术方面的知识？
9. 我的企业易受政府或政策变化的影响吗？
10. 企业是否过度依赖某些客户？
11. 有多少关键合作伙伴、供应商和客户关系的维护依赖所有者？

对于图 6-1 中的“盈利模式”部分，我们可以询问自己以下问题：

1. 由于市场的竞争本质，我的利润是否受到了限制？
2. 我的收入流质量如何？
3. 在市场中，我在成本方面能保持领先吗？
4. 我是否最大限度地实现了毛利润？
5. 我是否拥有专有性的收入流？
6. 我的收入属于经常性收入还是一次性收入？
7. 和竞争对手相比，我的利润是高是低？
8. 市场里是否存在太多竞争者？是否供大于求从而导致利润受到限制？
9. 我是否创造出了一个明确的、可重复利用的销售流程？
10. 产品容易推广吗？需要在推销方面投入巨大精力的产品应该得到较低的分数。
11. 获取消费者的成本与因此得到的收益之间能否成正比？

◎ 作业提示

得分超过 90 分，说明你拥有强有力的商业模式；超过 80 分意味着你拥有非常出色的商业模式；如果得分低于 50 分，说明你需要继续努力，但这也意味着你拥有一些好机会。为什么不到满分也能得到出色的评价呢？因为不存在完美的商业模式。即便一个商业模式是完美的，但过不了多久就会吸引竞争对手的注意，进而受到攻击。

另外需要注意的是，商业模式不是一成不变的，随着企业状态发生改变，你的得分也会发生变化。商业模式一般会提高利润创造能力，其本身也会随之达到巅峰。如果不做出改变，你的模式就会不断遭到侵袭，利润越来越少，得分也会越来越低。

要点回顾

商业模式的本质是由一系列交易关系组成的具有盈利性商业逻辑的交易结构安排，使得与交易相联系的利益相关者把自己的资源和能力投入进来，形成一个稳定的交易结构进行持续的交易，从而不断地创造出新的价值。当我们还无法准确地把握商业模式时，我们可以从三个层面思考问题：一是说清楚我们赚钱的点子，二是阐述出我们要实现的独特价值，三是设计出我们在产业链上的位置。商业模式画布是对以上三个问题的详细规划，从“价值主张”“客户细分”“客户关系”“分销渠道”“关键活动”“合作伙伴”“关键资源”“成本结构”“盈利来源”九个方面形成完整的商业模式要素拼图。对商业模式的设计要进行评估，以使得我们的方案更加科学、合理并适应变化的发展。

课后作业

完善你的商业模式设计

作业要求：

根据本章的学习内容以及课后对商业模式评估的结果，依托附件辅助工具（表 6-2），对项目的商业模式重新进行完整、系统的优化设计，并制作相关子专题报告。

附件：

表 6-2　商业模式沙盘练习辅助工具

<table>
<tr>
<td rowspan="2">关键合作伙伴
识别出要实现价值主张，需要哪些外部的合作伙伴。如投资方、供应商、利益相关部门、上下游产品团队等。（尽可能列举项目中的合作伙伴）</td>
<td>关键业务活动
识别出该商业模式下所需要的关键商业活动 / 业务流程，如宣传、促销、生产、配送等。（哪些是项目中的最关键业务活动？）</td>
<td rowspan="2">价值主张
该案例希望为每类用户 / 客户解决怎样的问题，创造怎样的价值或愿景（参考前期对项目价值分析的结果）</td>
<td>客户关系
期望与每类用户 / 客户建立怎样的关系？如共创、黏性、自助等。其在我们的生态体系中产生怎样的影响？（可以从价值主张的角度继续定义双边关系）</td>
<td rowspan="2">客户细分群体
识别该产品所服务的不同用户 / 客户群，注意不同的群体会有不同的诉求。区分其中哪些是核心关切用户，哪些较次（“谁是我们项目中的客户？”）</td>
</tr>
<tr>
<td>关键资源
要使该产品成功，识别出需要哪些资源，比如人、资金、设备、知识产权、数据、原材料等。（项目团队手上有什么，还在哪些“人”手上？）</td>
<td>渠道
识别有哪些渠道或方式可以将产品或服务交付到用户手中，什么样的渠道最快速、高效（渠道往往是多种，但需要与成本之间达成平衡）</td>
</tr>
<tr>
<td colspan="3">成本结构
分析产品在采购、设计、开发、推广、运营中的成本结构，包括人力、设备、差旅和原材料等方面的成本及比例（预估：列出项目及比例）</td>
<td colspan="2">收入来源
分析产品创造的主要收益来源，收益包括销售产生的收入、流程改进和效率提升所节省的成本、合规所避免的惩罚等</td>
</tr>
</table>

第 7 章

创业营销与营销策略

学习导言

在产品越来越同质化、竞争越来越白热化的今天，企业的营销策略显得尤为重要。如果说市场分析、商业模式是战略上的布局，那么营销策略便是具体的实施手段，它是企业实施战略和传递顾客价值的战术性工具。营销策略没有规划好，企业的生存将十分艰难。本章是在既定战略的基础上进行具体的市场营销组合设计。在教授创业营销概念、理论的基础上，向同学们介绍包括大数据营销在内的营销工具；基于“产品营销方案”沙盘训练，让学生养成基于用户思考的习惯，设计与目标群体价值相符的营销定位和市场策略集合。

引导案例

宇宙最“二”酸菜鱼

随着年轻的 90 后成为消费主流人群，他们更青睐小而有特色的餐厅。小老板管毅宏决定将店面的面积缩小，这样就多出来一块地，用来干什么呢？管毅宏想着开一家与“九毛九”完全不同的餐厅，契合时下年轻人的喜好，同时，他还为这个没出生的新品牌定了三个要求：好吃、产品不多、标准化程度高。

简单地说就是要做一个大品类品牌，但是到底要选哪一个产品呢？正当他焦头烂额之际，他被朋友领着吃了一次酸菜鱼，而就是这个产品让他当下拍板，就是它。管毅宏对“太二”的营销战略定位是坚持创新传统文化，把有 3 000 年历史的酸菜鱼变成中国潮流文化的符号，并坚持不加盟、只开直营店的模式。

2019 年，全国共有 300 多个酸菜鱼品牌，在激烈的竞争中，“太二”以其清奇的画风脱颖而出，连续多年保持高度用户黏性和口碑，还不允许顾客选择辣度、不拼桌不加位、不支持 4 人以上就餐、每天只卖 100 条鱼。这个“二货”品牌，到底有什么独特的魅力，牢牢抓住了年轻人的胃和心？

产品方面，“太二”酸菜鱼严控产品质量。为保证菜品的品质和口味，餐厅贯彻“少即是多”的理念。店内主菜只提供酸菜鱼，有小、中、大三个分量选择，并且口味和辣度固定。让专业团队决定口味，只提供大概率的最优解给客户，不加辣不减辣不做外卖（后因疫情可外送）。

除了酸菜鱼之外，店内的其他菜品不多于 23 种，极简的 SKU（最小存货单位）不仅精简顾客选择且降低后厨的准备难度，从而提高点餐与出餐率以及翻台率。此外，食材及供应品验收、清洗消毒、加工、装饰等都有标准化程序。

价格方面，定价不高，人均在 60～90 元之间。渠道方面，基本集中在北京、上海、广州、深圳等一线城市；2015 年，第一家“太二老坛子酸菜鱼”在广州成立，2021 年已经在全国 69 个城市开了 250 多家门店，并顺利走出国门，开设了新加坡首店，后续将继续向海外拓店。

促销方面，餐厅通过店内黑白木刻板漫画装修风格、“太二太傻店老板”的品牌故事、“对暗号”等个性化方式传播品牌文化，借助“好口味”引发口碑效应，提高餐厅知名度并带来源源不断的客流。在市场上所有商家都在想方设法地讨好顾客、迎合顾客的时候，“太二”却反其道而行之，“强势”地制定自己的规矩，反向营销进入顾客心智。店内店外的标语、“规矩”，不仅解释了自己在服务和菜品选择上的“招待不周”，还反向引发传播效应。反向营销不仅容易取得关注也符合 90 后个性化趋势，当然必须有核心竞争力作为支撑，效果才能持续。

最后在整体体验上，为保证产品质量，对每家店都制定了固定销售量，每天只卖 100 条鱼。为保证顾客就餐从灯光到座椅的最佳体验，店内不接待四人以上顾客，不加座，弱化社交场景，打造纯吃饭体验。店内将充电插座装置在墙上，配备 USB 充电口、充电线。此外，“太二”通过微信公众号、店内漫画、线下活动、周边产品、太二表情包等多种形式打造自己独特的“太二”宇宙，抓住年轻人的喜好。这些细节化的设计都来自于“太二”运营团队的不断创新，根据市场需求保障“太二”体验持续优化。

——资料来源：综合整理自 Ivan（2021）、刘文正（2019）等相关报道

思考：

1. 从产品、价格、渠道、促销等角度，分析“太二酸菜鱼”的特点。
2. “太二”的 4Ps 是否符合其营销战略定位？

传统营销与创业营销

营销的兴起与演变

第二次世界大战后，特别是 20 世纪 50 年代以来，国际政治环境相对稳定以及第三次科技革命的到来，西方各国的生产力得到了较快的发展，产品种类丰富多样、产

能剧增，同时买方的消费能力也出现较大的增长。买方市场的需求和欲望不断变化加剧了产需不平衡，促使市场竞争日益白热化，加之政府对经济的干预使营销环境变得更加复杂化。在这样的背景下，企业想要谋得生存与发展，就不能一味地考虑企业自身能生产什么产品，简单地推销产品，而应注重消费者想要什么产品。营销活动的重心也不再是产品推销，而是企业如何与市场以及整个营销环境保持联系，这不仅仅是一系列的业务性活动，更重要的是一系列的管理性活动。至此，市场营销学进入了一个新的变革和发展时期。“现代市场营销之父”科特勒将市场营销定义为：企业为从顾客处获得利益回报而为顾客创造价值并与之建立稳固关系的过程。

图 7-1 展示了市场营销全过程的五个步骤。人类的需要是市场营销研究的基础。需要是一种未被满足的状态，比如对衣食住行的基本生理需要。需要是人生而为人所固有的。欲望是获得满足需要的具体愿望，受到文化与个性的影响。比如一个需要食物的中国人对米饭会有欲望，但是需要食物的英国人会对炸鱼与薯条有欲望。在有购买能力并且有意愿支付的时候，欲望就转化为需求。企业应当竭尽所能去理解市场和顾客需要、欲望，比如市场调研、分析顾客数据等，这是第一步；第二、第三步是在战略规划的指导下，设计营销战略（STP）和营销计划。首先，在营销战略的指导下，合理设计产品、价格、渠道和促销构成的整合营销组合；其次，创造顾客满意与顾客价值，并与顾客建立长期的稳定的盈利的客户关系；最后，从顾客处获取利润，顾客从产品处获取利益。

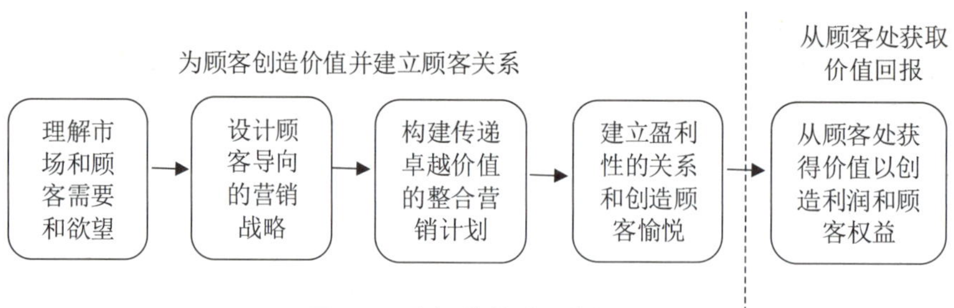

> 图 7-1　市场营销过程的简单模型

记住，营销就是策略组合

简单地说，市场营销是发现用户需求，把需求变成商品，并销售出去获得回报的整个过程。影响企业营销活动效果有两种因素：一种是企业不可控的因素，包括政治、法律、经济、社会文化、技术、自然环境等外部因素；另一种是企业可控的，包括产品、定价、分销、促销等内部因素。用户需求在某种程度上或多或少受到“营销变量”或“营销要素”的影响，为了寻求一定的市场反应，企业就必须对这些要素进行有效的组合，从而满足市场需求，获取最大利润。营销组合实际上有几十个组成要素，麦卡锡（McCarthy）于 1960 年在其书《基础营销》中将这些要素概括为 4 类：产品（product）、价格（price）、渠道（place）、促销（promotion），即著名的营销组合 4P。见表 7-1。

表 7-1　营销组合 4P 组成要素

营销组合	组成要素
产品	产品品种、质量、设计、包装、性能、规格、服务、保证、退货
价格	目录价格、折扣、折让、付款期限、信用条件
渠道	地点、覆盖区域、商品分类、位置、存货、运输
促销	销售促进、广告、人员推销、公共关系、直接营销

营销组合是企业用以实施战略和传递顾客价值的战术性工具。营销活动成功的核心就在于设计、制定并实施有效的营销策略，用最适宜的产品、以最适宜的价格、用最适当的推广及渠道，最好地满足目标市场的需求，以取得最佳的信誉、树立良好的企业形象及获得最好的经济效益。设计好营销组合能让你的创业项目形成有效的竞争壁垒。同时，营销组合是由许多层次组成的，其中每一个要素下又包含若干层次的元素，这使得企业在设计、制定营销组合时，不仅可以更具体并且更实用，还相当灵活，在四个要素之间的选择最佳组合，恰当排列每个要素的内部元素。

创业营销走上舞台

21 世纪是一个超强竞争的时代，科学技术的高速发展，产品的生命周期大大缩短，消费者的挑剔眼光，能进入的缝隙市场越来越少。创业营销（entrepreneurial marketing，EM）被定义为，通过创新型的风险管理、资源利用和价值创造，主动识别、评价和利用机会，以获取和保留有价值的客户。

创业营销基于机会视角，营销者主动寻求新手段为目标客户创造价值，从而建立顾客忠诚。创业营销是一个通过教育、引导消费者发现需求做出购买决策并建立长期的营利性的客户关系的过程，其重点是企业在发展、引导和创造未来顾客。有学者曾经把创业营销比喻为“供给推动”，把传统营销比喻为“需求拉动”。供给推动主要强调是以供给导向创建市场为市场方法的营销观念；需求拉动主要强调以顾客需求为导向创造产品为市场方法的营销观念。两者从本质上有着区别与联系，见表 7-2。

表 7-2　传统营销与创业营销的比较

项目	传统营销	创业营销
战略导向	需求拉动	供给推动
市场背景	相对稳定确定的市场	新兴的、细分的，带有高度的不确定性
营销者角色	营销组合协调者；品牌建造者；通过低程度的创新被动适应市场	内、外部变化的媒介；新品类的创立者

续上表

项目	传统营销	创业营销
营销手段	通过调研识别与说明顾客需求	积极主动地通过动态创新引致顾客需求（比如制造危机感、恐惧感）
顾客需求	有效利用现有的物质资源和有限的智力资源	通过领先用户发现、识别、引导顾客需求
风险视角	最小化营销活动风险	风险评估，强调减少、利用或分散风险
资源管理	有效利用现有物质资源和匮乏的智力资源	创造性使用他人资源；以较少的投入获取较多的产出；活动不受当前资源限制
产品开发	由研发部门和其他技术部门支持新产品 / 服务开发	营销是创新的主体；顾客是积极共同创造者
客户角色	提供知识及反馈的外在资源	企业营销决策过程的积极参与者，共同议定产品、价格、分销和传播策略

从表 7-2 我们可以看出，创业营销要比顾客本身更了解顾客需求，甚至顾客没有意识到自己有这样的需求，要比他们先想到。创业营销需要营销者通过内外部的媒介以及创新的手段与动态来引导消费者需求，比如利用公域流量引流，私域流量创建用户社群，后建立客户关系。创业营销只能强调减少、利用或分担风险，无法做到风险最小化，因为面对不确定的市场，需要投放了才能看到结果。从资源管理上来说，创业营销则可创造性地利用他人资源，比如公域流量，活动不受当前资源限制。创业营销的主体是创新，新产品的产生更多的是创业者比顾客先想到他们的需求或者与顾客一起创造产品。对于创业营销而言，客户是企业营销决策过程的重要参与者，甚至共同商议营销组合，包括产品、定价、分销以及传播渠道。

传统营销满足需求，创业营销从另一个角度创导需求，尤其是挖掘隐含在顾客内心深处的需求，这就要求创业者要与顾客进行互动、沟通、洞察，把这种潜在需求变现，并且注重顾客价值的提升，实现顾客满意。大数据背景下，我们对消费者的了解程度远远高于消费者自己，创业营销的优势与特点就是更加主动识别机会、创造价值。

思考练习

为什么公司喜欢做“单品爆款”？

希娜 · 艾扬格是哥伦比亚大学商学院的教授，也是一位著名的心理学家和管理学家，她专门研究决策力。在心理学领域有一个经典的“果酱实验”就是她主持设计的。在一家零售店内，研究人员摆出了 6 种不同口味的果酱（都是一些新奇口味的果酱，如猕猴桃 - 橙子味、草莓 - 薰衣草味……），然后观察顾客如何选择，看看有多少人试吃，以及试吃的人当中有多少人真正购买了果酱。第一周，研究人员展示了

6 种果酱，有 40% 的顾客停下来试吃，有 13% 的顾客购买了其中的一种。几周后，在同一家零售店的同一时间段，研究人员又摆出了 24 种口味的果酱。这次，大约有 60% 的顾客停下来品尝，试吃人数是上一次的 1.5 倍，但是只有 3% 的顾客购买了其中一种果酱。

——资料来源：比尔·博内特（2017）

思考并讨论：

案例中的实验说明了什么问题？

产品策略（product）

产品不仅仅是产品

产品是我们建立客户关系、传递顾客价值的纽带。随着产品和服务商品化的程度越来越高，许多企业正不断努力为顾客创造更多、更好的价值。今天，简单地制造产品和传递服务，竞争力显然是不够的。巧妙地设计产品策略能够为顾客提供差异化的产品，提供品牌价值，增强顾客体验，才能更好地拥抱这个时代的消费者。

通常在营销中所说的“产品”，指的是一切能够满足消费者欲望需求的东西，包含了有形的和无形的概念。有形的产品比如电脑、书包、水杯，无形的产品包括体验、服务、创意、观念、事件、组织或这些内容的组合。产品策略其实也就包含多个内在要素：产品的整体概念、服务营销、品牌策略、包装、产品组合决策、新产品开发、产品的生命周期。营销组合的策划就是从为目标顾客设计他们需要的有价值的东西开始的。

建立多维度产品的视角

产品的整体概念共有五个层次，包括核心产品、形式产品、期望产品、延伸产品以及潜在产品，每一层次都会增加顾客价值。最基础最主要的核心产品，即顾客真正购买的是什么。比如，消费者购买汉堡是为了果腹，购买化妆品是为了漂亮等。第二层次是形式产品，产品 / 服务策划必须围绕核心产品，将其明确化，也就是向市场提供产品的实体或者服务的形象。构建品牌、包装（设计）、商标、品质、特色、样式或其他元素的组合。第三个层次是期望产品，包括消费者对于产品 / 服务的属性与条件的期望。比如购买手机的消费者，期望手机上网速度快且电池的续航力足够长。第四个层次是延伸产品，主要是产品的售后服务与保障，比如产品的保修时间、配送速度等。最后，潜在产品指示可能的发展前景。比如市场的发展前景以及产品的可持续发展、衍生品等。见表 7-3。

表 7-3　产品整体概念的五个维度

维度	说明
核心产品	指向顾客提供的产品的基本效用和利益
形式产品	借以实现的形式或目标市场对需求的特定满足形式
期望产品	指购买者在购买产品时期望得到的与产品密切相关的一整套属性和条件
延伸产品	附带获得的利益总和，包括说明书、保证、安装、维修、送货、技术培训等
潜在产品	包括所有附加产品在内的可能发展成为未来最终产品的潜在状态的产品

以海底捞火锅为例。其核心产品当然是火锅，但是火锅行业竞争大、进入壁垒低，如何形成自己的特色，凸显差异性呢？于是海底捞从产品的每个层次去深耕顾客价值。比如在等位时，丰富的附加服务，茶水、零食、游戏、美甲、擦鞋；用餐时，全方位观察顾客所需，哄孩子、涮菜、端茶递水、表演节目等；结账时，优质服务贯穿始终，提供饭后水果、薄荷糖、闲聊瓜子等；期望产品从具体产品以及服务中得以体现，甚至不断打破传统，随时给顾客惊喜；延伸产品从售后的服务点评、上菜速度、菜品的多样化以及质量上有很好的保障；潜在产品推出其高端外卖配送服务、海底捞自热火锅、火锅底料等周边产品，让其产品生命周期更长，也让其品牌走得更远。

产品的整体概念思维还有一个好处：除了满足消费者多层次的需求外，同时也增加了消费者的转换成本，更好地留住现有顾客与发展潜在顾客。创业者要想赢得市场首先就必须向顾客提供满足的产品。消费者的需求是不断发展变化的，单一层次的产品显然不具备竞争力，这也要求产品必须能够从多层次、多侧面、多元化来满足。时至今日，竞争的关键不仅在于创业企业能够生产什么产品，而且在于能否向顾客提供适当的附加利益。

打造“利 + 量”产品组合

产品组合，是多数创业企业发展一段时间后必须考虑的策略。因为单一的产品竞争力显然不足，除非你的产品进入壁垒极高，别人无法模仿。企业要想占领市场，就需要巧妙地使用产品组合。产品组合是指一个企业生产或经营的全部产品线、产品项目的组合方式，包括四个维度：宽度、长度、深度和一致性。拓宽产品组合的宽度、长度、深度不是创业企业一开始能实现的，而是企业发展到一定规模后继续扩张的策略。

创业企业可以考虑打造“利 + 量”的产品组合策略，即“高频 + 低频”组合。高频产品主要是消费者购买与使用频率高的产品，比如汽车保养、汽车美容、洗车、租房子；低频产品主要是指消费者购买与使用频率低的产品，比如购买汽车、房子。将这两类产品组合一起，以高频产品带动低频产品，形成“利 + 量”的模式，企业的利润才有可能增长并持续。因为有的高频产品可能是不赚钱的，但客流量大，复购率高，能给企业带来流量，后端再用低频产品来赚钱。通过高频产品带动流量，层层筛选，聚焦精准用户，提供对应产品与服务，这部分顾客是超级 VIP，优质并且忠诚，对品牌具有一定的信任，信任是能让企业变现的基础。

再比如我们都在用的电脑杀毒软件 360。他们的杀毒软件特别好用还免费，但这家公司从来不是以杀毒软件作为利润来源。杀毒软件只是一个入口，用户基数多了，360 公司依靠广告、游戏、搜索等赚钱，这个就是高频带动低频，层层筛选，留下精准用户。再比如阿里巴巴，阿里巴巴是一家金融公司。电商部分其实对于阿里来说，并不是利润的来源，电商只是入口，真正让其赚取利润是广告。任何业务最终都是量和利的组合，最终聚焦精准顾客，与顾客建立长期稳定性的盈利关系。

设计有“颜值”的包装

除了“利 + 量”的产品组合外，包装在“美商”时代也显得更加重要。尤其是很多产品开始以自助的形式出现，如无服务人员的火锅店、自助零售店等，包装成为消费者看到“你”的第一印象。以前的消费者只关注产品是否实用。随着新一代消费者的诞生，无论是消费观念、金钱观念还是个性自我方面都极具不同。消费者不再只是因为需要而购买，而是因为喜欢才会购买。“颜值即正义”，他们除了关注产品质量外还考虑美的包装。

“包装”主要是指为在流通过程中保护产品、方便储运、促进销售、按一定技术方法而采用的容器、材料及辅助物等的总称。传统包装的主要作用是保护商品、便于储运、促进销售、增加盈利。产品若是离开了包装，可能连最基本的属性都无法保障。产品因为有包装，流通到市场，变成商品，而包装也赋予了产品生命与品牌个性，足见包装的重要性。许多营销人员甚至把包装称为隐形的第五个“P”（packaging）。

好的包装能起到事半功倍的作用，包装化已成为强有力的营销手段。未来抢占的是消费者的眼球。尤其是面对年轻人的消费品市场，“好看”这件事可能比“好吃”在某种意义上来说更加重要。因为好不好吃其实众口难调，北方人的口味、南方人的口味大相径庭，很难做到完全满足一类人群的口感。但是对于美的理解，大多数人都有一个相对统一的标准。未来的创业者必须具备美商概念，站在用户角度来设计产品包装。

如果你连让客户在你的包装上停留一秒钟时间的冲动都没有，那么你也不要奢望消费者会通过一个糟糕的设计来洞悉你高尚的灵魂。包装设计大师笹田史仁在《0.2 秒设计力》中曾说：“购物的客人在经过货架前，让商品映入眼帘的时间只有 0.2 秒。想要让顾客在这个瞬间惊叹一声‘哇！’并且愿意驻足停留，那就必须靠抢眼的包装。”根据尼尔森数据，64% 的消费者会购买包装更吸引人的产品。对于现代产品而言，仅仅是实用已经不够，还要“好看”，甚至产生“买椟还珠”的行为。例如，完美日记与大都会艺术博物馆和 Discovery（探索频道电视节目）的联名款外观设计都令人惊艳叫绝；毛戈平的化妆品与故宫合作款也是惊为天人，这些包装都吸引了大量消费者抢购，甚至达到供不应求的状态。

专栏 7-1

包装的设计思路

包装设计并非简单地在包装上印上一个 logo，外加产品图解或产品成分构成这么简单，而是环环相扣的缜密构思、艺术性创造、再现的结果。总的来说，好的包装一定是结合营销战略目标、产品和品牌定位以及目标人群来设计的。

融入文化元素，使品牌走得更远

融入了文化底蕴的包装，并最终在产品包装上展示，彰显品牌内涵，提高品牌的美誉度。比如，太二酸菜鱼，将“二”文化融入其店面风格、外卖包装、周边产品包装上，将其文化内涵体现得淋漓尽致并且特色明显，采用黑白灰经典三色搭配，不易过时。

运用色彩搭配，优化图文设计

包装上的色彩与图文是消费者看到产品的第一眼，色彩运用合理，图文精美，让人赏心悦目，必然能先引起消费者的关注。比如，消遣小食“溜溜梅”，用嫩绿色的包装袋，但中间是透明的，可以让消费者直接看到梅的品相，增加购买欲望。

创新产品包装，凸显品牌价值

产品包装的功能有很多，储存产品、保护产品、便于运输等。虚拟产品、服务类产品考量 UI 精美、页面设计。实体产品的包装也应创造更多的使用价值，比如包装盒可设计循环利用。增加包装的使用价值也可以强化消费者对于品牌的记忆并且达到宣传作用。

提供必要信息，提升企业形象

包装信息与产品信息必须保持一致。品牌名称、标志等信息的设计表现要尽可能地体现品牌个性和差异性，包括相关联的品牌文化、标志、色彩、材料等。比如农夫山泉包装上有三座山，山代表是山泉水，其次是水源专家找到优质山泉水的联想，大自然的搬运工。

定价策略（price）

定价多少有学问

价格制定得合理与否，不仅关系到新产品能否顺利地占领市场，获得较好的经济效益，也与产品和企业的命运息息相关，因此，如何制定一个恰当的价格对于创业者来说十分重要，也就有不少定价策略成为创业企业成功的“秘密武器”。作为创业者，如何制定合适的价格？在定价过程中，应该注意和考虑哪些因素？我们在对产品/服务进行定价时，又按照什么标准来定价？面对不同的市场情况，创业者需要不同的定价策略。

一般来说，影响价格高低的因素有四个：定价目标、产品成本、市场需求、竞争状况。定价目标在实现企业不同层次的需求中，发挥着重要的作用。企业可以制定低价来扩大市场份额或形成进入壁垒，或跟随竞争者的价格来稳定市场。它也可以通过定价让利给中间商，保持它们的忠诚。企业可以制定高价来榨取短期的利润。也可以暂时降价，造成供不应求的现象。一种产品的价格还可以用来促进产品线中其他产品的销售。产品成本对于价格有着直接的影响。在市场竞争正常的情况下，行业有一个平均成本，价格若高于成本太多会影响社会公平程度，但若低于市场成本太多，企业基本很难长时间维持。市场需求根据价格的需求弹性，如果需求缺乏弹性，价格上升不影响消费者的购买；如果需求富有弹性，卖者需要考虑消费者对于价格变动是十分敏感的。竞争状况，根据市场类型来定价。完全竞争市场类型，单个卖者和买者对于价格的影响微乎其微。垄断市场，唯一的生产者，一般是政府管控，制定单一的价格。垄断竞争，市场上有许多竞争者，每个生产者对于价格都有影响力，可以根据自己提供的产品差异或服务差异制定不同价格。寡头市场，少数的大型生产者，由于市场上卖者的数量少，因此对于其他卖者的价格变动可以迅速地做出反应。

创业型定价战术

战术一：撇脂定价战术

撇脂定价主要是新产品在上市之初，制定较高的价格，在短期内获取丰厚的回报以尽早收回投资的一种方法。采用撇脂定价的产品大多是高新科技产品，比如苹果手机。这种战术一般会先从高收入阶层和早期使用者入手导入市场。这类型的消费者对于新产品的价格不太敏感。当有竞争者进入市场后才会降价，并再次紧锣密鼓地推出新产品。撇脂定价的优势在于企业对价格的处理比较灵活。因为新产品上市时，顾客对产品的认知尚浅，利用顾客尝鲜的心理设置高价，开拓市场。产品进入成熟期后，价格慢慢回落，用以吸引新的消费者。当然高价高利润容易吸引竞争者来争抢市场蛋糕；高价格也不利于扩大市场份额。撇脂定价战术从本质上来说，适合价格需求弹性较小的细分市场。

战术二：渗透定价战术

渗透定价顾名思义就是抢占市场，渗透到每个可以进入的市场，因此也被形象地描述为抢滩登陆战术。该战术主要是利用低价格策略，先攻占市场，然后再慢慢提高价格的方法。渗透定价最初价格通常会低于同类竞品甚至低于消费者的心理预期价格，但是质量与竞品旗鼓相当甚至超越竞争对手。其本质就是通过薄利多销来获取市场领先地位，这是一种极具竞争力的战术，前提是具有一定的资金基础才能开展。比如滴滴打车，一开始是通过各种补贴变相降价，打开市场。这种战术也存在一定的风险。一开始由于低价带来的低利润甚至会导致一些企业出现亏本的情况，像嘀嘀打车一开始就是“烧钱”阶段。通过对竞争对手有效的打击获取市场份额与其市场优势，后续可以再提高价格，增加利润。

战术三：破坏者定价战术

这类定价战术与渗透定价有点类似，也是低价进入市场，但是其价格是低到竞争对手都难以匹敌的水平，因此也被称为“破坏者定价”，如同破坏者一样进入市场，打破了市场原来的价格。最典型的例子就是小米手机，2011 年 8 月 16 日，雷军在北京 798 艺术中心发布了小米第一台手机——小米手机 1。当时国内的手机市场比较混乱，卖得好的基本都是国外厂商做的手机。三星、LG 和苹果等厂商都在国内混得风生水起，而且价格普遍高居不下，动辄 3 000 ~ 4 000 元的价格让普通人难以承受。它将高配置高价格的手机降到 1 999 元一部，成功吸引市场关注。小米 1 在第一次网络售卖就获得巨大成功，不到半天预订量就超过 30 万台。而到了 2012 年 6 月，雷军更是宣布小米 1 出货量超过 300 万台。这波攻势不仅把各大厂商的性价比凸显到极为难堪的地步，很多以价格见长的山寨小厂也无法适应，在我国手机的历史中杀出了一个 1999 的时代。

战术四：心理定价战术

《孙子兵法》中有云：“攻心为上。”心理定价便是如此，善于抓准顾客消费心理，获得很好的效果。比如西班牙服装快消品牌 ZARA，T 恤定价大概 99 元，外套大概 299 元。让消费者从心里觉得买的是一件 90 多元或 200 多元的衣服，而不是 100 元或 300 元的衣服，给消费者一种“便宜”的错觉，比起 300 元的衣服更具吸引力。反之，有些产品特意将价格定位为整数，如 500 元，迎合消费者“好东西不便宜”的心理。其实，相差 1 元与 2 元的影响不大，但是 1 元与 0 元在心理就有很大差距。消费者大多有“薅羊毛”“占便宜”心理，因此，免费也是一种很有效的战术。比如绝大多数 APP 一开始都是免费下载，像有道翻译，翻译是入口，依靠广告收入赚钱。

假如创业者选择的是 APP 赛道进入行业，那么定价目标就要明确是赚最多钱还是扩大用户基数，还是介于两者之间。对于任何 APP 来说，理想的定价点是处于“自己赚最多钱”和“用户心理普遍能接受的价格”之中，这个点同样也取决于消费者基数的重要程度。高于消费者心理能接受的价格，消费者会转向其他产品；而消费者所能接受的价格则比较简单，那就是免费。所以这样的创业企业就只能依靠后续用户基础不断扩大，有相应的流量后，再从其他方面营利，比如广告、建立社区、商城等。

我们在定价的过程当中，每个创业企业考虑的因素是不一样的，在进行产品或服务定价的时候也是基于不同层次的目标、成本、营销组合以及竞争情况的考量，因此我们在定价的时候，不能只用一套战术走天下。定价是一个复杂的过程，应多方考虑、综合各类因素，学会用几种战术相结合的方式来进行，选择适合自己创业企业的才是最好的战术。

渠道策略（place）

渠道内外有乾坤

企业生产产品或服务，提供给消费者，这个过程不仅需要与顾客建立关系，还需要与供应链中分销商建立关系。分销商，即营销渠道伙伴，比如批发商、零售商。企业根据产品或服务特点设计渠道，使消费者更容易获得产品和服务。凡是可以完成某些工作从而使得产品或服务更贴近消费者的每一层营销中介都代表一个渠道层级。

这些层级的数量代表了渠道的长度，如批发商、零售商。每个层级使用相同类型中间商数量的多少，为渠道宽度。渠道越长，分布越广泛、密度越高、越能覆盖市场，从而扩大销量。但是缺点也相对明显，成本高，环节多，不利于市场信息的及时反馈，无法快速占领市场。宽渠道的优点是能够提高市场覆盖面以及占有率，有利于企业筛选效率高的中间商，提高销量。但存在的问题是中间商数量多的时候容易造成渠道冲突，相互争抢同一顾客群，企业需要花费更多时间与精力加强渠道控制。

渠道分为直接渠道与间接渠道。直接渠道即直销，没有中间商，比如创业企业自己的销售团队推广产品或者是自建网站（官网）、公众号。间接渠道是有渠道层级的，比如中间商、批发商、零售商（超市、百货商场）或者平台网站（京东、天猫、淘宝、抖音、小红书）等。企业可以选择使用自有渠道与客户建立联系，也可以选择合作方渠道，或者两者兼用。

创业渠道设计

对于创业企业来说，针对不同市场，渠道有不同玩法。创业者一般会面临三个类型的市场：现有市场、细分市场以及新兴市场。公司要进入一个什么市场，创业者团队要十分清晰。当你不清楚自己的市场定位，就很难建立有效的渠道。毕竟，不同市场的渠道打法不同。

现有市场

主要关注产品所处的生命周期并结合自身的商业模式。比如食品、水果、饮料这些满足基本需求的品类。在导入期时，需要尽可能扩充渠道伙伴的数量，延长渠道长度。成长期时，不断丰富产品系列，持续扩张。成熟期，强化与渠道伙伴的合作关系，最大限度地发挥渠道势能。衰退期，延缓产品衰退周期。比如，近几年爆火的百果园，百果园在1997—2012年初期，渠道扩张十分缓慢，究其原因是“缺钱”。2012年后，公司开始思考新的商业模式，决心改变“缺钱”现状，开始贩卖创业计划，将如何成功开一家水果店的创业计划卖给它的员工，让员工自己创业，加上品牌赋能、供应链赋能、社群营销赋能，成功也相对比较容易。目前百果园在全国已有4000多家店，从一线城市到四线城市均有。线下门店结合线上小程序开发，加上增值配送服务，公司估值100亿元，最为值钱的是它的线下渠道。

细分市场

在细分市场上主要是对需求的满足。创业企业的价值需要合适的传递，因此对于渠道伙伴的口碑和品牌选择很重要。比如“完美日记”，选择天猫淘宝作为渠道平台进入美妆领域。之所以短短两年快速超越“欧莱雅”，成为天猫淘宝的美妆销售冠军，“完美日记”使用的是“天、地、人三网联动循环”（线上 + 线下 + 用户）的新打法。它的目标群体是 20 岁出头的年轻女性。她们的特征是网购、刷抖音、看达人推荐、租房。于是，完美日记在线上各大公域流量平台疯狂输出内容：教女孩子怎么化妆、怎么变美、怎么变自信。它也设有门店，但“我们开门店的目的不是卖货，而是找到买我们货的人”。所以，它开一家店，把方圆 5 公里的年轻人的微信都加完了，就把这个店关了。完美日记有内容生产的能力，把目标顾客拉进微信群，在群里教女孩子们如何变美、变自信，生产有趣有价值并且好玩的内容，留住用户建立社群。随后再预告直播间活动，50 万礼券等待瓜分，天网又联动人网。线上买完后客户到门店去领口红、领粉底，人网又联动地网。所以面对细分市场，深耕目标群体特征，设计多维次多频次的渠道去触达用户并利用社交加生产内容的方式留住用户。

互联网市场

主要依靠产品和服务的创新性与技术性。传统渠道不变的制胜定律是“3L”即“location，location，location”，好的地理位置能带来好的销量。但是今天，互联网的出现改变了这一切，时间、空间、地理位置不再是影响要素。未来我们讨论更多的可能是分销媒介而不是分销渠道。我们所说的分销渠道通常是产品销售渠道，而互联网技术则有潜力改变原来被动消极的分销方式，变成一种在产品和服务中发挥积极作用的元素。通过大数据分析与流量平台推送，把顾客需要的感兴趣的产品推送到他们使用的软件上，比如社交软件微信、短视频抖音、达人推荐小红书等。互联网能创造虚拟世界、虚拟市场或虚拟社区，比如直播卖货、云逛街、云社群、网红经济等。通过媒介这个中心要素，消费者可以共同创造一个属于他们自己的服务、产品和虚拟世界。而在交互式电子媒体中，媒介即信息，在某些情况下，媒介就是产品。比如支付宝，本身既是媒介渠道也是支付工具。

如果说产品是我们与顾客建立长期盈利性客户关系的纽带，那么渠道的本质则是我们向目标客户传递价值主张的触点，比如客服人员的回复速度、态度，实体店面的卫生、网站浏览的流畅度、广告窗口、公共关系等。对于创业企业来说，这些触点十分重要，因为这些都是客户的体验，最终将形成顾客对你的品牌的独特认知，进而影响企业在顾客心中的形象和地位。创业企业应厘清不同类型的市场、竞争的激烈程度、目标客户喜欢的沟通方式、所属的产品品类以及自身的商业模式，才能让渠道通路服务终端消费者的时候为你的企业增值加分而不是减分，在营销资金充裕的情况下，可以与传统的实体渠道与媒介营销相结合，形成全方位立体式营销。

思考练习

好的产品为什么难以推广？

不少销售经理经常碰到这样的问题：客户一开始很喜欢我们的产品，用了一段时间后又不用了，但这个产品确实能给客户带来利益，这让他们百思不得其解。比如，有一款做货车物流对接平台的，可以帮车主找货物、帮货物找车主，大大地便利了车主和货主。一开始，他们听到有这样的平台十分兴奋，都想马上使用，用了一段时间后，大部分都放弃了，尽管他们仍然觉得这个平台很好。对于这样的问题，最容易想到的解决方案是：继续大力推广，继续说明产品的优点，继续让人觉得这是一个“好产品”。但实际上这样做效果甚微。因为他们并没有觉得产品不够好，之所以放弃使用，更多是非产品利益的原因：比如习惯了过去的方式，觉得改变太麻烦；比如不想额外给自己增加工作量来适应新产品；比如为了应对突然出现的急事而重新走回了老路；等等。

——资料来源：天进品牌营销策划（2019）

思考：

如何解决好产品推广难的问题？

推广策略（promotion）

促销其实不简单

企业不仅创造顾客价值，还需要通过有效且具有说服力的方式沟通这种价值。促销是营销者将有关企业及产品（品牌）的信息通过各种方式传递给消费者和用户，促进其了解、信赖并购买本企业的产品，以达到扩大销售的目的，不是单一的工具，而是一系列工具的组合。

促销组合一般分成两大类：人员推销与非人员推销。非人员推销指的是公共关系、广告、销售促进。公共关系是企业从事市场营销活动中正确处理企业与社会公众的关系，以便树立企业的良好形象，从而促进产品销售的一种长期性的活动。广告主要是指商业广告，它是为推销商品或提供服务，以付费方式通过广告媒体向消费者或用户传播商品或服务信息的手段。销售促进是企业运用各种短期诱因，鼓励购买或销售企业产品或服务的促销活动，比如超市的买一送一活动。人员推销顾名思义就是传统的上门推销，或者我们去商场，专柜的导购员、超市的员工都属于人员推销。人员推销有一整套训练体系，内容包括言谈举止、识别目标客户、危机处理等。

如果渠道通路是实体触点，那么促销则是无形触点，因为促销策略更多的是信息内容的传播。其主要作用是：①激发消费者对一类产品的需求，如“双十一”“618”等折扣节激发消费者内在需求；②塑造企业形象，打出知名度，如 2021 年鸿星尔克在企业经营不善的情况下依然为河南水灾捐赠 2 000 万元物质，树立爱国的民族形象；③提高企业信誉，加大信任度，比如明星代言、专家背书强化消费者对于产品的信任；④影响用户决策，建立偏爱度，比如在用户购买过程中，从消费者需求确认时进行广告推送，收集信息时专家、明星、达人背书，评估商品时企业树立正面良好的形象，决策购买时适时地引导，到购后行为的满意度调查以及与顾客沟通建立长期关系，使顾客对于产品（品牌）满意度提升并逐步转化为忠诚用户；⑤帮助用户消费，触发消费点，比如流量平台的达人推荐、网红带货直播。

创业型促销组合策略

促销组合的设计，企业可以根据不同因素，在产品的不同时期，采用不同的组合，以使企业扩大销售，树立企业形象，凸显产品特性，让消费者更容易识别品牌、在其心目中占据一定心智的作用。创业促销组合策略基本上有两种：“拉”式促销和“推”式促销。

“拉”式策略（pull strategy）

“拉”式策略是生产者（企业）将其营销努力（主要是广告和消费者促销）集中在最终消费者身上，引导他们购买产品。在整个策略中，始终以消费者需求作为贯穿整个渠道的中心。企业生产满足消费者需求的产品或服务，通过广告和销售促进拉动消费者。比如，格力在腾讯视频、微博、品牌网站、电视、平面广告还有各大电商首页（尤其是夏季）向注重生活品质、产品功能与外观设计的中高端家庭推广空调。如果“拉”式奏效的话，消费者就会向京东、天猫、苏宁易购等线上或线下零售商求购产品，反过来，这些零售商、平台会向格力公司订货。

“推”式策略（push strategy）

“推”式策略是将产品通过分销渠道向最终消费者推广。企业通过营销活动，主要是人员推销和交易促销（让利）给分销商，旨在吸引它们购买并推向终端消费者。比如汽车使用的统一润滑油，统一企业很少向终端消费者去推广。其推销人员与分销商诸如一些汽车用品店、修车店等这些渠道成员合作，敦促他们去推销统一的产品。

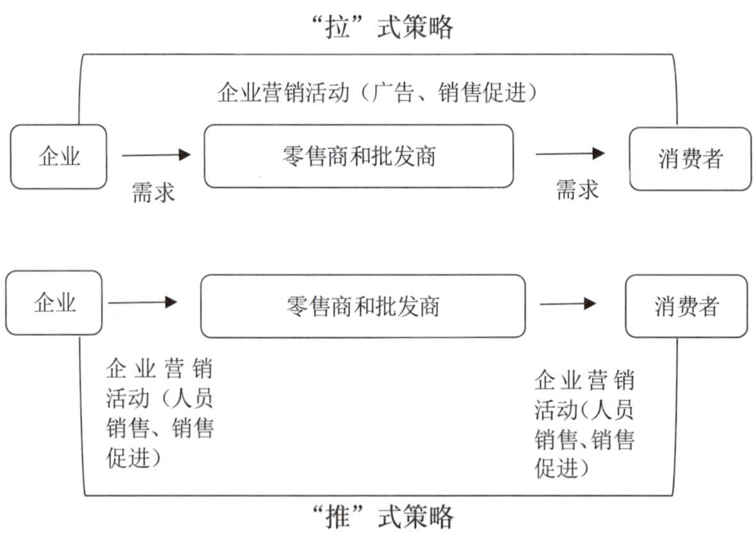

> 图 7-2　经典的“拉”式与“推”式促销思路策略

企业在设计促销组合的时候，需要考虑诸多因素，首先包括产品类型、产品生命周期、市场状况以及促销预算。大多数 B2C 企业，更多地运用“拉”式策略，将资金更多地投入到广告中。其次是销售促进、人员推销和公共关系。与之相反的 B2B 企业，一般更倾向于“推”式策略，在人员推销上多花工夫建立强有力的销售队伍。实力雄厚的企业可以综合运用两种策略，使其促销组合的协同效应最大化。总的来说，不管是哪一种促销策略，都需要在企业整体沟通指导下，整合各种促销要素，传递企业独特的品牌信息和卖点。这个过程以顾客为中心，不管是广告、人员推销、公关关系抑或是销售促进，在顾客沟通上传递的信息和定位必须相一致并以顾客偏爱的方式进行。

沙盘练习

产品营销方案设计

◎ 沙盘主题

产品营销方案设计画板。

◎ 讨论方式

群体讨论。

◎ 主要任务

通过群体讨论明确营销方案设计的目的，以故事的形式编制营销价值传递传播要点，并围绕主题预设各类具体推广计划。

表 7-4　产品营销方案设计画板

<table>
<tr><td colspan="2">产品 / 项目名称：</td></tr>
<tr><td>主要营销目的（勾选符合的项目）：
①满足顾客需求
②引发顾客兴趣
③赢得顾客信任
④冲动性消费
⑤凸显产品的创新性
⑥形成有效定位
⑦树立企业良好形象
⑧其他：</td><td>故事梗概要点：
①
②
③
④
⑤
⑥</td></tr>
</table>

续上表

广告标语：	推广方案（线上 / 线下）：
方案亮点：	

◎ 作业过程

1. 项目命名。产品名称 / 品牌名称是给消费者的第一印象，选择名称要选择容易记的、不拗口的、容易朗读的，原则上不选择生僻字，也不建议名称太长。

2. 确定营销目的。确定该产品营销方案具体要达到什么效果。比如诱导顾客需求的，那么可以在广告中强调产品功能、身份象征；凸显产品的创新性，可以选择竞品在广告中进行对比；梳理企业良好形象的，可以更多宣传企业的正面形象。

3. 确定广告标语。根据产品定位，在广告标语中凸显你的差异点、亮点。同时，在设计标语时，尽量设计简洁的、让人印象深刻的、容易产生品牌联想的。

4. 根据定位以及营销目的，塑造有诱惑力的故事。结合目标市场的特征，包括常用的媒体软件、年龄、兴趣爱好、价值观、态度等，创造符合目标市场的故事，选择方式可以有叙述产品功能、故事线条结合情感共鸣引起思考、产品与竞品形成鲜明对比、反向营销方式等。故事设计主要还是能把“我是谁”“为什么是我”以及“我能给消费者带来什么利益”讲清楚。

5. 产品营销方案设计整体评价。对整个方案设计做一个评价，与众不同之处是什么，能脱颖而出的亮点在哪。

◎ 作业提示

该沙盘是让同学们提炼产品方案相关要点，使亮点更加凝练，能完整地叙述产品故事。

要点回顾

营销策略是在确定商业模式后，企业参与激烈的市场竞争中生存乃至脱颖而出的重要法典，创业者要学会灵活运用 4P 组合。在产品策略中，树立产品的整体概念，用多维的角度研究开发产品 / 服务，巧用产品组合赢得市场并且适时采用好的包装策略。在定价策略中，厘清产品 / 服务的定位以及当下市场竞争状况，综合运用定价战术。在渠道策略中，明确渠道是建立企业形象和品牌认知的实体触点，针对不同市场、不同品类采用不同的渠道通路。在推广策略中，巧用促销组合的各种工具，塑造有诱惑力的故事，巧用利益驱使，增强顾客黏性。总之，4P 组合中，每一个 P 既独立又相互影响，创业者需要站在一定的高度上综合地运用营销组合，这样创业之路方能走得更长久。

课后作业

标杆企业营销策略分析对比报告

作业要求：

在即将进入的行业或相似相关行业中，选择一家标杆企业进行分析，对其营销策略的总体和具体设计进行深入分析和讨论。也可以引入多家不同战略群企业案例进行对比讨论，或针对标杆企业营销活动中的具体专题（如品牌管理等）进行分析，提交相应的分析报告。

第 8 章

创业财务与融资设计

学习导言

资金缺乏是创业者创业的最大瓶颈，能否及时筹集到足额资金几乎成为所有创业企业生存与发展的决定性因素。创业者在融资之前必须懂得一点财务，了解三张报表背后的财务真相。真正融资时首先要解决以下几个问题：为什么要融资？需要融通多少资金？何时融资？从何处获得资金？公司如何估值？应出让多少股权比例？整个融资过程如何协调和管理这些问题，与融资成败密切攸关。本章重点介绍创业融资动机、创业融资方式、资金需求计划、融资时机、公司估值与股权比例等内容，为创业者的融资计划编制和融资策略提供一定的行动指南。

引导案例

中国“AI 医疗第一股”能跑赢吗？

抢先上市

近两年内，AI 市场热闹非凡，市场似乎迫不及待地需要一个 AI 医疗股。2021 年似乎迎来了 AI 产业上市潮，AI 四小龙集中赶考，不过一年的时间，港股就收到四家 AI 医疗企业的上市申请。最终，鹰瞳科技还是抢先一步，2021 年 11 月 5 日在港交所正式挂牌，成功夺得“AI 医疗第一股”的名号。

盈利难于上青天

AI 医疗仍处于起步阶段，需要大量资金和人力来喂养，盈利问题几乎成为所有 AI 医疗企业通病。持续亏损的 AI 企业，让火热的赛道目前看起来更像是概念股，随着 AI 医疗企业近期扎堆上市，这一问题再次被摆上台面。

2015 年，鹰瞳科技诞生，专注于眼底影像领域。上市前 2021 年上半年营业收入近 5 000 万元，同比增长 654%，已超过 2020 年全年营业收入，但仍未实现盈利。2019 年及 2020 年年内亏损额分别达到 8 714 万元和 7 962 万元。截至 2021 年 6 月 30 日，净亏损达到 3 749 万元，占当期收入 75% 以上。

目前鹰瞳科技大部分收入来自提供基于人工智能的软件解决方案，占比在八成以上，且受到多种因素影响，如市场竞争的变化而引致的降价压力、专利保护期满、竞争对手推出替代产品等，无法保证盈利达到预期。

2019 年及 2020 年，鹰瞳科技的研发投入均在 4 000 万元以上。2021 年上半年研发费用达到 2 400 万元，与去年同期相较增长近 40%，其中 1 732 万元用于支付员工福利和薪资，这也就意味着，超过 70% 的研发成本用于开发人员薪资。

外界“输血”解压

长期大额度的研发费用支出显然不是源自鹰瞳科技自身“造血”，而是依赖于外界持续的“输血”。2021 年 10 月 26 日，鹰瞳科技接受最新一轮的 Pre-IPO 股权融资，达到 6 950 万美元，也就是 4.44 亿元人民币。目前鹰瞳科技已经接受九轮融资，累计金额超过 12 亿元，公司估值达到 49 亿元。

目前鹰瞳科技的算法能识别 55 种健康风险，而理论上通过视网膜可以识别常见疾病或病变达 200 多种。创始人张大磊希望用 50 年的时间达到极限目标，把健康检测做出一个生态。鹰瞳关心健康，而资本关注盈利。50 年的时间在这个快节奏时代似乎有些漫长，投资方或许没有耐心接受长期主义。“上市对我来讲不过是另一轮融资。”张大磊对媒体表示折腾了 9 轮融资后，上市就是在找钱。

抢跑未必夺第一

虽然率先上市，鹰瞳能够抢到的时间并不多。AI 技术的打磨是个慢活，抢跑的鹰瞳虽然迅速实现商业化落地，但地位却并不稳固。

医疗 AI 技术的发展受到包括应用场景、许可证件等多种因素限制。目前国家药监局批准的 16 款 III 类证，鹰瞳仅拥有其中一项，同样拿到 III 类证的还有硅基仿生以及致远慧图，其产品和诊断方法均与鹰瞳科技类似。从销售团队方面来看，目前推想科技的销售团队为 75 人，数坤科技的销售团队为 242 人，科亚医疗的销售队伍达到上百人，而鹰瞳科技的销售人员为 87 人，仅从团队规模来看并不占优。技术门槛的降低意味着鹰瞳科技的技术护城河日益降低，而政策的推动又吸引了大量玩家的加入，鹰瞳科技虽然率先“上岸”，但其他 AI 医疗企业的招股书也正在路上，鹰瞳科技的“抢跑”能够拿到的红利也有限。

——资料来源：综合整理自雨涵（2021）等相关报道

思考：

1. 列举鹰瞳科技成为“AI 医疗第一股”的原因。
2. 张大磊认为上市就是在找钱，你认同这个观点吗？

创业者要懂点财务

绝大多数创业者不是财务专家，甚至有点厌恶财务报表。然而创业者必须重视财务，且最好学一点财务知识，至少能看懂资产负债表、利润表和现金流量表这三张财务报表，通过三张报表可以知道企业赚钱还是赔钱，懂得资金来龙去脉。出门随身携带三张报表、一个详尽的财务预测计划，一定会让投资人眼前一亮。同时，翻开三张真实的报表，也许企业经营难题和财务困境纷纷跳将出来，揭示了企业隐匿的问题和短板。

资产负债表：融资与投资

作为企业财务状况的“快照”，资产负债表综合反映了创业企业某一特定日期（月末、季末、年末）资金来源与资金运用的情况。如表 8-1 所示，右边负债和所有者权益表明企业资金是从哪里筹集来的，其中负债是企业借来的钱，而所有者权益是投资人的钱（包括投入的本钱及资金增值）。左边资产是企业拥有的财产物资，表明企业把钱投到了哪里。投入资金一年内的短期循环形成流动资产，依次具体为货币资金（现金 、银行存款等）、存货（原材料、在产品、产成品等）、应收账款等；投入资金长期循环形成固定资产（机器设备、房屋建筑物等）、无形资产（专利技术等）等。资产总额呈现了公司具体有多少“家底”，从另一个侧面也显示公司值多少钱。不过这种公司价值仅仅是账面价值，可以说是公司估值的最低价。

利润表：赚钱过程与内源融资

资金循环和周转过程中，创业者依靠技术革新带来产品升级换代，吸引更多的客户群体，带来更多的收入。如果收入超过成本费用，就会赚得利润，否则就会形成亏损，均反映在利润表中。利润表，或称“损益表”，是反映创业企业在一定会计期间利润（亏损）实现情况的财务报表，是企业利润形成的“动态录像”，如表 8-2 所示。透过利润表可以看出商业模式中驱动收入增长的来源在哪里以及成本结构是否合理。良好的商业模式可能带来丰厚的利润，但不一定会引起经营资金良性循环和周转。因为如果货物卖出去了，却收不回货款，那么资金链就可能断了，无法正常循环，必须依靠外部加油、推动商业巨轮继续前行。只有当期的货款大部分收回，经营活动产生的正现金流量越接近于甚至稍微超过净利润（见表 8-3），则表明盈利质量越高，净利润才转化为货真价实的真金白银，资金循环才会顺畅无阻，才会不断扩大再生产。仅有如此情形，利润才是企业唯一的内部资金来源，资产负债表中“盈余公积”和“未分配利润”（统称“留存收益”）才会不断增加。利润越高，企业“造血”能力越强，企业向银行借钱的安全保障更有力。但创业企业持续亏损，一定会侵蚀原有资金，资金循环不断缩小规模。如果没有外部资金注入，资金将会慢慢消耗殆尽，直至企业破产消亡。

表 8-1　资产负债表示例

资产		行次	期末余额	期初余额	负债和所有者权益		行次	期末余额	期初余额
流动资产	货币资金	1	577 360	1 303 000	流动负债	短期借款	27	150 000	400 000
	短期投资	2	15 000	15 000		应付票据	28	200 000	300 000
	应收票据	3	46 000	246 000		应付账款	29	160 000	160 000
	应收账款	4	3 498 200	3 199 100		预收账款	30		
	预付账款	5	20 000	20 000		应付职工薪酬	31	180 000	110 000
	应收股利	6				应交税费	32	8 000	6 000
	应收利息	7				应付利息	33		
	其他应收款	8	2 000	2 000		应付利润	34		
	存货	9	2 551 600	2 402 400		其他应付款	35	52 750	51 500
	其他流动资产	10				其他流动负债	36		
流动资产合计		11	6 710 160	7 187 500	流动负债合计		37	750 750	1 027 500
非流动资产	长期债券投资	12			非流动负债	长期借款	38	1 360 000	1 800 000
	长期股权投资	13	250 000	250 000		长期应付款	39		
	固定资产原价	14	2 751 000	1 850 000		递延收益	40		
	减：累计折旧	15	440 000	530 000		其他非流动负债	41		
	固定资产账面价值	16	2 311 000	1 320 000		非流动负债合计	42	1 360 000	1 800 000
	在建工程	17	478 000	1 500 000	负债合计		43	2 110 750	2 827 500
	工程物资	18	150 000						
	固定资产清理	19							
	生产性生物资产	20							
	无形资产	21	480 000	600 000	所有者权益	实收资本	44	5 000 000	5 000 000
	开发支出	22				资本公积	45	2 880 000	2 880 000
	长期待摊费用	23				盈余公积	46	145 680	100 000
	其他非流动资产	24				未分配利润	47	242 730	50 000
非流动资产合计		25	3 669 000	3 670 000	所有者权益合计		48	8 268 410	8 030 000
资产总计		26	10 379 160	10 857 500	负债和所有者权益总计		49	10 379 160	10 857 500

表 8-2　利润表示例

项目	行次	本期金额	上期金额
一、营业收入	1	1 820 000	1 450 000
减：营业成本	2	1 015 000	810 000
税金及附加	3	38 000	30 000
销售费用	4	30 000	22 000
管理费用	5	267 800	214 000
财务费用	6	24 500	18 600
加：投资收益（损失以“–”号填列）	7	30 000	50 000
二、营业利润（亏损以“–”号填列）	8	474 700	405 400
加：营业外收入	9	50 000	36 000
减：营业外支出	10	20 600	12 000
三、利润总额（亏损总额以“–”号填列）	11	504 100	429 400
减：所得税费用	12	47 275	64 410
四、净利润（净亏损以“–”号填列）	13	456 825	364 990

表 8-3　净利润调节为经营活动的现金流量

项目	行次	本期金额	上期金额
净利润	1	456 825	
加：资产减值准备	2	15 100	
固定资产折旧、油气资产折耗、生产性生物资产折旧	3	150 000	
无形资产摊销	4	120 000	
长期待摊费用摊销	5		
处置固定、无形和其他长期资产的损失（收益以“–”号填列）	6	12 000	
固定资产报废损失（收益以“–”号填列）	7		
公允价值变动损失（收益以“–”号填列）	8		
财务费用（收益以“–”号填列）	9	24 500	
投资损失（收益以“–”号填列）	10	–30 000	
递延所得税资产减少（增加以“–”号填列）	11		
递延所得税负债增加（减少以“–”号填列）	12		
存货的减少（增加以“–”号填列）	13	–149 200	
经营性应收项目的减少（增加以“–”号填列）	14	–314 200	
经营性应付项目的增加（减少以“–”号填列）	15	–100 000	

续上表

项目	行次	本期金额	上期金额
其他	16	290 950	
经营活动产生的现金流量净额	17	475 975	

现金流量表：现金的来龙去脉

现金流是创业企业的生命线，现金流要比利润重要得多。但资金循环中货币资金（即现金）的增减变化（表现为资产负债表“货币资金”期末与期初之差）是如何实现的呢？为此，创业者需要懂得现金流量表（见表 8-4）。现金流量表反映了创业企业在一定会计期间现金是如何流入和流出的，借以跟踪企业现金的来源与现金运用的具体情况。

现金流量表显示现金增减变动源于经营活动、投资活动和筹资活动三驾马车。如果现金净增加额为正，并且增加变化主要来源于经营活动，则表明资金循环更加有效，企业运营更有活力。反之，现金净增加额持续为负数，则表明企业无现金可用，如果无融资能力，企业存亡危在旦夕。总之，现金流量表反映了企业对现金的使用和管控能力，以及企业的偿债能力、现金支付能力和获取未来现金流量的能力。

表 8-4 现金流量表示例

项目	行次	本期金额	上期金额
一、经营活动产生的现金流量			
销售产成品、商品、提供劳务收到的现金	1	1 939 000	
收到其他与经营活动有关的现金	2		
购买原材料、商品、接受劳务支付的现金	3	876 000	
支付的职工薪酬	4	300 000	
支付的税费	5	253 275	
支付其他与经营活动有关的现金	6	33 750	
经营活动产生的现金流量净额	7	**475 975**	
二、投资活动产生的现金流量			
收回短期投资、长期债券投资和长期股权投资收到现金	8		
取得投资收益收到的现金	9	30 000	
处置固定、无形资产和其他非流动资产收回现金净额	10	300 300	
短期投资、长期债券投资和长期股权投资支付的现金	11		
购建固定资产、无形资产和其他非流动资产支付的现金	12	451 000	
投资活动产生的现金流量净额	13	**-120 700**	

续上表

项目	行次	本期金额	上期金额
三、筹资活动产生的现金流量			
取得借款收到的现金	14	400 000	
吸收投资者投资收到的现金	15		
偿还借款本金支付的现金	16	1 250 000	
偿还借款利息支付的现金	17	12 500	
分配利润支付的现金	18	218 415	
筹资活动产生的现金流量净额	19	**– 1 080 915**	
四、现金净增加额	20	**– 725 640**	
加：期初现金余额	21	1 303 000	
五、期末现金余额	22	577 360	

合理确定资金需求量

创业者融资之前必须清楚到底需要多少资金，才去筹集多少钱，做到心中有数，不打无准备之仗。很多创业者认为，融资当然是多多益善。可是融资太多了，就会造成资金闲置浪费，徒增无效融资成本，得不偿失；同时出让的股权比例更高，不仅影响创业者对公司的控制权，也增加了后续融资难度。但融资过少，又会因“粮草”不足而影响公司正常运营。

具体筹集多少资金不能简单地拍脑袋决定，应该以需定筹、合理估算。创业者要先想明白准备怎么去花钱，然后再去找钱。如果自己都不清楚要钱做什么、怎么去花钱，精明的投资人也不会相信你信口雌黄。创业者应详尽地向投资人解释你的资金使用计划，让投资人知道你如何使用资金。投资人会依此衡量他们该投多少钱。

合理确定融资需求量并非易事，要综合考虑企业生命周期、公司规模以及融资难易程度等因素，也要亲身实地调研考察，客观地估算资金需求量，不能仅仅纸上谈兵。不要过高估算资金需求计算，否则投资人认为有投资泡沫；也不要过低估算资金需求计算，否则未来过早用完资金，再融资较麻烦。

我们主要预测初创阶段所需启动资金——筹办企业到正常运营达到盈利模式之前必须购买的物资设备和必要的其他开支，包括租赁场地租金、营业执照及许可证、办公家具、机器设备、专利权、原材料和商品库存、广告和促销、工资及保险、电话费、水电费等，统称为创业成本。

启动资金可以归为两大类：固定资金和流动资金（见表 8-5）。创业者要根据启动资金的用途再分项列示并加以汇总编制资金需求计划。

固定资金

固定资金是用于固定资产投资的资金，用来购买价值较高、使用寿命长的财产物资，如建筑物、计算机、设备等，也包括购置专利权等无形资产的资金。固定资金很难挪用到其他用途，要很久才能收回投资，因此尽量把必要的投资额降到最低，减少不必要的投资风险。

流动资金

流动资金是公司日常运转所需要支出的短期资金，主要用来购买存货、偿还账单、支付工资等。流动资金则根据实际需求预测，尽量节俭，量力而为。流动资金占用一般按开始营业之日开始计算，直至达到不盈不亏状态，一般按 12~18 个月计算。18 个月是创业存亡周期，故先准备最多 18 个月的启动资金，若创业不成功则放弃。

风险储备金

风险储备金作为预防未来突发事件的备用金以备不时之需。流动资金、固定资金和风险储备金之间应有一个恰当的比例关系，如 6∶3∶1，既保持合理的资金流动，也为企业未雨绸缪而控制风险，达到流动性与风险性的最佳搭配。

表 8-5　初创企业启动资金预算表

序号	项目	金额	备注
(1)	一、固定资金		(1) = (2) + (3) + (4) + (5) + (6)
(2)	场地		
(3)	机器设备		
(4)	办公家具及电子设备		
(5)	交通工具		
(6)	专利权		
(7)	二、流动资金		(7) = (8) + (9) +…+ (15)
(8)	原材料和产品		
(9)	促销		
(10)	工资		
(11)	水电费		
(12)	电话费		
(13)	保险费		
(14)	营业执照和许可证		
(15)	税费		
(16)	三、风险储备金		
(17)	合计		(17) = (1) + (7) + (16)

沙盘练习

以需定筹，预测启动资金

◎ 沙盘主题

预测启动资金。

◎ 讨论方式

集体讨论。

◎ 主要任务

创业者王斐准备创立一家科技型小公司，正在为筹集资金发愁。假设除了开办费之外，其他项目均是公司在经营期间的支出。募集能够满足公司 16 个月使用的资金，支付月份数为 16 个月。假设你是王斐创业团队的一员，请编制启动资金预测表（见表 8-6）。

表 8-6　初创公司启动资金预测明细表

<table>
<tr><th>项目</th><th>具体明细</th><th>投入方式</th><th>单次支出额</th><th>总金额</th><th>备注</th></tr>
<tr><td rowspan="2">场地</td><td></td><td></td><td></td><td></td><td></td></tr>
<tr><td></td><td></td><td></td><td></td><td></td></tr>
<tr><td rowspan="3">设备</td><td></td><td></td><td></td><td></td><td></td></tr>
<tr><td></td><td></td><td></td><td></td><td></td></tr>
<tr><td></td><td></td><td></td><td></td><td></td></tr>
<tr><td rowspan="2">研发</td><td></td><td></td><td></td><td></td><td></td></tr>
<tr><td></td><td></td><td></td><td></td><td></td></tr>
<tr><td rowspan="4">人工</td><td></td><td></td><td></td><td></td><td></td></tr>
<tr><td></td><td></td><td></td><td></td><td></td></tr>
<tr><td></td><td></td><td></td><td></td><td></td></tr>
<tr><td></td><td></td><td></td><td></td><td></td></tr>
<tr><td rowspan="3">促销</td><td></td><td></td><td></td><td></td><td></td></tr>
<tr><td></td><td></td><td></td><td></td><td></td></tr>
<tr><td></td><td></td><td></td><td></td><td></td></tr>
<tr><td rowspan="2">原材料和库存</td><td></td><td></td><td></td><td></td><td></td></tr>
<tr><td></td><td></td><td></td><td></td><td></td></tr>
<tr><td rowspan="4">管理和运营成本</td><td></td><td></td><td></td><td></td><td></td></tr>
<tr><td></td><td></td><td></td><td></td><td></td></tr>
<tr><td></td><td></td><td></td><td></td><td></td></tr>
<tr><td></td><td></td><td></td><td></td><td></td></tr>
<tr><td rowspan="3">税费</td><td></td><td></td><td></td><td></td><td></td></tr>
<tr><td></td><td></td><td></td><td></td><td></td></tr>
<tr><td></td><td></td><td></td><td></td><td></td></tr>
</table>

续上表

项目	具体明细	投入方式	单次支出额	总金额	备注
开办费					
应急备用金					
合计					

◎ 作业过程

1. 依据企业具体资金需求，按大类分析出具体支出明细项目。

2. 分析每一明细项目支出的频率，按市场调研的市价和企业具体情形据实列支。

3. 微调某些项目列支，不得超过“红线”，如：房租一般不超过营业额的 7%；装修成本不得超过总投资的 29%；人工成本一般不超过营业额的 14%。

◎ 作业提示

场地：

办公场所和生产经营场所是公司注册的必要条件。创业初期公司很可能租用办公室或生产厂房，如果按年预付租金，则投入方式是年投入。但也有可能公司外购或自建办公楼或厂房，投入方式就是一次性投入。另外建筑物需装修的话，需要考虑设计费、施工队装修费，另设“装修”项目，投入方式是“一次性投入”。

设备：

设备是公司经营需要的机器设备（机床、锻压机等）、电子设备（电脑、空调、打印机等）、交通工具（货车、小汽车等）、家具（桌椅、文件柜等）等。如果是外购，投入方式一般是“一次性投入”；如果是外租，投入方式按具体交付租金方式，可能是“年投入”“季度投入”等。

研发：

主要是开发专有技术、专利权等发生的材料费、设计费、调试维护费、图书资料费、评审注册费和其他费用（不含开发人员工资支出）。视具体情况主要为“月投入”，少数“一次性投入”。

人工：

以货币形式支付给员工的工资、福利、五险一金等劳动报酬，如月工资、年终奖等。投入方式一般“月投入”，但年终奖是“年投入”。员工明细可以有管理人员、技术人员、生产工人、销售人员等，根据公司具体情况分类。

促销：

支付线上或线下业务宣传费、客户交际费、销售佣金等促销费用。营销人员工资等薪酬则在“人工”项目计算。根据促销计划预测促销费用。投入方式一般是“月投入”。

原材料和库存：

公司必须保持最佳的原材料和商品库存量，库存太少不利于公司的生产经营正常进行，库存太多就会增加仓库保管和维修成本。需要估算原材料采购成本和其他生产成本，也包括运费、包装费、保险费等。投入方式按“月投入”计算。

管理和营运成本：

组织和管理企业而发生的各项支出，包括水电费、修理费、办公费、差旅费、邮电费、聘请中介机构费（如年报审计费）、咨询费、诉讼费、财产保险费、房产税、城镇土地使用税、印花税等。一般是按月投入，也可能是按年投入。

税费：

企业向国家缴纳的增值税、企业所得税、城建税、教育费附加、资源税、土地增值税等。按具体税种，可能一次性投入、分季度投入、年投入等。

开办费：

公司筹建期间发生的、除了购置设备等固定资产之外的支出，如人员工资、培训费、差旅费、印刷费、注册登记费等。假设一次性投入。

应急备用金：

应付可能发生意外而增加对资金的需求而提前准备的应急资金。可在正常资金预算之外，根据具体期限再加上 3~6 个月开支的比例。可一次性投入。

创业者的融资宝典

融资也要打怪升级

融资动机是创业者融资的基本出发点和内在驱动力。初创企业融资动机一般比较单纯，就是缺钱。创业之路长漫漫，没有资金难成行。创业者如果自有资金不足的话，就只能天天怀揣项目到处去“找钱”，直到腰包鼓鼓、满载而归。曾经的摩拜初期烧钱太任性，其商业模式运行简直是挥金如土，难以想象仅用两年左右就有了 8 轮 60 多亿元巨额融资。这是创业融资的“人找钱”阶段，一般处于创业种子期或创业初期，企业从无到有，甚至还没有盈利，千方百计说服投资人来投资，用于维持创业初期正常运营，我们称之为“生存型融资”。

有时创业者其实不差钱，本来无须着急融资，但也会主动融资，这看来融资动机似乎有点不纯了，可能是别有他图。例如，坚持不上市的华为公司 2021 年末货币资金为 2 116 亿元，但 2022 年 1、2 月份先后发行 2022 年度三期中期票据 110 亿元。显然华为并不缺钱，债务融资主要是融资成本比较低，而如果员工对企业增加投资，那么分红成本就太高了，显然是为了调整资本结构、充分利用财务杠杆利益。

同时，创业者喜欢选择“白富美”的优质投资人，不惜主动“暗送秋波”，吸引投资人上门送钱以及一些急需的资源作“嫁妆”，就是多找一些人帮助创业者实现企业更快的发展。创业融资不仅吸纳资金，更重要的是也要引人才、引资源，即引入高附加值的合作资源（聪明钱），后者带来的利益比金钱更大。益丰大药房董事长高毅与今日资本创始人风投女王徐新经过不懈谈判，最终今日资本于2008年12月投入3 000万美元（天使轮），2009年又追加A轮、B轮投资各1亿元人民币。徐新帮益丰打造伟大的企业，打造第一品牌，尤其是帮忙招聘了技术总监（CTO）和运营总监（COO），推动了O2O药店营销模式。这是融资“钱找人”的阶段，一般处于创业扩张期甚至成熟期，此时已盈利颇丰，投资人主动投钱用于扩大企业规模，称之为“扩张型融资”。

不变的创业初心，善变的创业融资动机。当前有的创业企业疲于生存型融资，忙于公司从0到1阶段的飞跃。有的创业企业处于扩张型融资阶段，为公司从1到N阶段的理想去找钱以及钱附带的更多的资源。如果创业融资需求动机从“我们要钱交房租”转变为“我们并不是真的需要资金，而是借助它更快地增长”，创业企业可持续发展能力就更强了。

创业融资渠道面面观

创业传统筹资渠道如图8-1所示。创始人个人储蓄是最早的筹集资金来源。IPO是创业者为创业企业发展谋求资金的最终目标，也是创业者创业成功的标志之一。

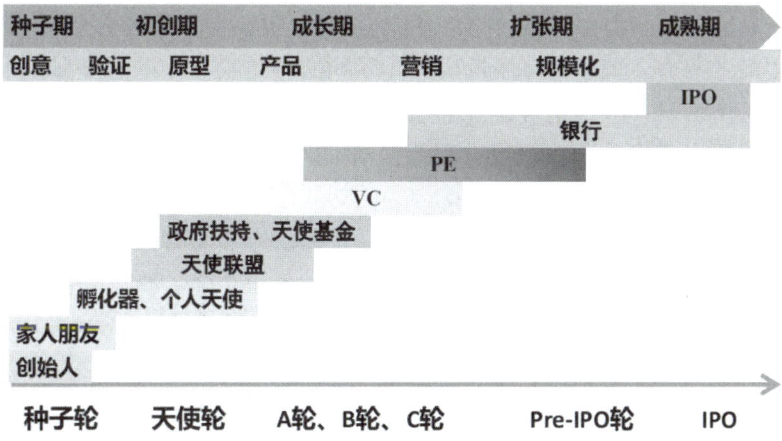

> 图 8-1　传统创业融资路线

创始人个人储蓄：自我融资

初创公司启动资金主要来自创始人个人储蓄。如果储蓄不足，创始人可使用个人信用卡融资，也较方便快捷，但额度小，不能透支，必须及时偿还账单。创始人不是一个人，就要引入性格和能力互补的联合创始人合伙出资。可以想象，如果创始人或联合创始人都不想拿自己的钱去冒险投资，那么潜在的投资人谁会以身犯险呢？1999年2月马云及17位创业团队成员（人称“十八罗汉”）召开创业动员会，马云带头自掏腰包，团队其他成员也都拿出“私房钱”，凑足了50万元，这就是阿里巴巴的第一笔创业资金。

家人和朋友融资：亲情借款

个人储蓄毕竟是有限的，来自家庭和朋友的资金也是种子期最常见的原始启动资金来源。创始人可能小幸运获得家庭的财力资助，关系较好的亲朋好友有时也会伸出援助之手。种子期只有创意，甚至没有成型产品，资金需求不会太大，亲情借款基本可以帮创始人暂时渡过难关，也架起了通往下一个融资之路的桥梁。比亚迪创始人王传福当年创业时，表哥吕向阳认为表弟成功的机会很大，就果断借钱给他。等王传福发家后，吕向阳趁机赚了 100 多亿元。

政府扶持：创业免费皇粮

创业者要充分利用政府扶持政策，积极申请政府财政资金支持。1999 年建立的“科技型中小企业技术创新基金”属于支持科技型中小企业技术创新的政府专项基金，金额从 10 万元到 70 万元不等。75% 左右的资金是无偿资助。如苏州纳微生物科技有限公司 2013 年获得无偿资助 160 万元，用于蛋白类生物药高效分离纯化介质的研制。此外，2001 年起我国启动了中小企业国际市场开拓资金，由商务部、财政部共同建立，用于无偿支持中小企业开拓新兴国际市场，中小企业也能申请获得财政专项资金。2007 年科技部建立国家级“科技型中小企业创业投资引导基金”，引导创业投资企业投资处于种子期、起步期等早期创业企业，间接支持中小企业，甚至直接对创业企业进行资助。

孵化器：高新技术企业摇篮

孵化器是通过为新创办的科技型中小企业提供场地和基础设施之外，还提供培训与咨询、政策、融资、法务和市场推广等一系列的孵化服务，进而提高中小企业创业成功概率的机构组织。孵化器搭建一个融资平台，进行项目路演培训，为“找钱”的创业者牵线搭桥，对接投资人，促进双方“联姻”。国内孵化器可分为高新技术创业服务中心、留学人员创业园、大学科技园等，如联想控股之下的联想之星孵化器、李开复的创新工场（持股孵化）。创业者选择适合自己需求的孵化器，获得更多资金支持。截至 2022 年年初，启迪之星孵化器通过“孵化 + 投资”模式孵化了超过 2 万家初创企业，包括蓝晶微生物等企业，手拉手帮助企业快速成长。

天使投资：创业爱心奶粉

天使投资一般是有闲钱的自由投资者或非正规风险投资人，主要是成功的企业家、律师、企业高管等有钱的富人，喜欢投资具有巨大发展潜力的种子期初创企业。天使投资人不仅仅做投资人，还兼职创业教练和“创业导师”，依靠丰富的人脉关系和社会资源，为创业者提供战略规划、人才引进、后续融资等增值服务。较活跃的天使投资人大多是曾经白手起家的企业家，相当熟悉创业，一般提供 10 万 ~ 100 万元的创业启动资金。徐小平被称为最受创业者欢迎的天使投资人，他最得意之作就是投资聚美优品。如果投资额较大，多位天使投资人可抱团组成天使团队（angel group），主要是天使俱乐部或天使联盟（如深圳天使投资人俱乐部、中关村企业家天使投资联盟等），一般提供 50 万 ~ 500 万元的投资额度。机构化天使投资包括天使基金（如新东方董事徐小平设立的真格基金、乐百氏董事长何伯权的广东今日投资）、平台基金（如联想乐基金、中国微博开发者创新基金）。

风险投资："VC"营养液

风险投资（venture capital，VC）是专业投资机构对新兴的、高增长潜力的非上市创业企业的股权投资。风险投资被称为"创业投资"也许更为贴切，因为它会主动接受风险而不是规避风险，以获取最大的投资报酬。风险投资设置门槛较高，一般只钟情于扩张期或成熟期的科技型创业企业，如IT、半导体、生物医药等行业。风险投资的社会资源、商业人脉比天使投资更丰富，能积极参与高科技公司管理，提供管理咨询，参与重大决策，同时知名投资机构的青睐也能推动下一轮融资。可见，风险投资不仅会"补血"，同时也无私输入企业成长不可或缺的"营养液"，助力企业爆炸式增长。但风投可能造成创业者控制权丧失的风险，融资成本也较高。他们喜欢"先撒大网，后捕大鱼"。风险投资一般3~5年后退出，退出方式主要有公开上市（IPO）、出售股权给第三方（trade sale）、创业者回购（buy back）、公司并购（M&A）、公司清算（liquidation）。IPO是VC退出成本最低、最便捷而获利最大的退出方式，是退出的"黄金通道"。

银行借款：创业融资"蓄水池"

银行资金雄厚，创业资金短缺时可选择从银行贷款（抽水），便捷而迅速，而资金充裕时可提前偿还贷款（加水）。保证贷款可选择实力雄厚、信用良好的法人或公民作为贷款担保人，一般选择专业的中小企业信用担保机构；抵押贷款可选择已购置的商品房或汽车等作为抵押物。当然也可申请政府创业扶持政策相关的创业专项贷款、重点扶持项目贷款等银行贷款。然而创业者傍上银行这个"大款"门槛太高。万达集团创始人王健林创业之初需要贷款2 000万元，以土地做抵押，找了十几家银行都没有如愿。而2016年3月阿里巴巴轻而易举签署了为期5年30亿美元的贷款协议，真是天壤之别。可见银行天生嫌贫爱富，晴天可以送"伞"，但雨天借"伞"就没那么容易了。那些具有广阔发展空间的高科技"明星"企业还本付息能力较强，才能引起银行的贷款欲望。

PE（含战略投资）：pre-IPO融资

私募股权投资（private equity，PE）是以私募形式对有发展潜力的非上市企业的股权投资。投融界一般有VC早期化、PE晚期化的说法，也就是说VC更愿意做天使的活，PE更喜欢帮助pre-IPO公司。PE投资门槛更高，偏向于投资已有一定规模和稳定现金流、处于稳定期或成熟期的企业。PE快进快出，退出A计划是企业IPO后退出，赢得企业"流动性溢价"；也有B计划，企业实施并购或管理层收购、股权转让等退出而获得企业"成长性溢价"。一般PE只管出钱，属于财务投资者。非同寻常的PE是战略投资者（strategic investors），不仅出钱，还要共享技术、市场、品牌、渠道等资源，既是投资者也是战略合作伙伴。战略投资者一方面专注于某个行业领域，投资金额在1 000万～10亿元人民币之间；另一方面，实现双方战略性资源合作，达到资源互补、合作共赢的战略目标。与战略投资者形成上下游战略合作关系，促进产品升级换代，增强产品竞争力，扩大公司规模，提升企业整体形象，以提高未来股票发行价格。滴滴、美团、拼多多、字节跳动等都曾在互联网战略投资者（百度、阿里巴巴、腾讯、盛大等）的帮助下快速成长。

股票上市：创业“成人礼”

创业企业进入扩张期甚至成熟期才会启动股票市场融资，经批准公开发行股票，在证券交易所挂牌交易。上市如同完成一场成人礼，可自由进出股票市场，并承担“成人”社会责任。股票上市可以筹集到大额资金；股价增长彰显创始人财富增值并可适时套现；扩大公司影响面，提升企业竞争力；以股票对其他公司兼购，融资带来更多资金来开发新产品和多元化投资。股票上市门槛较高，是创业融资中最为困难的一轮融资。我国主要通过深交所中小企业板块（2004 年 5 月启动）、创业板市场（2009 年 9 月启动）、上交所科创板（2019 年 7 月开启）以及“中国版纳斯达克”北交所新三板（2021 年 9 月启动）首次公开募股 (initial public offerings，IPO) 上市。

A 股创业板甚至不盈利也能上市。苏州泽璟生物制药股份 (688266.SH) 于 2020 年 1 月 23 日在科创板上市募集资金 20.26 亿元，开创了 A 股无收入未盈利企业上市先河。创业企业也可选择在欧美或中国香港、新加坡等境外创业板上市，如 2020 年 6 月 19 日北京泛生子基因科技公司登陆美国纳斯达克上市，首日发行价格宣告历史最大规模癌症精准医学上市公司诞生。境外上市能提升企业国际化和全球形象，也有利于海外并购。但开拓国际市场的红利，连同企业“大蛋糕”也许都被国外股东瓜分。如果暂时达不到上市条件，创业公司可“曲线救国”，买壳上市，即通过收购一些业绩较差的上市公司，剥离被收购公司资产，注入自己的资产，达到间接上市的目的。如：顺丰快递借壳鼎泰新材上市、360 公司借壳江南嘉捷上市。

专栏 8-1

其他主要融资渠道

商业信用

创业企业买卖商品货物时，以预收账款和延迟付款形式，与客户、经销商、供应商形成一种借贷关系，实际上就是向客户、经销商、供应商融资。有时可要求客户、经销商预付定金，或者要求供应商赊销商品给企业。

民间借贷资本

主要是个体工商户、私营业主向富裕的工商户和企业主借款，一般达成书面借贷协议或口头协议。民间资本门槛较银行贷款要低，没有抵押物，手续简单，融资迅速，但利息随行就市，居高不下，有高利贷的嫌疑。

融资租赁

融资租赁是一种融资与融物相结合的一种融资方式。急需机器设备但无钱可买的创业者找财务公司购买设备然后租回。表面上是借物，实际上是借钱，后期以租金方式分期偿还。创业者支付第一笔租金后立即使用设备，在使用期内分期支付租金。

众筹

众筹是一种"互联网 +"大环境下借助于网络众筹平台实现融资的较流行的、有效的融资方式。有创新项目但缺乏资金的创业者以发起人角色通过众筹平台（如京东众筹、淘宝众筹）发布筹款项目，向网友募集资金。

典当融资

典当融资是创业者临时紧急缺钱时，以实物质押或抵押的方式，以实物所有权转移的形式，从典当行获得临时性贷款的一种快速、便捷的融资方式。"急事告贷，典当最快"，用房产、私家车、贵重物品典当，迅速获得资金。

PPP 项目融资

以项目的预期收益作为抵押取得贷款的融资方式。采用 BOT（建设—经营—转让）模式，首先创业企业和政府成立一个合资公司，主要由创业企业出资，资金来源主要是银行贷款。创业企业和政府合作，创业企业出小钱，银行出大钱，最终政府来买单。

融资渠道选择的策略技巧

每一种筹资渠道各有各的优势和劣势，如何明智地选择融资渠道才是创业融资的关键。创业企业越早从烧钱模式跨越到盈利模式，就越早依赖收入支撑资金循环。尤其是创业初期现实残酷，自力更生太辛苦，找外援、从外部"加油"更加便捷，与外部投资人合作共赢。

创业融资以股权融资为主，选择什么样的投资人，就决定了选择什么样的融资渠道，也一定程度上决定了创业企业有什么样的未来。对投资人而言最大损失就是投的那笔钱打了水漂，但对创业者而言可能会让企业走向巅峰，也可能灰飞烟灭。

谨慎地选择投资人

找到合适的资金来源，避免成本高昂的、灾难性的"闪婚"。通过创业论坛、创业大赛等途径，找到投资人并不是难事，关键是找到合适的投资人。投资人并不是名气大的就好，名气大的投资人不一定熟悉你的行业领域；也不是资金投得最多的最好，资金多的投资人也许能给你的资源支持并不多。聪明的创业者要找聪明钱增加企业价值，尽量不要选择那些给企业带来负面价值甚至毁灭企业的傻瓜钱。

说服投资人要讲策略

种子轮靠刷脸融资，熟人投资；天使轮要讲好故事，打动人心。VC 早期 A 轮、B 轮融资，投资人看项目，人和事并重，同时也做好财务模型和财务分析；C 轮后商业模式成熟后财务分析要做横向对比。切忌把价钱报得太高，否则投资人都无法砍价，就把投资人资金送给其他创业企业了。

总有一款适合你

创业者自身没有足够资金，只能借助外部资本加速发展，找天使投资、VC、PE

等股权融资已经变成普遍做法。在特定情形下也可以采取众筹、典当融资等融资方式。旁门左道也可取，只要合法、合理即可。创业公司不一定都走完整个融资路线，曾经风光无限的摩拜最后也是被收购，没走到上市的那一天，而小米却没有经历天使轮融资。高增长潜力的高科技企业最可能吸引风险投资，也最有可能股票上市。但一般传统行业的创业企业融资的选择较少，也许仅局限于创业者个人财富以及公司内部积累。

融资时机不容错过

融资时机的选择很关键。过早融资会造成资金闲置，也可能股权过早被稀释；过晚融资，造成投资机会丧失，影响公司的战略发展。创业企业应该以洪荒之力练好“内功”，精打细算，做好自己，同时及时把握外部环境，适时融资，把握最佳的融资时机。

不要等缺钱时才融资

融资前必须考虑现有资金消耗殆尽的时间以及融资时间表。初创企业预期现金流还能够支撑 6 个月时要亮红牌警告；还能支撑 12 个月时要亮黄牌；还能支撑 18 个月至 24 个月才算正常，手里要有不融资也能平稳运行两年的资金。企业生命周期、融资金额等不同，融资方式和融资时间也不同。天使轮融资 1~3 个月不等，而风投融资一般 6~9 个月，双方感情升温都是要耗费时间的。所以，创业者必须提前精打细算，做足做细现金使用计划，充分估计现金短缺时点并计划提前融资。如果下一期投资项目资金需求较大，那么上一轮融资大约耗费一半时，就要着手准备下一轮融资。提前融资可以提高融资自由度，与投资人谈判时也不会因急需资金而降低谈判筹码吃大亏。

在公司状态最好时融资

如果公司尚处于初创阶段，或处于市场竞争惨烈阶段，一般缺乏核心竞争力，经营业绩数据也特别难看，则投资人难以看得上眼。如果公司商业模式已有数据可验证，会计数据亮眼，算得上行业的“高富帅”，能让投资人直接对你“一见钟情”，此时就是最好的融资时机。即使公司处于初创阶段，但发展势头强劲，未来可期，具备“金龟婿”的潜质，很可能被天使投资人所青睐，也能融资成功。

关注资本市场变化

当经济发展状况良好且上升趋势明显，大多数投资人都会因投资合适的项目而获利。创业者要不断关注国内外各种利率、汇率等变动信息，合理分析和预测对融资有影响的各种有利或不利信息，以及未来的发展趋势；要抓住银行等金融机构出台最新金融产品、改善企业融资环境的良好时机，跟进融资情况。尤其是在通过资本市场融资（特别是 IPO）的半年之前，就要跟踪资本市场的动向，以节省融资决策时间和融资成本。

企业“达标”之时融资

天使轮投资人不仅关注赛道，更重视赛道上的选手，尤其是投资人都有一套“择偶标准”即企业家标准。要想吸引投资者的眼球，就要看创业者或团队是否达到投资人的理想标准，是否合乎投资人的“胃口”。假如创业者想找天使投资大咖雷军投资，必须熟悉雷军投资三大“戒律”：第一，不熟不投；第二，人要靠谱，只投人不投项目；第三，自律，帮忙不添乱。雷军偏爱平均年龄 35 岁的创业者，要在大公司干过并有一定管理经验。所以你要找雷军投资，就必须曾做过公司中层、高层甚至是 CEO，还要想办法找雷军身边熟悉的人做介绍人。但你如果要向专业投资机构 VC 融资，创业企业一般要达到扩张期阶段，技术、市场、管理团队、盈利模式比较成熟，具有高增长、高发展的潜质。不管如何，创始企业不能有太明显的短板或缺陷，关键在于具有高成长性的潜力。

估值与股权的那些事

公司估值是件大事

创业者确定了自己的目标融资额之后，下一步就是通过一定的融资渠道进行融资。如果全部通过股权融资，融资额度与公司估值、出让股权比例就具有了等式关系：融资额度 = 公司估值 × 出让股权比例。股权融资关键是与投资人接触谈判后，双方协商确定投资人应该投多少钱（融资额度）、占多少股份（股权比例）。如果创始人心目中公司价值为 2 000 万元，假设向天使投资人出让 10% 的股权，那么他就准备融资 200 万元。

公司估值就是看创业企业值多少钱。创业者如果想从天使投资或 VC 那里筹集外部资金，就开始考虑公司估值了。创业者可以聘请财务顾问专家来评估，专业的事让专业的人去做，也可以自己做出合理的分析和判断。

绝对估值法

现金比利润更重要，创业者一般用预期的自由现金流量来表示。未来自由现金流量需要通过财务预测，编制成套的预计财务报表，从中获取需要的预测数据。

计算公式如下：

自由现金流量 =（税后净营业利润 + 折旧及摊销）-（资本支出 + 营运资金增加）

=（税后净利 + 利息费用 + 所得税费用）×（1- 所得税税率）+ 折旧及摊销 -（资本支出 + 营运资金增加）

投资人更注重投资风险。投资风险越低，估值就越高。投资人所要求的预期投资报酬率，对早期创业企业为 40%~60%，晚期创业企业为 30%~50%。

公司估值反映了公司未来的赚钱能力，它是由两个因素决定的：现在投资产生的未来现金流，以及现有投资和新增资产产生的现金流风险。创业者意欲实现的现金流与投资人的投资风险之间的平衡点，就是企业估值。这就是自由现金流量估值模型（FCF）。这是绝对估值法的一种典型方法。如果创业企业处于扩张期之前，尤其是初创期，自由现金流可能是负值，则 FCF 不适用。对高增长、高投入的新兴行业 FCF 也不太适合。故 FCF 适用于未来持续盈利、产生正现金流的成熟期创业企业。

相对估值法

相对估值法可选择的财务指标有市盈率（P/E）、市净率（P/B）、市销率（P/S）、市盈增长比率（PEG）、市活跃用户率（P/MAU）等。

国内风险投资领域，P/E 倍数是较为常见的估值指标，对公司要求较高。对投资人来说，市净率（P/B）越大的股票，投资价值越大。但我国较少使用 P/B 倍数法，主要是该法不适用于没有太多固定资产的服务业企业和高科技企业等上市公司。P/S 模型，适用于高风险、长经营周期行业、重固定资产但利润较低的公司。市盈增长比率（PEG= 市盈率 / 每股收益复合增长率）模型，考虑了公司的成长性，适用于 IT 等高成长的公司。P/MAU 倍数法最常应用于互联网行业公司，期待流量能转换为收入，收入能转换成利润。

一般是挑选同行业可比或可参照的公司，以同类公司的财务数据为依据，计算出财务指标。假设 20 × 2 年行业市盈率（P/E）的平均值 15.28，创业企业预测 1800 万元净利润，那么创业企业的公司估值就是：1800 × 15.28=27 504 万元，公司估值大约 2.7 亿元。所选取的同行业可比公司与创业企业越接近，公司估值结果就越可靠。在实际中其实很难在市场上寻找到完全符合条件的可比公司，尤其是新兴创业企业具有独特性。创业者随机变通，选出一组同行业的上市公司，参照其市盈率或市销率等财务指标打个折扣，以此进行估值。

天使轮公司估值一般不是用数据模型，而是采用博克斯法（单项评估法）或专家评估法，更多的是直接拍脑袋。天使轮估值传统行业一般在 200 万 ~ 500 万元，而互联网企业在 200 万 ~ 1 000 万元。VC 或 PE 阶段一般采用 P/S 法或 P/E 法，而互联网企业还可以使用 P/MAU 法。IPO 轮股票估值大多采用 P/E 估值法或 P/B 估值法。

投资人在风险投资尽职调查之前心目中会有一个公司估值，在尽职调查之后他会对原先的公司估值予以调整。当然，创业者也会调整自己的公司估值，否则估值过高会吓跑投资人的。融资谈判时创业者期望估值更大，设定估值上限，而投资人希望估值较小，界定估值下限，形成一个估值区间。双方协商最后确定一个双方都可以接受的合理估值。一般而言，最后估值的确定是创业者与投资人不断讨价还价的结果。2009 年陈欧再次回国创业时，在中国大饭店遇到徐小平。徐小平单刀直入，直接问陈欧要多少钱。陈欧说要 20 万美元。徐小平问："15 万美元怎么样？能给我多少股份？"陈欧原先说 10%，后来干脆请徐小平出 18 万美元占 10%，这样估值差不多 200 万美元，可以向团队交代了。徐小平想再给 2 万美元凑个 20 万美元拿 11%，陈欧坚持说不行，最后两人以 18 万美元 10% 股份成交。

股权比例最好互利双赢

创业者在吸引投资人进行投资时，一个比较重要的、敏感而慎重的问题就是股权比例。创业者愿意出让多少股权换取投资人资金，也是投资人将来以多大的比例分割公司价值。

股权比例牵扯到创业者与投资者、投资者之间的利益冲突。出让股权比例过低，创业团队保证公司的控制权，但对投资人吸引力不大。因为投资人所持股份较低，甚至低于 10%，后期高价出售股份的话，赚的钱就很少了。如果出让股权比例过高，甚至超过 50%，投资人则认为自己承担了公司大部分风险，创业者只是坐享其成，投资人反而不愿出资；同时，创业者持股太少，可能沦为类似职业经理人，没有为自己的事业卖命的创业激情了。股权比例应合理确定，最好达到双方“互利共赢”。

天使轮满足公司资金需求的前提下，尽量少出让股份，出让股权比例最好不高于 10%，以 5%~10% 为宜，因为后续可能还要一轮一轮地去融资，每一轮只筹集下一阶段需要的钱，筹集规模小一点，股权稀释也较小。规模小就意味着投资人的风险低，加上与投资人早点加强沟通，融资成功的概率自然就会大一些。对 VC 确定的出让股权的比例，最好不超过 20%，否则很难引起 VC 的投资兴趣。每一次引入新的投资人，出让股份不要超过 30%，一般在 10%~30% 范围之内是合理的。随着融资次数的增多，创业者股权不断被稀释。因为创业过程中会引入天使投资、风险投资来融资，而且可能是多轮的风投融资。

此外，还要为管理团队预留期权池 10%~20%。创业者掌握一个原则：持股 67%（绝对控制线）或 51%（相对控制线）或 34%（安全控制线），这样能掌握绝对控制权或相对控制权或否决权。创业者对股权比例的第一目标是尽可能拥有绝对控制权。如果不拥有绝对控股权，就尽可能取得对公司重大事项的否决权。2010 年 1 号店以 80% 股权换取战略投资者中国平安融资 8000 万元，更可悲的是中国平安又转让股权给沃尔玛，最后沃尔玛全资控制 1 号店，创始人于刚黯然离开，悔不当初。

不要冲动签下“对赌协议”

海外私人股权投资基金在投资我国高速增长的民营企业时通常采用对赌协议。由于对未来的业绩无法确定，双方就在融资协议中约定一定的条件（一般以一定的业绩指标作为标准）。如果约定的条件出现，由投资方行使估值调整权利，以弥补高估企业自身价值的损失；如果约定的条件未出现，则由融资方行使一种权利，以补偿企业价值被低估的损失。双方约定的这种机制被称为估值调整机制（valuation adjustment mechanism，VAM），如果触发了协议相关条款，从而据此重新确定公司估值，引发股权比例的变动。具体表现为：如果融资方在一定时间内实现一定的财务业绩，则投资方按照事先约定的价格进行第二轮注资或出让一部分股权给管理层；如果融资方未能在约定期间达到约定业绩指标，则管理层转让规定股权给投资方。对创业企业和创业者来说，对赌协议就是“胡萝卜”和“大棒”，对创业者起着激励（促进企业发展）与约束（失去股权）效果。

十赌九输，千万不要轻易签下对赌协议。有关机构调查显示，在对赌协议中，成功的比例只有 23%，而失败或中止比例达到了 63%。创业者融资时可能因急用资金会匆匆签下对赌协议，最终无法达到目标而失去了对公司的控制权，真是“一失足成千古恨”。2002 年蒙牛获得了摩根士丹利 A 轮投资，其中带有对赌条款：如果 2003 年蒙牛业绩达到设定目标，则实行股权转让。2003 年蒙牛业绩达标后，摩根士丹利的股权从 9.4% 上升至 51%。蒙牛对赌协议虽然成功履行，但创业者牛根生最终失去了公司控制权。恰恰相反，博瑞医药成立之初前 5 轮融资就有 4 份对赌协议，2 次失败 3 次不达标。连续三年的业绩对赌协议虽然未能成功，却获得红杉、弘晖资本领投的 5.5 亿元融资。

思考练习

自由现金流量与公司价值测算

创业者王斐创立一家科技型小公司。假设创业团队出资之外，准备向天使投资人筹资 100 万元。以自由现金流量估值模型计算公司价值，估算应出让多少股份，填写表 8-7。

表 8-7 自由现金流量与公司价值测算

项目	20×3 年	20×4 年	20×5 年	20×6 年	20×7 年	合计
营业收入						
减：营业成本						
税金及附加						
销售费用						
管理费用						
税前营业利润						
减：所得税费用						
税后经营净利润						
加：折旧及摊销						
减：资本支出						
营运资金增加						
自由现金流量						
折现系数						
现值						

◎ 作业提示

1. 本表基于 5 年期的收入预算和成本费用预算。为方便起见，按比例简化计算。

2. 假设营业收入第 1 年为 850 000 元，然后按预计比上年的增长率（假设分别是 30%、20%、15%、25%）分别计算第 2 年至第 5 年的收入额。

3. 营业成本 = 营业收入 ×(1− 毛利率)，假设第一年毛利率 60%，后 4 年可稍有波动。

4. 第 1 年税金及附加、销售费用、管理费用分别按营业收入乘以一定比例（假设分别为 0.3%、4%、8%），后 4 年可稍有上下波动。

5. 公司系高新技术企业，按 15% 税率征收所得税。

6. 折旧及摊销，假设固定资产按直线法计提折旧、无形资产直线摊销。

7. 资本支出，估算哪一年购买设备等固定资产，或研发或购买专利权等无形资产。

8. 营运资金增加，按营业收入乘以一定比例（假设 16%，可上下波动）。

9. 折现系数，投资人要求的投资报酬率（如 30%）作为折现率，查复利现值系数表。

10. 现值之合计数为公司估值。出让股权比例 =200 万元 ÷ 公司价值。

要点回顾

创业者必须懂点财务，通过资产负债表、利润表和现金流量表，了解资金的来龙去脉，明白怎么去赚钱，从而揭开了创业财务的神秘面纱。确定合理的资金需求量一般依需定筹，合理估算，同时考虑创业企业生命周期、公司规模及融资难易程度等因素。

创业者在创业初期缺钱时必须去找钱，但在创业企业发展到扩张期不缺钱时则主要是寻求金钱所带来的增值资源。依据创业企业生命周期，创业者一般选择创业者个人储蓄、家人朋友融资、政府扶持、孵化器、天使投资、风险投资、银行借款、战略投资、IPO 等融资方式。在特定情况下，也可选择民间资本、融资租赁、典当、众筹等方式。

每一种筹资渠道都有各自的优势和劣势，创业者必须谨慎选择筹资渠道，而大多数股权融资主要是选择合适的投资人，要找聪明钱。

寻求最佳融资时机，一般不要等缺钱时才融资。要在公司状态最好时融资；时刻关注资本市场的变化，适时融资；企业发展到“达标”时融资。

实际融资额度取决于公司估值与出让的股权比例。对于公司估值方法，创业成熟期一般采取自由现金流量估值模型这种绝对估值法，而创业扩张期之前可采用相对估值方法，如 P/E 估值法、P/B 估值法等。出让的股权比例要合理，以保证创业者控制权为原则。签署融资合同时，不要轻易签下对赌协议，否则创业者丧失公司控制权。

如果向天使投资或 VC 进行创业融资，要撰写符合投资人偏好的商业计划书，也需要向投资人路演，展示项目的亮点。这将在下一章重点介绍。

课后作业

创业融资失败的案例分析与讨论

作业要求：

参考有关资料，搜索创业融资失败的案例，对比、分析创业融资失败的主要原因。在完善自身项目融资方案的基础上，开展讨论，对自身的融资方案进行相应的风险评估，并设计相应的风险控制方案。

第 9 章

创业计划书的撰写与路演

学习导言

美国国际 CEO 俱乐部总裁、企业家管理中心总裁约瑟夫 · 曼库索曾说过：“一份创业计划就是一项艺术性工作，它是表达企业和赋予企业人性化的证明，没有创业计划你就无法筹集到资金。”一份好的创业计划书对创业企业的自我推介和资源引入有着长足的意义，一次成功的路演同样对创业企业至关重要。本章主要向同学们介绍创业计划书的基本功能和结构，并解答以下问题：哪些人会看我们写的创业计划书？他们都关注哪些要点？我们在撰写和展示创业计划书时失分点有哪些？最后，总结创业计划路演的逻辑要点。

引导案例

一页精简的创业计划书

在一次天使见面会上，北京创盟河北创业者李鹏的发酵罐气流能量回收项目创业计划书引起了风投的兴趣。

产品简介：专利产品、国内空白、年节电 100 亿度、政府强力推广。

公司简介：我公司成立于 2005 年 8 月，从事节能节电业务，拥有自己的技术与知识产权，包括电机节电器技术、发酵罐排放气流压差发电的多项专利。

项目简介：“发酵罐排放气流压差发电与能量回收”：发酵罐是药厂与化工企业普遍使用的生产工具，用量非常之大，如华北制药、石药、哈药这样的企业，每家企业使用的大型（150 吨以上）发酵罐均在 200 台以上。因生产需要，发酵罐前端需要压气机给罐内压气，压气机功率一般在 2 000 千瓦 ~ 10 000 千瓦，必须 24h 运转，每年电费在 900 万 ~ 4 000 万元之间，满足发酵罐生产，就需要多台的压气机工作。所以，压气机耗电通常是这些企业很大的一项费用支出。经发酵罐排放的气流仍含有大量的压力能，浪费在减压阀上。如安装我公司研制的“发酵罐排放气流压差发电与能量回收”装置，可以回收压气机耗费电能的 1/3 左右。

同行简介：目前该技术国际统称 TRT，应用于钢厂的高炉煤气压力能量回收。主要的供货商有日本的川崎重工、三井造船，德国的 GHH，国内的陕西鼓风机厂。年销售额达到 20 亿元以上。

进展简介

本项目关键技术成熟并已经掌握，我公司已经与某制药集团达成购买试装与推广协议，项目完成时，预计可以完成 5000 万元以上的销售。

优势简介

我公司已申请该项目的多项专利。

市场中先行一步，属市场空白阶段。

符合国家产业政策，温家宝总理亲自担任节能减排小组组长，要求各地政府落实节能减排指标。该项目属于节能减排项目。

各地方政府有节能奖励：如三电办有 1/3 的投资补贴，制药集团可获得约 1600 万元政府补贴。

可以申请联合国 CDM（清洁生产）资金（每减排一吨二氧化碳可以申请 10 美元国际资金，连续支付五年）。制药集团可每年节能 6000 万度，减排二氧化碳 6 万吨，可获得国际资金供给 300 万美元。

用户利益

减少电力费用支出，以某制药集团为例，如全部安装该装置，一年可以节约电费 3 000 万 ~ 36 000 万元。收回投资少于 2 年。

很少维护，无须增加人员，寿命在 30 年以上，可以为用户创造投资 15 倍以上价值。

降低原有噪音 20 分贝以上。符合环保要求。

其他政府奖励。

目标用户与市场前景：本项目目前主要针对国内药厂、化工厂。从和某集团达成的初步协议看，集团内需求量大约在 100 多套，而全国存在同样状况的有多家药厂，再加上许多的化工行业也采用了相同或类似的生产工艺，均为我公司的目标市场。总市场预计在 100 亿元以上。

——资料来源：修改自陈德明 (2014)

思考：

1. 如果你是投资人，看完这份创业计划书会投钱吗？为什么？
2. 这份计划书完整吗？还欠缺哪些内容？

那份重要的创业计划书

为什么需要创业计划书？

“寻找资金没有窍门，唯有好的想法、好的技术、好的管理、好的市场，外加一份好的创业计划书。”通过创业计划书（business plan，BP）可以向潜在投资者传递项目的独特亮点、市场潜力、市场份额、经营业绩、发展速度，以及足以证明团队管理与处理问题能力等的一切证据，从而赢得认可，获得外部融资，让项目得以健康持续运营。或者说，即使你的企业尚不需融资，创业计划书同样是刚需，计划书不仅是创业者厘清思路、实施创业的流程指导，也是寻求核心人员与合作伙伴的法宝，为了吸纳有关键能力的人才加入项目，需要通过创业计划书将项目内容阐述完备，并把未来规划与收益清楚地呈现给对方。

创业计划书是创业者对企业未来的详细描述和预测，一般来讲，创业计划书有其相对固定的格式，包括封面及目录、项目概要，围绕公司介绍重点说明产品或服务、市场分析、竞争分析以及基本的管理团队，并介绍公司具体的研发计划、生产经营计划、市场营销计划和人力资源计划，阐明财务分析、风险分析并设定退出策略，告知投资说明，并辅以必要的附录内容。计划书的首页是封面和目录，正文第一页是项目概要。封面和目录就好比是我们的眉毛、眼睛和鼻子，它们决定着计划书能否给读者一个好印象；项目概要就好比我们的脸，它们是创业计划书最重要的部分，也是创业计划书的核心，如果项目概要不能引起投资人或合伙人的兴趣，他们就不会再有意向了解计划书后面的内容，所以写好项目概要至关重要，切忌草草了事。计划书的基本结构如图 9-1 所示。

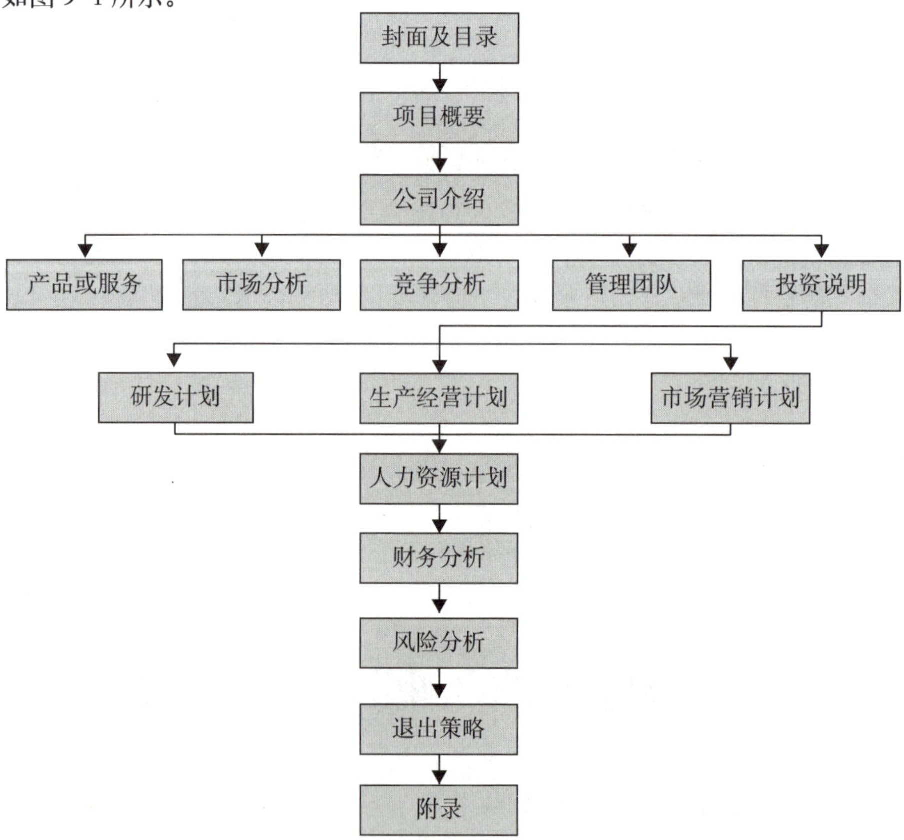

——资料来源：修改自李时椿（2011）

> 图 9-1　创业计划书的各部分构成及其逻辑关系

创业计划书的结构

计划书的书写路径可以通过回答以下几个通俗的问题完成：我是谁？我要做什么？为什么做这个？怎么做？这事为什么我能，别人不能（我跟竞争对手比较，优势在哪里）？我现在做到什么程度了？后期发展需要多少资金？这些资金会用到哪些地方？见图 9-2。

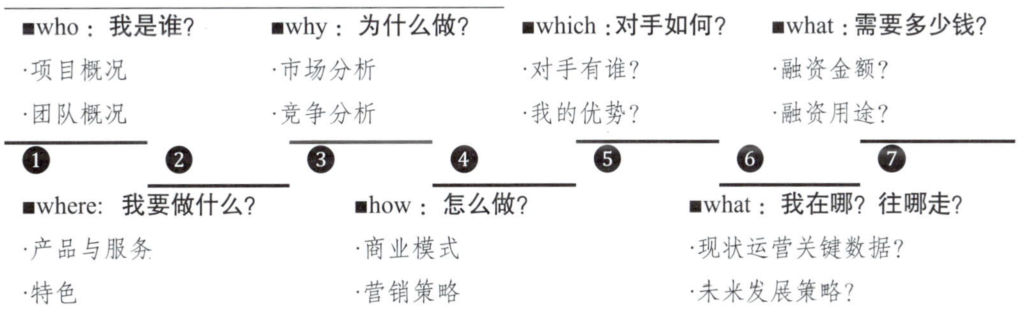

> 图 9-2　创业计划书的书写路径

我是谁？我要做什么？

回答“我是谁”这个问题，主要指的是创业计划书的项目概要和企业描述。项目概要需有效地去介绍产品描述、用户群体、商业模式、竞争对手、经营现状及资金需求等。企业描述简要概括基本情况，包括企业的产品服务、成立时间、员工数量、拥有知识产权情况，近三年财务预测和营收、业务拓展和融资情况等，如：我们是 ×× 公司，于 ×× 年成立，我们专注于 ×× 领域，生产 ×× 产品，以 ×× 作为独特优势，已获得融资 ××，并立志成为该领域的 ××。

回答“我要做什么”这个问题，主要围绕产品服务展开描述，告诉投资人产品和服务是什么，应用场景有哪些，具有哪些性能和功能，可以解决什么问题、满足客户什么需求、带来什么价值，该部分切忌盲目夸大，谨慎使用“改变世界”“颠覆行业”等词汇，简而言之就是用大量有说服力的事实和数据描述产品服务的特色，如拥有高科技，技术壁垒高；找到不同的应用场景，功能多样、节能环保、价格低廉、使用便利、安全舒适、美观时尚等。

为什么做这个？我将怎么做？

回答“为什么做”这个问题主要围绕市场分析与竞争分析部分展开。市场分析需见微知著，从广阔的市场中找到我们能做的和我们擅长的。为什么做这个项目的论据主要有以下几点：

项目属于国家产业扶持政策范围内，即处于国家和地区的政策东风上，该部分切忌笼统地阐述国家利好政策环境，需具体指出具体某个项目对应可获得支持的某个政策文件。

项目市场容量大。这部分需要有充足的文献统计及市场调查，指出市场痛点、市场需求，其中有多少是刚性需求，有多少是潜在需求；市场空间多大，目标客户和潜在客户有多少，项目年均销售额多少，年均增长多少，需要清楚的一点是大部分投资人投资的项目市场空间不会低于10亿元，他们更偏好30亿～50亿元市场容量的项目。

竞争对手在某方面做得不好，即没有满足顾客的需求，这部分可以通过竞品分析逐步展开，描述目前竞争对手有多少家，分布在哪里，技术怎样，质量和服务如何，售价多少，商业模式是什么，盈利能力的续航性如何等，通过找到竞争者不足的描述，引出自身项目的优势。

“我将怎么做”的实质是商业模式与市场营销内容。在描述商业模式时慎谈高端而空洞的O2O、B2B、B2C等。应切合实际地说明：我如何让客户知道我们的产品服务，如何将产品服务送到客户手上，如何让有需求和购买力的客户消费我的产品服务，即如何赚钱。营销计划主要描述通过哪些营销策略达到预期的销售目标，一定要选择适合自己产品与服务样态的营销方式，避免生搬硬套，答清自己的商业模式和市场营销策略。

为什么我能？

“为什么我能”这个问题的回答其实是创业计划书的竞争分析部分。这部分关键是怎么让投资人知道“我很厉害”，理性地去分析自己的优劣势，常见的有SWOT分析法、PEST分析法及波特五力分析法。无论选择哪种分析法做竞争分析，均需系统且细致地表达清楚自身核心优势、团队是否专业、方案是否可行、会遇到哪些问题等，切记不要回避短板，发现机遇，认清威胁，这才是一个成熟的竞争分析。同时，不仅要体现“计算”出的能力优势，还要向投资人传达你“相信”的力量。

我现在在哪？将往哪走？

“我现在在哪”主要围绕现状运营关键数据展开，可以包含目前团队核心人员及员工状况，如果是高科技行业，需要交代清楚目前技术研发情况，已通过哪几个步骤，离上市销售还有哪几步要走，需要多长时间，列清里程碑事件；如果是已有开展小范围市场验证的项目，需列明目前财务营收及利润率状况（一般使用资产负债表、利润表、现金流量表三表说明）、市场占有情况、销售增长情况等，让投资者清楚明了项目的潜力与爆发力。“往哪走”提问的是未来策略，这部分可描述未来发展规划，包括生产运营及财务计划。一般来讲，创新创业项目能存活3年的比例不到5%，初创企业能否存活3年是一个重要事件节点，所以创业计划书一般做3年的规划即可，对于比较成熟的项目，由于市场变化因素，做5年的规划即可。3年规划可通过提升团队素质与产品研发能力、稳固项目护城河（可能是产品、模式或团队）、完善商业模式与盈利模式、完善营销策略与渠道建设、提升市场占有率、提高项目收益率、加强企业制度建设、提升风险抵抗能力等策略描述。

我需要哪些帮助？

“我需要哪些帮助”大部分集中在融资计划的讨论，该部分会提到渠道等市场资源的整合需求。融资计划要根据上述发展规划展开，说明每一步发展的资金需求、筹措渠道。提要求要注意联系实际，不能毫无根据，需要列明项目的支出情况，例如你需要一笔钱，就必须列明钱花在哪些项目，支出多长时间有回报。一般项目支出的明细可包括房租、工资、设备、材料、办公、通信、差旅交通、调研、公关等。初始资金的筹措渠道除自有资金、银行信用贷款、比赛奖金外，天使投资是一个重要的渠道，一般天使投资偏向投 100 万元以内的种子轮和 2000 万元以内的天使轮。

专栏 9-1 创业计划书格式要求

表 9-1 创业计划书格式要求

序号	说　明
1	整体风格清新，布局留有空间
2	字不如表，表不如图，不要大段堆字
3	每页着色不超过三种，特殊情况也不要超过四种
4	每页的内容均不要超过边框范围，以形成整体统一风格
5	通篇字体、方框、图表等尽可能对齐
6	不用使用过多花哨的图表，观点更重要
7	不要添加任何动画、背景音乐，除非有特殊需求
8	所有的文字统一字体、字号设置。尽可能相得益彰，别忽大忽小
9	挑选一个好的、切合计划书内容的模板，你的计划书就成功了一半

创业计划书的失分点

一份创业计划书要想引起读者的兴趣实属不易，不仅在内容上要全面、简明扼要，形式上要清晰明朗，设计上还需大方美观。创业投资人时常抱怨：让人眼前一亮的创业计划书太少，大多数计划书都是模板拼凑、内容凌乱、逻辑不清；银行放贷部经理经常诉苦：创业计划书总是把市场营销讲得天花乱坠，可是风险预估与对策呢？投资周期和回报率呢？创业团队总是容易忽略这部分的研究与梳理。

一份计划书走天下。初始项目启动时，既需要资金也需要人才，有时可能还需要亲自去银行说服供应商或渠道商合作。面对不同的沟通对象，有时为了省时省力，很多创业者习惯把一份创业计划书当作万能宝典，没有针对不同对象的关注点做侧重的说明，就如人们去找工作一样，拿一份简历去海投不同的企业和部门是行不通的。因此，谨记在撰写创业计划书时，先确认自己创业计划书将要面对的读者是谁，他们的特点与关注点在哪，明确了读者再定制适合的创业计划书版本。表 9-2 列出了不同的读者关注点供大家参考。

表 9-2　创业计划书不同读者的关注点

读者类型	对创业计划书关注的重点
创业投资人	产品服务、市场优势、团队能力、投资报酬、回收周期、退出方式
银行	财务计划产品、贷款偿还、担保条件、风险预防
创业管理者	企业前景、公司章程、决策机制、薪酬方案
创业团队	企业前景、公司战略、股权结构、公司章程
合作伙伴	企业前景、市场优势、合作条件
应聘的关键员工	企业前景、商机吸引力、员工发展、薪酬方案

资料来源：修改自钟之静（2020）

以下是在各方搜集到的创业行业有关人士对新企业创业计划书的不满与抱怨，并总结出几点需要避开的雷区。

项目名称不突出

“创业计划书”这五个字可以出现在封面，但绝不是页面主角。封面要突出的是项目，公司名可以放到下方说明，通常项目名后加一句话描述清楚项目所属行业类别、行业地位、产品名称等，如“争渡健康——引领全国医疗健康 MCN 机构的行业领袖”；同时，封面也可以突出公司 logo 元素及公司愿景，如“阿里巴巴电商平台——让天下没有难做的生意”“OFO 小黄车——让世界没有陌生的角落”“Epay——让支付更安全”等，这既高度概括了项目解决的痛点，又阐述了自己的使命与愿景。

项目摘要无重点

很多创业者认为自己项目各方优势都很大，都想展示给读者，但没有择重点说透，最后南辕北辙。项目摘要是整个创业计划的高度概括与精华提炼，一般在 1000 字以内为宜，超过 1000 字会挑战读者的耐心，因此项目摘要很考验创业团队的文字功底、对特色亮点的凝练能力以及对重点的抓取能力。简而言之，就是在不增加读者的认知负担前提下，把项目是什么、为什么做这个项目、谁来做、怎么做、盈利多少、社会价值如何等几个问题讲清楚。对于初创或者只有一个想法的项目，重点介绍愿景、目标、提供的产品或服务；对于已经发展了一定阶段的项目重点介绍发展历程、获得的成就、产品、现状。

团队介绍缺亮点

在团队描述时对每个成员的介绍都过于冗长烦琐，生怕漏了哪个头衔，甚至用满满的一页纸介绍一个人的过往经历，没有突出创始人的精彩过往，或者缺乏核心成员与创业项目相关的经历。创业计划书的一个最重要的功能是去找投资人融资，而项目融资的亮点在于团队，所以写好团队介绍很重要。团队介绍一般分为创始人及核心团队两部分，有时可能还有顾问团队或者战略合作伙伴介绍。创始人一般单独一页介绍，如果有其他的资深团队成员，也需要单独介绍，其他的如 COO、CFO、CMO、CTO 等在一起作介绍即可。

行业分析照搬抄

在做行业分析时，经常在网上摘抄大段的文字，给出的数据与本文不相关或者牵强附会，或者描述一个自己想象中的片面的大背景，没有谈清楚自己产品或者模式所处行业的那个点，没有根据项目的行业特点突出重点。在做行业分析时，一般需要凸显出行业的巨大需求（包括政策引导、社会发展、生活刚需），先指出针对此需求现有的解决方案，再提出现有的解决方案（产品）有哪些不足（也就是痛点），然后给出自己的解决方案。每一步逻辑都要有真真切切的数字说话，不能空想。同时，根据不同行业的特点和服务类型，写作重点应有不同的侧重。表 9-3 列出了四类创业计划书的写作重点供大家参考。

表 9-3　不同类型创业计划书的写作重点

类型	适用范围	创业计划书的写作重点
专利类	自己有专利技术但缺资源、资金	专利的价值分析和投资价值分析等
产品类	可细分为硬件产品类和软件产品类	技术先进 / 适用 / 稳定，市场与营销策略、管理团队
服务类	以服务为目的	服务宗旨、差异性与优势、团队、财务、风险控制等
概念类	好的概念或商业模式但缺资金或资源	概念可行性、潜在用户、客户价值、未来发展前景等

市场痛点伪痛点

“伪痛点”产生的主要原因是“市场痛点”不是通过市场调研或权威机构资料获得的，缺乏客观真实的数据支撑，由此产生的“产品服务”也缺乏针对性，出现“小脚穿大鞋”。痛点就是从生活中的各种麻烦、牢骚、不如意中产生的，如想买买不起，想用用不了，想方便方便不了，想快快不了，想轻松轻松不了，想信任信任不了，想便宜便宜不了；等等。这些就是我们的痛点，而单知道痛点是什么还不够，还得去做定性分析和定量分析。如调查客户群体的痛苦指数有多大（往往痛苦指数有多大，付钱的速度和意愿就有多强）；痛苦群体有多少（群体数量决定了市场规模大小）；痛苦的人付费能力怎么样（它决定了你的收入模式、盈利能力）；等等。

专栏 9-2

投资人给创业计划书的高频评语

1. 低估了竞争，高估了市场与回报。

2. 不陈述预测报表的建立依据。

3. 混淆了利润和现金流。

4. 不陈述最好、最坏和最可能发生的状况。

5. 产品或服务对客户带来的影响——提高客户收益，降低客户成本、减少客户的流动资本和成本支出——不加以量化。

6. 仅分析整体市场，忽略了细分市场。
7. 不讨论战略伙伴。
8. 不理解市场进入壁垒和夺取客户所需要的成本。
9. 对产品和服务、渠道选择、销售人员和销售模式的定位不清晰。
10. 不讨论运营效率，不分析产能。

资料来源：罗伯特·J·卡尔文（2003）

投资人到底在关注什么？

投资人通过阅读商业计划书进行项目初步判断，就是一个将信息组合整理、与自己的关注点相契合的过程。

行业特征是否亮眼

行业特征是通过对市场和行业的分析总结出来的，市场需求、竞争程度等信息都与这个关注点相关联，这里我们不谈复杂的分析模型，仅归纳最重要的部分。

市场规模和容量

“小池塘里不会有大鱼”，公司的成长空间和机构的投资回报都依赖于目标市场有多大。举例来说，一般在消费品行业，领先的公司市场份额会占到 20% 左右（互联网行业头部占有率会更高），因此专注在这个市场的项目，其天花板有多高是可以估算出来的。如一个国产中高端耳机项目，有核心技术，生产线也不错，但是在中国 1 000 ~ 3 000 元的耳机市场规模只有 150 亿元，且又有很多强势的竞争者，哪怕这个品牌做到 10% 的市场占有率，也只是 15 亿元，在利润一再被压榨的消费电子行业，前景堪忧。

市场的成长性

仅仅有市场规模是不行的，市场是否有持续成长的空间同样重要，结合相关数据以及市场生命周期进行分析得出结论。除常规分析，还要看这个市场是否可以形成一个占有率较高的参与者，如同城货运行业是一个万亿级的市场，成长也快，但是非常的离散，行业第一的市场占有率可能仅有 3% ~ 5%，因此在这个市场很难做大。不过也有另一种可能，就是高度离散的行业更需要颠覆性的技术手段和模式进行整合，如果可以做到，那前景将非常大。

行业结构分析

行业结构是产生壁垒的核心，这里涉及资本结构、竞争结构、供应链体系等，最终是为了理解行业是否可以产生足够的壁垒，以及结构上是否让公司具有持续增长性。如生活小电器行业，供应链生产能力的提升，以及消费升级的到来，让生活小电器的需求增长迅速，市场规模大、成长迅速，但是从行业结构上，上游依赖于供应链，下游依赖于渠道，同时，小米（米家）和网易严选的强势介入，让很多品牌寸步难行，只能选择与其合作。关于行业结构分析，可以参阅波特教授的五力模型分析。

模式与前景是否光明

简单说，商业模式要体现以下几点：目标客户、提供的价值、盈利模式和竞争优势。根据企业的商业模式预测其前景是投资人的基本能力，也是很关键的投资驱动因素。商业模式之于公司发展前景的影响，最主要的是核心竞争力。但核心竞争力需要有明确的论据，不要试图用简单的一句话来说清楚自己的核心竞争力，如“我们的核心竞争力是有 500 强客户”“我们的核心竞争力是成本控制”等。

公司团队是否有力

投资行业经常有“投资就是投人”的说法，并且被很多投资人作为重点关注的因素。很多项目尽管占据了有利赛道，却因为管理团队的问题最终夭折的现象时常发生，尤其是早期的项目，团队的影响更大，因为还有很长的路要走，不确定性非常多。至于投资人喜欢的团队属性，不同的人有不同的风格。有的喜欢有海外背景的，有的喜欢经验丰富的，有的喜欢安稳踏实的，有的喜欢不按常理出牌的，有的喜欢颜值高的，但投资人均有一个共性的偏向，就是喜欢对自己创业项目坚持与认可的团队。

运营与财务数据是否漂亮

投资人非常关注数据，并且善于从数据中对企业作出判断，在后期也会对相关数据进行很深入的调查。创业公司的数据相对简单，但有些数据并没有那么好看，可以在商业计划书中给出一些合理的解释。在财务数据层面，投资人比较关注的是利润，利润代表着企业的盈利能力，要让投资人看到盈利的可能性。如果项目处于负利状态，一定要在商业计划书中体现出未来通过如何发展、优化成本等方式来实现盈利。投资人比较关注的另一个点是企业资产的流动性，资产的流动才能带来盈利，也直接证明企业的营销能力和竞争力，落实到报表上，就是重点关注现金流的情况。

投资收益和风险评估是否清晰

投资人会根据对项目的理解，进行投资收益和风险评估，在商业计划书里，融资规模和估值、股权结构、资金的用途等信息对投资人做收益和风险评估至关重要，同时估值也同样重要，且创业者与投资方在估值上的博弈一直到确定投资前都会存在，创业公司不同于 Pre-IPO（预上市）的企业，没有那么多数据作为估值依据，一般企业估值会运用 5 倍市销率来计算。在商业计划书中，主动提出一些风险也非常必要，至少代表了创业者的风险意识以及在这层面的思考。提出了风险，就要有相应的风险控制方案。风险意识加解决方案，这会让投资人感到更加放心。

项目路演知多少？

路演，来自英文 road show。早期华尔街股票经纪人兜售手中的债权时，为了说服人们来买，总要在街头上叫卖，所以形象地称其为路演，后指拟上市发行股票（或债券）的公司在正式发行股票（或债券）之前向机构投资者推介股票（或债券）的活动。现在路演的概念更加宽泛，不单指准备上市的公司，某个项目也可以是路演。

路演 PPT 该关注哪些？

简单概括，一份完整的路演 PPT 必须有头有尾，还得有身体。有头：就是直截了当地阐明自己的竞争对手是谁。有尾：就是用各种办法与客户产生链接，尤其是情感上的共鸣，与客户有明确的接触。身体：身体链接头和尾的关键桥梁，关于如何与竞争对手抢占市场，如何获得种子和核心客户等，均必须有详细可执行的计划。

路演的对象和内容安排

随着路演概念宽泛化，路演对象也逐渐多样化，路演面对的不仅是投资人或企业高管，还可以是合作者。以下三个场景往往是路演的常态。

- 某初创企业想要通过创业路演，争取风险投资人的投资。
- 在某个大公司内部，某个人或某个部门想推出一个创新项目时，通过项目路演，争取获得公司的资源支持。
- 某公司想推出新的产品 / 业务模式时，通过路演招募业务合作方 / 加盟商 / 代理商。

进行路演时有个重要的指导思想，就是不仅要向观众清楚表达信息，还要感染和鼓舞他们，让他们相信你。路演的时间一般也比较短，通常不会超过 15 min，显然，在如此短暂的时间内，不可能将创业计划书的全部内容展示给观众，所以，必须把重点的内容提炼出来，把最重点的内容放在最前面讲。

路演的基本结构是：产品（服务）是什么，它的功能是什么，它的功能是怎么实现的，有哪些技术壁垒（优势），它已经处于什么状态（样机、盈利），和同类比较它的优势有哪些（至少货比两家，突出自己的优势），它的应用场景在哪里，消费群体是哪些，怎么靠它赚钱。同时，不同类型的项目，其路演的内容结构也应有所不同。见表 9-4。

表 9-4 不同类型项目的路演结构安排

类型	路演内容的结构安排
科技类项目	解决方案、产品概述，产品功能、产品核心技术、技术优势（原理）、项目进展（包含产品图、科研合作、专利论文、战略合作）、竞争分析、应用场景、商业模式（附带盈利模式）
互联网模式类项目	解决方案、项目概述、商业模式、应用场景、服务内容、服务流程、核心优势、项目现状（客户量、运营数据、合作方）、竞争分析、盈利模式
平台类产业链项目	解决方案、项目概述、商业模式、平台简介、平台功能、平台优势、产业链、项目现状（客户量、运营数据、合作方）、竞争分析、盈利模式

准备路演时的误区

很多人在准备路演时的反应就是制作 PPT。于是，他们一边思考路演的内容和逻辑，一边在想：用什么插图？做什么动画？怎样排版？花费了时间，可依旧没有一个完整的逻辑闭环，如果要调整内容，PPT 就需要较大的改动，很容易前功尽弃。PPT 可以提高路演的表现力，但在准备路演时，这并不是首要工作。第一步先从人的大脑的功能说起。首先，人的左脑负责逻辑、分析、结构、条理等抽象的东西，右脑负责图像、情感、美学、创意等形象的东西。PPT 更多的是视觉上的辅助呈现，主要调用的是右脑。而路演的核心要点——逻辑、层次、结构等，这些都要调用左脑思考。如果不做准备，第一步就埋头于 PPT 制作，那么，我们既要考虑内容，又要考虑视觉效果，很容易让左右脑协调不佳，导致路演内容和 PPT 的质量“双下降”，这也违反了人性。正确的准备顺序，应该顺应人的本能，把左右脑的工作分开来做：先梳理路演的内容逻辑，再用 PPT 进行视觉展示。

合理分配演讲时间

有了完善的内容安排，我们就要着手进行模拟路演，以便在现场发挥自如。表 9-5 以 5 min 的路演时间作为标准，为大家分配演讲时间提供参考。需要指出的是，该结构旨在呈现出路演时每个部分所占时间的比例，创业者仍需根据自身项目特点和具体路演时限灵活调整各个部分的时间。在路演的时间安排上，主讲人要避免面面俱到。尽管表 9-5 中的 8 点基本包含了商业计划书的全部，但也要分清主次，不是主要的内容只需要一两句话的介绍点到即止，但也不能直接省略，因为它们每一部分都是重要的。在路演的形式上，如果没有必要，尽量避免现场演示。不过对于一些特殊的项目（比如说技术应用类、娱乐类），演示能带来很震撼的效果，例如一个聚集了大量冒险和刺激活动爱好者的平台，视频的展示远比演讲传达的内容更多。最后，在路演内容设计上要避免根本性的错误。即对市场或方向判断错误或有失偏颇，比如复制一款产品来挑战腾讯的社交地位。这样的展示马上就会引起投资人的质疑，从而带来不好的效果。

表 9-5　5 min 路演安排的内容结构建议

项目	环节	主要内容	建议用时
1	开场前	开场前提前展示 PPT，首页为项目名 + 公司 logo，直击主题	
2	开场白	介绍问题或创业初衷，通过故事带入项目，加强眼神交流，避免长时间盯着 PPT。演讲生动、言谈风趣	30 s
3	公司概况	两句话介绍公司概况，让人知道公司背景，为后续内容做准备	30 s
4	产品介绍	你的产品如何解决问题，相比竞争对手你有什么优势和亮点	50 s
5	产品变现	商业模式和盈利模式，包含用户画像、竞争对手等	70 s
6	管理团队	介绍项目的管理团队，包括他们的学历和经验	70 s
7	融资计划	股权结构、融资计划及资金用途，每部分只需一两句话介绍	30 s
8	发展蓝图	项目的运营规划和发展蓝图	30 s

专栏 9-3

路演小技巧

题名，拒绝普通

路演第一页要表达出鲜明的主题，体现项目的特色，以吸引观众的注意，让他们有看下去的兴趣。因此，题目的命名很关键，要尽量体现项目主题、定位和亮点，避免大而空或过于技术化的标题。如“当文化课邂逅美术——虹彩全科美育”“救心桥——全球首创心血管再生可吸收支架”等标题言简意赅，容易吸引投资人注意。

文字，不是用来读的

PPT 是为了将项目内容可视化，可视化能让读者便于理解、放松身心、容易记忆，因此若能用图片表达清楚尽量避免使用文字，文字只以关键词、关键语句的形式出现，同时尽量学会留白，每页 PPT 出现一个主题词最好，起到探照灯的效果。

20 min 是路演极限

人的注意力时长极限是 20 min，投资人的时间非常宝贵，他们不喜欢听长篇大论，浓缩才是精华，路演的核心内容是观点，路演时只对容易产生困惑或重点的地方才加以说明。足够精彩的演示哪怕只有 1 min 也能给观众留下深刻记忆和美好期待。

清晰，比什么都重要

路演时经常有一个比较尴尬的点，就是演示者自己说得滔滔不绝，观众却迷失在了主角的思路中，不清楚演示者想要表达的逻辑是什么。路演时，一定要像一个导演一样，学会利用蒙太奇技巧，主线索清晰，镜头画面感强烈，不给观众走神的机会。

如果可以，讲好路演故事

以动人的故事开始路演演讲，这会从一开始就勾起听众的兴趣。好的PPT是策划出来的，如果有素材，可以针对项目所要解决的问题设计好一个故事，若故事能满足生活性，与观众联系起来效果将会更佳。

回应演示对象的关切

在准备路演之前，要弄清楚评委或投资人的关注点和攻击点在哪里，一般来讲，投资人最关注的是你的独特优势在哪，护城河在哪；其次是投资回报的问题，融资多少，达到什么效果，回报周期多长，资本如何退出；最后，也需要回应项目可能存在哪些风险、对策如何、项目可衍生的成长空间多大等问题。

沙盘练习

让我们设计路演

◎ 沙盘主题

路演沙盘。

◎ 讨论方式

集体讨论。

◎ 主要任务

通过群体讨论，按步骤做好路演事项。

◎ 作业过程

1. 内容自查表（完成请打“√”）。

（1）讲故事。 □

（2）产品、服务解决什么问题。 □

（3）市场规模。 □

（4）商业模式。 □

（5）对手分析。 □

（6）我的优势。 □

（7）推广方案。 □

（8）财务计划。 □

（9）股权结构与融资需求。 □

（10）风险与管理。 □

2. 时间安排。

整体时间____min。

表 9-6

时间段	核心内容	表达方式	备注

3. 装备安排。

表 9-7

服装	发饰	道具

要点回顾

创业计划书是创业企业意向达成的目标及实现的路径描述，它是应对内外读者的“两栖文件”。对企业内部而言，创业计划书提供了战略实施的导航仪；对企业外部而言，创业计划书是向潜在投资者和利益相关者介绍企业核心竞争力及吸引合作的说明书。不管面对的是谁，创业计划书的主要内容均应包括：封面及目录、项目概要、公司介绍、产品与服务介绍、管理团队、市场分析、竞争分析、研发计划、生产经营计划、市场营销计划、人力资源计划、财务分析、风险分析、退出策略、投资说明、结论与附录等内容。创业计划书要做到：言简意赅、内容完整、语言流畅、重点突出；路演时要做到内容打动人心、形式吸引人、演示过程故事化。

课后作业

修改与展示创业计划

作业要求：

根据本章所介绍的创业计划书的撰写和路演要求，在个人对创业计划书修改的基础上，以团队为单位集体讨论如何修改本团队的创业计划书，并进行实际修改；与潜在投资者会谈：请将创业计划书送交潜在投资者（同学、家人、朋友、老师、天使投资人、风险投资机构等）；与潜在投资者会谈，听取他们的反馈。

以团队为单位集体讨论如何展示创业计划，分工完成 PPT 制作，现场展示准备工作；以团队为单位在课堂展示本团队的创业计划，每个团队展示时间为 15min。

第 10 章 实训授课总结与教学复盘

学习导言

我国创业教育已进入稳步发展阶段，与日渐成熟的电子化实验室教学工具与技术手段相结合，成为推动创业教育课程发展的实践热点。沙盘实训教育与传统创业教育存在着理念与实践的巨大差异，在教学目标设置、教学结构优化、学习障碍突破以及教学方法转换等方面存在着显著的不同。本章为任课教师撰写，为课程教学活动进行总结和复盘。首先，分析了课程发展过程中常见的四类冲突。接着分析了相应的应对策略，如逐步形成清晰的教学目标定位、合理安排理论课程与实践课程的融合、充分开发具有院校特色的教材以及创建行为导向的教学模式，来完善全程性“学生学习为中心”的教学体系。最后，本章讲述了具体的课堂控制策略，用“前情汇报”环节将学生有序带回虚拟项目，在“知识导入”环节将理论巧妙植入学生思维，引导学生在“课堂深入”环节科学地释放创造体验。

引导案例

索玛拼图与德西效应

我在卡内基・梅隆大学的导师维克多・弗鲁姆 (Victor Vroom) 帮助我开发了一个通用的研究设计，以探索奖赏如何影响内在动机的问题。这项研究在心理实验室中进行，这是一间没什么装饰且不带色彩的小房间，实验者可以控制或操纵这里发生的一切。为了做这个实验，我需要一项大学生肯定有内在动机去完成的任务。一天，我偶然走进一位研究生的办公室，发现了一组叫作索玛的拼图游戏。索玛拼图是完美的实验工具，因为它相同的部件可以形成许多不同的设计，具有挑战性和趣味性。预测验表明，学生们喜欢索玛拼图，他们做这些只是为了好玩。在实验中，实验者向研究对象展示了几张画在纸上的图案，要求他们尝试在三维空间中使用实际的拼图来拼出这些图案。

这种范式需要两组研究对象：一组研究对象会因为拼出这些拼图而获得外部奖赏（拼出一个便奖励 1 美元，在 1969 年，1 美元还是很值钱的），另一组研究对象则不会得到任何奖赏。实验是这样进行的：在实验过程中，我们研究对象在一张桌子前专注地拼大约半个小时的索玛拼图。然后，实验者告诉研究对象，拼图的过程结束了，现在实验者必须离开房间几分钟，把数据输入电脑，用电脑打印一份问卷，让研究对象完成。离开的时间都正好是 8 min，而实验的一个基本部分就是观察研究对象在这段时间做了什么。他们旁边的桌子上有一些杂志，如《纽约客》《时代》等，实验者之所以放这些杂志，是为了引起研究对象各种各样的兴趣。他们在独处的这段时间里可以自由活动，要么继续玩拼图，要么看杂志，或者闭目养神一小会儿。几分钟过后实验者拿着调查问卷回来了。

这个实验最重要的一段时间不是实验者在房间里陪着研究对象的时间，而是他离开了房间的时间。在等待实验者回来的这 8 min 里，研究对象可以随心所欲地做自己喜欢的事。在这个过程中，实验者秘密地观察他们，以确定他们在 8 min 的自由活动时间中花了多少时间来玩拼图。实验者的想法是，在没有奖赏的条件下，再加上还有一些趣味盎然的替代活动作为诱惑时，如果研究对象把自由时间花在玩索玛拼图上，那么他们一定是出于内在动机而去玩拼图的。

结果显示，对于那些因为拼图游戏而获得金钱奖励的学生，在自由活动时间里“只是为了好玩”而玩这些游戏的可能性小得多。一旦没有奖励，他们便不再玩了，似乎这些人就只是为了钱而玩。而且，这本来是一项他们一开始就非常愿意玩的活动，哪怕没有奖赏，也会乐此不疲。引入了金钱奖赏，似乎很快使得学生依赖赏金，改变了他们对拼图的看法，让一项本身令人愉悦的活动转变成一项有助于获得奖赏的活动。但是那些一开始就没有奖励的学生，他们在实验人员离开的这段时间，却仍然进行了相当长时间的游戏活动。

——资料来源：[美] 爱德华·L. 德西（2020）等

思考：

1. 为什么在索玛拼图游戏实验中，两组学生出现了不同的结果？
2. 在沙盘实训教学中，有哪些方法可以促进“内驱式学习”？
3. 促进“内驱式学习”生成，教师应做哪些必要的“控制”？

创业实训课程的开发背景

创业教育课程改革的进展

创业教育是国家实施创新驱动发展战略的迫切要求，也是推进高等教育综合改革、促进创新创业人才培养、实现充分就业的有效举措。当前高校的创业教育取得了重大的突破和成绩，但面临着面上的浅层次普及与纵深发展无力的困境，正处于向质量内涵建设的纵深发展转型时期。在课程建设层面上，业界的普遍共识是：各个高校应充分结合自身的行业属性、地域特点、办学定位，发展结合性质的具有本校特色的创业课程。由于创业教育理念的滞后、创业教育资源与能力的不足、专业教育的体制刚性以及跨部门资源整合的组织困境等原因，开发基于高校自身特色的内涵式创业教育课程建设成为当前创业教育改革的一个难点。基于虚拟商业社会环境（virtual business society environment，VBSE）实验系统，南方医科大学教学团队设计开发了面向健康产业的"创业管理沙盘实训"课程，本研究从创业实训课程的开发背景、课程设计、教学难点与突破等方面分析了相关的发展策略。

创业教育需求与供给的痛点

医科院校在医学、生物、医药技术等专业技术领域以及卫生服务等交叉协同领域存在大量的创业机会。从学生端聚焦健康产业的创业动机和创业行为的需求虽然较为突出，但也存在着普遍性的问题，例如不能有效地发现、识别并清晰化创业机会，表现为创业灵感单薄、反思思维欠缺、创新思路不足、缺乏可行性分析意识。学生进行创业活动通盘策划的能力也有待加强，在战略生存与发展、市场分析与营销、竞争与风险意识、产业组织与合作、组织架构与管理、财务与融资策划、税务与法律筹划等方面缺乏整体思考。无论是基于真实创业需求、通识教育需求还是参加创业大赛，学生需要接受贴近实践、实战的创业教育课程辅导。

尽管存在着广泛的需求，但是在创业实训课程供给端上，学校也面临着诸多问题，如总体创业教育办学资源严重不足、缺乏创业教育课程的顶层设计、同质化教育模式制约、与专业教育的融合不明显、"拼盘式"的创业课程体系、专业师资数量与能力不足等问题，课程开发的深度不足，精准供给能力不够。一方面，尽管学校也开设了创业基础课程，但是偏重于相关创业基础知识的讲授，而着重提升学生创业能力的创业实践活动设置不足，实训、实操、实践类的创业教育发展不充分。另一方面，尽管购置了较为先进的创业教育电子实训平台，但未能根据实际情况对教育内容进行深度开发与改进，造成对学生的吸引力度不足，课程建设滞后于实际需求。

虚拟商业社会环境系统

虚拟商业社会环境系统是一款仿真的创业综合实训平台，该系统通过信息化技术与实体沙盘，意图让学员体验仿真实训，在感知理论知识的同时，更加强调通过实操、实作真正掌握创业知识、培养创业能力。

如图 10-1 所示，实训系统的设计逻辑是从客户的痛点分析出发，基于团队协同，建立并围绕一个虚拟的创业项目，通过发现问题、解决问题、优化项目的学习过程，促进学生探索创业行为的"最佳实践"。在教学逻辑上，一方面学生可以通过课程内的教师授课与线上知识库的理论学习，掌握和认知创业基础知识与基本理论，激发创业意识与创新思维；另一方面，主要是依托实体和电子沙盘工具进行实操实训课程，在团队的创业过程中进行"做中学"，最终掌握创业基本流程、方法与工具，全面提升创业能力。

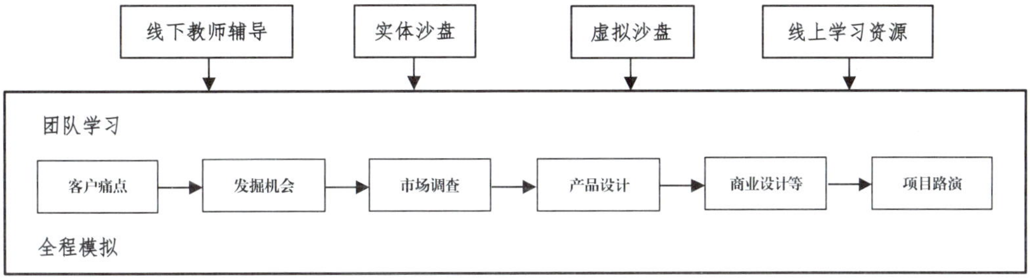

> 图 10-1　基于 VBSE 系统的课程教学运作方式

实训课程的开发及特色

南方医科大学于 2018 年引入了虚拟商业社会环境系统，开设了“创业管理沙盘实训”课程，意图通过创新性的实训方式、教学模式，对创业企业员工工作中涉及的环境、场景、问题、风险等事项进行综合的情景模拟，提升大学生创业的综合素质、创业意识，提高整体实践能力。课程以全球知名百森创业体系为依托，结合精益创业理念，建立以创业过程为主线的教学内容设计，围绕一个创业项目，完成创业启蒙、创业机会识别、团队组建与资源管理、市场调研与分析、产品及服务创新设计、商业模式设计、市场营销、创业融资、商业计划书撰写、创业路演、课程总结等十多个模块的过程训练。在实际授课过程中，我们一般讲授以下 11 个模块。

- 创业与人生规划。动员启蒙学生，了解创业基本概念，理解创业与人生关系。
- 创业机会识别。通过烦恼画板、商机画板，在练习中发现商业机会。
- 创业团队组建与管理。了解个体特质的能力；通过团队沙盘训练组建创业团队。
- 创业环境与市场调研。通过客户画像、问卷画板完善设计并开展调查工作。
- 产品设计与市场测试。使用产品原型画板训练产品设计、测试和产品迭代。
- 商业模式设计与创新。通过商业模式画布对价值合作创造产生深刻的认识。
- 创业营销与营销策略。基于用户体验地图训练设计营销定位和市场策略集合。
- 创业财务与创业融资。介绍财务规划、风险规避、盈利分析、融资设计方法。
- 创业商业计划书撰写。介绍商业计划书的结构、要点与技巧，并开展训练。
- 创业路演模拟。学生扮演项目团队、投资人进行路演，教师嘉宾进行点评。
- 课程总结反思。总结创业模拟过程中的得失经验，分析和提炼创业学习感悟。

经过四年十个轮次的教学实验、改进和迭代，课程已经收到了良好的教学效果，成为“广东省创新创业特色示范课程”。课程主要特色体现在以下三个方面：

一是手段先进、资源丰富，能够多维培养创业能力。通过沙盘将理论转化为一个个任务驱动的实训项目，解决了传统教学“技能训练难”的问题。拥有完整的线上系统、先进的实训室、路演大厅等软硬件设施。自主开发配套沙盘操作手册，使学生与沙盘训练无缝衔接。从知识、能力、素养、意识、实践等方面充分融合创业教育。

二是项目牵引、激发动机，学生充分沉浸创业体验。课程最大的特点是体验式教学。通过模拟创业设计的序贯过程，直探创业本质，将复杂的创业过程、抽象的理论以接近真实的方式让学生在训练中体验，有效激发学生学习兴趣，提升自我学习能力。在课程结束时，学生对所学的内容产生深刻的自我认识和理解。

三是引导练学、闭环管理，动心动脑动手一体训练。围绕沙盘训练，有效融合理论教学、案例教学，形成了“引、导、练、学”的教学节拍，建立“线上线下闭环”“课堂课后闭环”的衔接管理，配置出合理的教学结构，使理论与实训教学相互支撑，引导学生不知不觉中落入“动心、动脑、动手”的学习过程。

课程开发中的难点问题

实训教学强调学生的参与式学习，其教学改革的目的是超越学习倦怠，创造巅峰体验，依托自我效能感使学生能够在专业技能、实践经验、工作方法、团队合作等方面有自我提高。教学目的之颠覆性变化对一线教师的教学开发工作构成了比较大的挑战，也成为数年来教学改革重点解决的核心难题。具体而言，在从传统教学到实训教学的转换中包括以下四个难点。

“面”设计与“点”教学之间的冲突

一般而言，创业基础类课程的授课对象有多种层次，既可以是普及性的通识教育，也可以是以面向创业比赛进行能力培养或服务于在校大学生创业孵化者为教育目的。但是，一方面，软件厂商开发的电教系统及其配套的教学课程具有很高的系统性和综合性特点，相对注重“面”设计而没有考虑到不同“点”受众的具体课程教学目标。另一方面，厂商配套的课程设计主要是一般性的创业能力以及创业精神培养，未能考虑到单个院校所属的行业特色背景、学生知识背景等学情问题。在教学开展过程中，如果一味地围绕其电教系统开展其标准化的教学，很可能出现“水土不服”的现象。

理论教学与实践教学的冲突

实训课程在教学目标、结构、内容和方法上是与理论课程截然不同的，强调“通过做事和反思来学习，包括从试验中学习、从问题解决和机会中学习”。尽管创业实训课程的结构中也包括理论课程，但理论课程所占的比重低、从属性强，往往只起到“画龙点睛”的作用。在教学的结构设计上，必须严格围绕实践教学这一核心为出发点设计实践教学的场景、过程和控制方法，在此基础上再安排理论教学出现的目的、频率、位置与方法。如果在教学实践中不遵循这一结构设计原则，就会出现理论教学与实践教学的“两张皮”现象，会出现理论教学课时不断“自我强化”的现象，从而逐渐盖过实践课程，影响学生课程体验。

多元课程知识与训练时间的冲突

完整的创业课程是一个学科知识体系，包括创业理论、战略管理、市场营销学、会计学、金融学、组织行为学、人力资源、经济学等相关内容，相当于学生同时在学习十几门课的基础理论。在现实中，由于创业基础课程的教学内容覆盖面广，课程内容多且杂，易呈现“课程拼盘”“碎片化”的状态。显然，按部就班的培训方法是不切实际的，只能采用跳跃式、有重点的教学设计。但受训学生一般没有商科基础或缺乏足够的先导课程，很难完全理解和掌握教学中的重难点环节，造成学习进展缓慢，实训的序贯训练效果不佳。

教师教学与学生学习的主客冲突

实训课程鼓励充分调动学生的积极性，促进学生“干中学”自主学习。教师的角色也相应地转变为学生学习的引导者、合作者和管理者，侧重点则在教学设计、实施与管理。VBSE 系统虽然具备线上线下的两套教学资源，但是厂商的方案仍然是“满堂灌”的形态，缺乏真正意义上的教学开发。学生很难通过课后的独立学习掌握多门课程拼凑、大量分散的知识点。学生对于线上系统的使用率并不高，造成“线上线下混合式教学”的设计初衷容易流于形式。更为重要的是，师资在实训教学上的能力和储备不足，多年来习惯了以“教师为主体”的理论型教学，教学模式固化极易陷入单向知识灌输模式。

课程优化策略解析

确立面向场景、重点有别的多点教学策略

首先，从教学规划着手，树立重点有别的多点教学目标，优化教学方案设计，解决面临的多“点”并存问题。如图 10-2 所示，先将教学过程安排为两大层次：第一层次为“0 到 1 的商业机会的萌发与引导”，主要是引导和培养学生的创业意识与精神。围绕创业者特质、创业心理、创业机会识别、创业环境等内容，逐步解析和实现第一层次的教学目标，对学生创业意识进行有效的启蒙。第二层次目标为“从 1 到 100 的创业管理过程模拟与体会”，目标是提升学生的创业设计能力，体验创业企业的管理过程，优化创业方案的系统性设计。

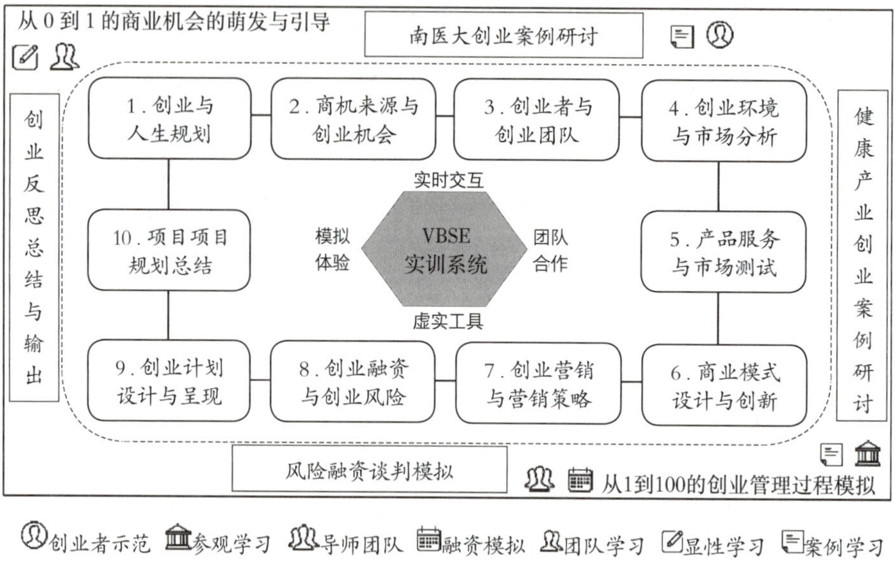

> 图 10-2　面向场景、重点有别的教学引导设计

针对不同的教育受众群体，课程进行有区别的设计：

一是针对零基础的公选课对象，首先发力第一层次教学阶段，即在教学伊始就进行有重点的教学干预，包括：参观国家级孵化器，指导学生对在孵创业者进行创业访谈，引导学生通过社会接触认识创业现象，通过群体讨论打开学生固化的认知思维；安排“南医大创业案例研讨会”，引导学生从成功案例和失败案例中总结大学生创业机会的基本特征、机会识别的基本规律。通过社会接触和案例学习，充分激发学生参加创业教育课程的兴趣，调动个体的学习潜能，并通过团队内的情绪连锁反应机制激活团队的学习活力。

二是针对具有一定创业基础的创赛潜在对象，课程将主要教学精力用于第二个层次教学目标的实现上，在课程伊始就明确班级教学的主要结果目标，充分依托其现有的想法、方案、团队，通过严格的过程训练弥补创业过程的环节短板。同时，进行有目的的教学引导，包括：布置创业项目市场调查，要求学生对项目进行完善的定量和定性市场分析，对创业项目进行充分的反思；邀请从事健康产业的企业家进行“现身说法”，引导学生进行标杆学习；组织、联络校内外导师进行课外的个性化分组指导，掌控团队的学习进展；安排风险融资模拟谈判、项目路演模拟，通过一个个接近实战的创业活动模拟，不断挑战学生的学习天花板。

建立环节相衔、节奏合理的课程结构

建立阶梯式的课程结构有助于学生循序渐进地领悟课程要点，掌握创业知识与技能。严格围绕沙盘教学这一实训载体优化教学节拍是教学设计的核心原则。首先，从全套沙盘中优选出愿景画板、烦恼画板、商机画板、团队画板、客户画板、用户体验画板、市场规模预测画板、调研设计画板、产品原型画板、商业模式画板、路演画板等 11 个教学工具，为每一个沙盘工具开发相应的实训教学操作手册。其次，在每个环节教学目的的牵引下设计精炼、紧凑的教学知识点来压缩理论教学，最终形成“引、练、导、学”的教学节拍。

如表 10-1 所示，每个实训模块围绕 1 ~ 2 个画板展开教学设计，以案例教学、游戏、小练习等形式丰富的参与式教学来进行教学导入；通过教师指引和参与式干预下的学生团队沙盘练习来不断深化项目设计，并以展示、点评、互评和引导的方式延伸沙盘教学；在师生集体知识即时生成的基础上，指导、指明学生进一步加强理论学习的方向与方法；通过“可控制”的课后作业进一步推进学生的自主学习。最后，使用序贯性的课后作业体系来衔接课堂训练，使团队的“干中学”与教学控制合二为一，作业与课堂之间产生梯次循环。

表 10-1　课程的基础教学结构（32 课时控堂方案）

项目	教学安排	课时 1	课时 2	课时 3	课后作业
1	创业与人生	案例引导教学	理论引导教学	愿景沙盘教学	创业案例作业
2	商业机会	作业汇报与延伸	烦恼沙盘教学	商机规划沙盘	商机规划完善
3	创业团队	商机路演与公投	大五人格教学	团队组建沙盘	项目预调研
4	市场调研	引导案例教学	顾客画像沙盘	问卷设计沙盘	正式调研论证
5	产品设计	调研汇报与点评	设计思维游戏	产品原型画板	完善产品设计
6	商业模式	用户体验画板	理论引导教学	商业模式画板	完善商业模式
7	营销战略	项目进展汇报	案例引导教学	营销组合练习	市场策略测试
8	创业财务	启动资金预测	财务案例点评	创业融资漫谈	设定融资方案
9	商业计划书	商业计划书规范	路演画板教学	路演事项准备	完成计划书
10	反思总结	师生分组指导	小组学习反思	课程进程汇报	路演准备
11	课程路演	模拟路演	模拟路演		提交报告

课程的满意度调查结果如下：整个教学设计目标明确（96%）、课程连贯性（91%）、教学结构（96%）、实用性（89%）、工作帮助（89%）、难易度（87%）、创新性（96%）、理论 + 沙盘模式（98%）、教师教法（98%）、案例教学（100%）、课后作业（98%）。这说明教学的总体设计是成功的，体现为均衡性好、科学合理、重难点突出，灵活多样教学设计受到验证，启发了学生对创业活动、过程与方法的认识与理解，提高了其创业和就业能力。

开发紧扣实训、特色明显的课程教材

创业实训课程的教学设计不能照搬商科类标准化的内容，既要表征创业管理的基本原理，体现过程的一般性，更要服务于实训教学的基本目标，还要根据院校特色体现差异化。从实践做法来看，开发具有内在联系紧扣实训又有院校特色的创业实训教材是一种可行解决办法。教材开发可以帮助教学组达到以下目的：有助于教师明确实训教学定位，厘清实训教学改革具体思路，把控教学上的侧重点。围绕沙盘实训教学的课堂设计编撰的教材，既是学生标准化实训学习的指导手册和操作规范，也可以成为师资的标准化教学手册。学生通过特色教材的辅助，可以完成课程主要知识内容的预习、自修，理解实训课程的各环节配置和要求，在训练中也可以通过教材查询所需的大部分知识或获取知识渠道，实现“一书在手，课程不愁”的效果。甚至在某些情况下可以摆脱理论教学，学生在教材的指引下完成自主实训。同时，教材的开发可以系列化，例如除了本书《创业管理：理论与沙盘训练》以外，我们还计划编写《创业实战模拟：案例与实践》《创业实战模拟：工具与比赛》等深度化的辅导教材，从而达到支撑学生学习的目的。

创建行为导向、学生中心的教学模式

行为导向教学模式强调学生以职业知识和技能为依托的专业特有能力，以及涵盖多项能力，如知识技能、解决问题的能力、与他人及集体相处的能力、负责能力等跨专业能力。创业实训不仅是一门课程，更是一个聚焦个体发展愿景的社会场所，是校内各专业学生相互交流学习和知识共享共创的载体和平台。一是课程从贴近学生的大健康产业痛点入手，鼓励学生集体发掘和思考创业机会，将一个相对独立的任务项目交予学生独立完成，从信息的收集、方案的设计与实施到完成后的评价，都由学生具体负责，以此促进学生深化专业知识并形成关键能力。二是通过案例讨论让学生以学习主体的身份参与到思维的碰撞中。通过小组成员的讨论、辩论，加强集体学习，交流各自的观点，由教师进行总结、点评，与学生一起梳理核心知识点来推动知识共创。三是课程灵活采用如创业访谈、市场调查、风险融资谈判、创业路演等角色扮演、模拟教学的方法来凸显学生在学习过程中的主体地位，促进学生在行动过程中进行“做中学”。例如，在创业路演这种模拟教学中，包括主持人、汇报人、投资人、后勤人员都由学生互为角色进行扮演，在此过程中，学生的创业能力、组织能力、换

> 图 10-3　创业虚拟路演中学生之间的精彩答辩

位思考能力等都得到了充分的锻炼。从课程的总体评价结果来看，最吸引学生的课程要素及占比分别是：实训体验（68%）、团队学习（64%）、教学氛围（42%）、知识收获（34%）、师资力量（32%）、教学方法（30%）。这充分说明课程具备了新颖的体验感，课程结束后学生整体学习获得感强，对“教”主体感受反而相对次之，实现了“学生为中心，调动学习积极性”的教学目标。

课堂控制策略解析

前节介绍了从总体上开展“创业管理沙盘实训”课程所面临的问题及优化策略。本节讲解单个教学模块的具体设计，对课堂教学过程中重难点及相关控制手段加以分析论述。根据教学组几年的相关经验和研究，尽管各个教学模块在授课次序、教学目标、教学重点等方面存在差异，但课堂结构基本可以划分为“前情汇报”“知识导入”“课堂深入”三个阶段。

表 10-2 “创业管理沙盘实训”课堂控制策略

课堂结构	教学环节	教学重点
前情汇报	1. 多样化场景与形式	（1）介绍：上节课遗留沙盘的汇报 （2）介绍：对项目遗忘的重新温习 （3）介绍：新任课教师做项目介绍
	2. 任务交代与时间控制	（1）事项：目的 / 内容 / 时间 / 人员 （2）角色：命令者进行权威感塑造 （3）控制：制造紧张感、组间竞争性
	3. 小组内部充分讨论	（1）目标：促进小组回顾、重新共识 （2）形式：不同汇报人的临场体验 （3）行为：鼓励、点评、反思、引导
知识导入	1. 训练内容介绍与动员	（1）设计：兴趣点引爆（热点 / 亮点 / 难点） （2）介绍：要解决的问题和知识结构 （3）解析：主要经典理论概览
	2. 高控制性的导入实训	（1）布置：案例 / 小训练 / 小游戏 （2）过程：主旨发言 / 全员补充 / 教师提炼 （3）目的：理论介绍与理论感知
	3. 基于项目举一反三	（1）布置：教师设计和介绍新沙盘 （2）实训：小组代入自身项目训练 （3）汇报：全员 / 部分 / 无展示

续上表

课堂结构	教学环节	教学重点
课堂深入	1. 补充性知识概述	（1）介绍：融合项目的经典理论深入介绍 （2）介绍：经典理论之外必需知识 / 技巧 （3）介绍：与主旨沙盘相关的细节知识
	2. 关键主题沙盘训练	（1）交代：目的 / 功能区 / 次序 / 时间 / 人员 （2）提示：阅读操作书 / 讨论 / 进程控制 （3）干预：提示事项 / 观察干预 / 参与干预 （4）展示：全员组别 / 个别组别 / 标杆汇报 （5）点评：围炉互评 / 对角线互评 / 教师点评
	3. 课程反思收尾与展望	（1）总结：训练内容回顾 / 阅读补充知识 （2）展望：作业布置 / 完善沙盘 / 下节训练 （3）续环：结果存档 / 整理桌面 / 线上推送

“前情汇报”环节将学生有序带回虚拟项目

在每个模块教学的开始阶段，进行“前情汇报”是必要的。“前情汇报”的目的也是多样的，有时是因为上节课沙盘训练时间不足或学生课堂沙盘训练结果不理想，必须留出必要的课后时间让团队加以完善。此时就需要在新的课时上加以汇报和讨论。有时是因为课序间隔时间过长，需要让学生对项目重新温习回顾。有时，则是因为出现了由新教师承担后续训练单元的情况，此时则需要学生汇报项目，以便新教师及时了解各组的项目设计。

通过“前情汇报”环节将学生有序带回虚拟项目是这个环节的主要目标，因而学生、团队是“前情汇报”环节的主角。但这绝不意味着对学生团队的作业过程“一放了之”，相反教师需要进行相当程度上的“导演控制”，以便“主角”按照既定的剧设效果走向行动，来呈现和烘托良好的学习氛围。教师应及时交代清楚汇报的主要目的、汇报的具体内容、小组准备的时间以及由小组内哪些人员进行汇报。在此过程中，教师的角色是具有权威感的“命令者”，主要是斩钉截铁地下达任务指令，让学生在时间压力、临场汇报、组间竞争之下产生必要紧张感，以便及时进入小组热烈讨论的集体情绪中。

从教学设计的角度来讲，“前情汇报”环节的重点并不在汇报本身，而是组织和推动好汇报前的小组讨论。唯有通过必要的讨论，才能促进学生对项目进展进行集体回顾，从而达成新的集体共识，并在无形之中增强其对项目发展的“心理承诺”。当然，从课堂实际的进程来讲，汇报本身亦是重要的，它可以增加学生的课堂“舞台”体验感。随着训练课时的开展，汇报人应逐渐从小组领导人、活跃学生过渡到未发言者、不活跃人，以增加其他部分学生的体验感。

教师在结束环节应重新接管课堂，对各组汇报情况和进展情况进行恰当的总结。除了加强学习鼓励以外，应重点点评各组的优点、缺点，以及项目发展还存在的不足之处，以便学生团队了解到自身的差距，开展更有目的性的学习。在师资的临场能力比较强的情况下，还应充分抓住共性问题或个别汇报时“乍现”的启发性观点，引导全场现场反思和讨论。之所以特别提到这一点，是因为我们在实际教学中发现这种“即兴教学”（improvisation）有利于形成师生“知识共创”（knowledge co-creation）的效果，对课堂学习氛围的塑造也不无裨益。如果教师的临场能力不足，此时解决的办法则是安排资深教师或场外人士共同参与，通过增加教师数量来增强思维碰撞，往往可以起到意想不到的效果。

“知识导入”环节将理论巧妙植入学生思维

如果说前情汇报的“主角”是学生，那么知识导入环节的“主角”则是教师。前情汇报时教师的角色是后台的“导演”，知识导入时教师则成为位于 C 位的“指挥家”。当然，指挥家不是仅仅知识传授的“独舞”，而是抱有强烈目标导向的控制者，其重点在于通过精心设计的教学互动环节将必要的模块知识巧妙地装入学生的头脑之中。

首先，教师应围绕本模块训练的学科知识，设计一项兴趣引爆点，通过充分唤醒“注意力”的方式来开启理论教学。兴趣引爆点可以是当下的热点问题，也可以是某种有趣且有亮点的案例，还可以是学生容易出现错误的难点问题。例如，第 6 章“商业模式设计”的兴趣点，我们选择“大学生面向投资人做商业模式介绍时常犯的三类错误”作为介绍语，通过“知道却不知晓”的状况评价求得了学生的关注并引发了其求知欲。接着，直截了当地介绍本章的学习目的、内容和后续训练方式，告知学生通过本次课堂训练可以解决的问题。然后，用最短的时间对本模块涉及的主要或经典理论、模型、知识做概览性介绍。之所以不详细介绍，除了时间的原因以外，主要是已在课堂前部充分调动出学习兴趣，学生自然会根据线索去思考掌握知识，另外一个原因则是后面的“导入性实训”也会进一步提供练习空间。

其次，进行高控制性目的的导入实训。根据课程需要，采用案例、训练或游戏的办法，在交互活动中让学生进一步感知、体会和学习理论的主要思想、思维模型或注意事项。所谓高控制性，体现在案例、训练的精心设计上。例如，第 7 章“创业营销与营销策略”的引导案例“太二酸菜鱼”，在案例内容上已展示出定位和 4Ps 的相关材料，学生通过有趣的案例，加上小组的讨论，就能够从细分人群需求以及产品、价格、渠道、促销等方面总结材料，通过他们的“脑”与“口”，就能重新呈现出 4Ps 理论的主要框架思路。在这一过程中，可以采用个别小组主要发言，并充分调动其他小组积极补充，在教师现场提炼和有意识的引导之下，最终形成教师意图达到的学科思维和知识植入效果。

最后，应及时地进行“举一反三”，让“新鲜出炉”的理论思路及时运用到自身的项目分析当中去。例如，第 6 章采用了“小罐茶”案例的视频教学，在集体分析完小罐茶价值创造的利益相关者框架以后，立即要求学生分析自己项目的价值创造内容，这就为后续“商业模式沙盘”的开展打下了关键基础。应注意的是，此时主要目的是加快学生建立必要的学科思维，能够有意识地认识和发现问题，并对大致需要注意的发展事项形成集体共识。至于理论模型分析运用得是否细致、到位并不是训练的目标。因而，教师可以根据现场情况，选择全员汇报、部分汇报或者不做汇报，可以选择点评及讨论，也可以选择不点评、不讨论。

“课堂深入”环节让学生科学释放创造体验

在前述两个环节的基础上，课堂已经建立了充分的学习氛围，通过反复的训练，学生亦理解和掌握了本模块基本的学科思维、知识与模型。至此，群体和个体的学习意愿与学习能力均已具备。“课堂深入”环节就是沙盘实训最后的着墨之处，也是每讲内容的核心，学生通过此环节训练要达到深层次的知识习得和获得新的创造体验，并促进虚拟项目的推进。

首先，教师仍然需要交代一些必要的补充性知识。根据即将进行的沙盘训练难度以及每个教学班级先导专业课程训练积累的程度差异，教师可以有选择性地进行理论展示。例如，补充一些对项目在本阶段发展有益或需要注意的经典理论，以弥补学生知识储备的不足，提升知识厚度。此时，应注意更多地落脚在模型、工具使用的要领与技巧方法（know-how）上。

其次，还应该结合虚拟项目特点补充前沿性、实践性的进展知识。这是因为商学各学科经典理论已经与当下所处的数字经济时代大为不同，照搬理论知识已不能契合学生虚拟项目的实践实际。如营销的 4P 模型中，产品、定价、渠道、促销，在互联网经济、平台 / 粉丝流量经济、新媒体传播环境下已经发生了重大的变化，这就要求教师必须补充相关知识。再比如，创业项目模拟中的财务与传统的中小企业甚至是创业型企业财务的目的和管理重点是有差异的，也就不能照搬成熟企业组织的财务模型，应贴合实训进展需求组织知识引导工作。最后，对一些比较复杂的沙盘，也应采用知识模块化肢解的办法，围绕沙盘训练需求提前补充相关知识。

在简要引导的基础上，教师应把重点环节放置在关键主题沙盘训练上。教师需简要交代沙盘训练的目的，解释沙盘上的功能区及逻辑顺序，布置及严格把控时间、人员安排等事项。此外，应预留一定时间引导学生阅读沙盘操作说明书，必要时进行小组内部讨论，以进一步明确沙盘训练的目的和使用技巧。在组织小组讨论的过程中，一方面，教师应对讨论进程加以控制，对沙盘训练的先后环节加以提醒；另一方面教师的角色应该是参与性的，要即时观察、聆听各组的讨论情况，不时给予“肯定”或“否定”信号，以干预各个小组的讨论走向，控制最终作业效果。也可以采用参与式干预的办法，分别将时间分配到各个小组当中，作为“组内一员”参与到讨论的进程当中。对于比较重要的核心沙盘训练，应配置一位以上的助教，与主讲教师一起完成参与式干预活动。在完成讨论后的展示环节，可以采用全员组别展示、个别组展示和标杆组展示的办法，来应对不同的现场学情。在点评环节，可以运用对角线互评来进行换位学习，也可采用围炉互评来进行集思广益，最后通过教师点评来拉高认知深度并明晰反馈各组进展中的问题和差距。

最后，进行课程反思并加以收尾。教师先带领大家回顾本次实训的重点内容，并提供进一步深度学习的知识渠道指引。然后布置课后的训练作业，以此与下一次实训课形成接续闭环。作业可以是对本次沙盘的继续完善，也可以是下节训练内容的预先布置。教师还应提前展望下次课的训练内容和主要功能，让学生对虚拟项目的发展建立“远望”思维。在整理桌面恢复教学现场环境的同时，要求学生对沙盘进度进行资料保存，并将资料上传服务器。在下课后，教师应根据本次现场教学薄弱之处或课后作业训练的重难点，及时推送相关要求、资料，并与各虚拟项目组保持在线交流交互，充分控制学习进展。

> 图 10-4　标杆组展示与组间互学体验

> 图 10-5　围炉式互评与发言训练体验

要点回顾

创业实训是当前创业教育亟待解决的领域，有着非常好的发展与应用前景。各类高校的相关教学专家应充分借鉴各种实训工具，发展具有校本化特色的实训教学方案与课程。以学生为中心的实训课程的教学本质是在学生学习的内驱力培养上下功夫。“创业实战模拟”教学的优势，无非是将一个个“枯燥”的理论转变成一个个“鲜活”的实践训练项目，并从头到尾串成一条虚拟项目的前后线索，其教学的体验性相较于传统教学大大增强。

但是，我们也应看到新颖的教学形式无非是一个载体，既不神秘，实际上也不“高大上”。过度地依赖、迷信这个载体，将会使教学成为“无本之木”。如果不抓住“内驱力培养”这一实质问题，再先进的工具也会成为另一潭死水。本章解析了实际教学中容易出现的四类问题，即“‘面’设计与‘点’教学之间的冲突”“理论教学与实践教学的冲突”“多元课程知识与训练时间的冲突”“教师教学与学生学习的主客冲突”，并从课程设计、课堂设计两个层面提供了初步的解决方案，以资参考。

课后作业

尝试设计一个新的教学沙盘

作业要求：

根据自身在创业教学中的兴趣和相关经验，设计一个平衡理论与操作的教学沙盘，编写相关的操作说明书，将其用于教学活动，开展实验并加以改进，最终完成设计。

附　录

附表 1　拓展资源汇总

序号	对应章	资源名称	资源性质	资源网址
1	第 1 章	GEM 2022/2023 全球观察报告：适应新常态	研究报告	https://www.gemconsortium.org/report
2	第 2 章	中欧创业营“深度洞见”栏目	视频库	https://cn.ceibs.edu/ecamp/articles
3	第 2 章	“十四五”卫生与健康科技创新专项规划	文档链接	https://www.most.gov.cn/xxgk/xinxifenlei/fdzdgknr/fgzc/gfxwj/gfxwj2022/202301/t20230116_184248.html
4	第 3 章	创业中不可缺少的团队建设	视频	https://news.cctv.com/2014/12/07/VIDE1417948324096352.shtml
5	第 4 章	《蛋壳训练营》薇姿品牌如何上市推广？	视频	https://www.bilibili.com/video/BV1qY4y1z73G?p=84&vd_source=d82bcb4445f7f11d74e62473823a889e
6	第 4 章	艾瑞咨询“热门报告”栏目	调查报告库	https://www.iresearch.com.cn/report.shtml?type=2
7	第 5 章	《我是独角兽》	视频库	https://v.qq.com/x/cover/rch8wwhox28zfhu/p0300fk1obs.html
8	第 5 章	针对 App 用户的最小可行性产品	文档链接	https://www.thedroidsonroids.com/blog/how-to-build-minimum-viable-product-mvp-business-plan
9	第 6 章	哈佛商业评论	官方网站	https://www.hbrchina.org/column/1.html
10	第 7 章	德勤 2023 年全球市场营销趋势报告	官方网站	https://www2.deloitte.com/cn/zh/pages/strategy-operations/articles/2023-global-marketing-trends.html
11	第 8 章	《创业英雄汇》千人千枕	视频	https://tv.cctv.cn/2020/11/07/VIDE7XP1pfRGw21jqEWvyrSj201107.shtml
12	第 9 章	中国互联网 + 创新创业大赛总决赛精选	视频库	https://v.qq.com/biu/creator/home?vcuid=9000647603
13	第 10 章	高等教育出版社创新创业教育教学资源库	主题网站	https://www.icve.com.cn/portalproject/themes/default/ymohaxmn-lbczhvuklulkq/sta_page/index.html

参考文献

［1］里弗拉．用户画像：大数据时代的买家思维营销［M］．高宏，译．北京：机械工业出版社，2022.

［2］伯恩斯，布什．营销调研［M］．梅清豪，周安柱，徐炜熊，译．2版．北京：中国人民大学出版社，2001.

［3］德西，弗拉斯特．内在动机：自主掌控人生的力量［M］．王正林，译．北京：机械工业出版社，2023.

［4］莱斯．精益创业2.0［M］．陈毅平，译．北京：中信出版社，2022.

［5］里斯，特劳特．定位：争夺用户心智的战争［M］．邓德隆，火华强，译．北京：机械工业出版社，2023.

［6］库珀．软件创新之路［M］．刘瑞挺，刘强，程岩，等译．北京：电子工业出版社，2001.

［7］艾瑞咨询．中国大健康+产业金融白皮书［EB/OL］.（2019-12-23）．https：//report.iresearch. cn.

［8］艾瑞咨询．艾瑞解读中国医疗健康产业互联网化六大趋势［EB/OL］.（2015-08-03）．https：//report. iresearch. cn.

［9］德鲁克，吴仁洪．美国的创业经济［J］．国际经济评论，1984（9）：64-67.

［10］巴克．练习共情：如何成为一个有同理心的人［M］．孙雁超，译．北京：北京日报出版社，2021.

［11］博内特，伊万斯．斯坦福大学人生设计课［M］．周芳芳，译．北京：中信出版社，2021.

［12］蔡贇，康佳美，王子娟．用户体验设计指南：从方法论到产品设计实践（升级版）［M］．北京：电子工业出版社，2023.

［13］曹媛媛．社群营销策略与实战［M］．长春：吉林大学出版社，2021.

［14］曹智臣．项目调研的一般方法及实施步骤［J］．机械制造与自化，2010（3）：92-95，118.

［15］陈建明，王浩，宋艳宁．西南少数民族地区汽车营销模式探讨［J］．西昌学院学报（自然科学版），2013（4）：73–76.

［16］陈德明．大学生创业规划［M］．广州：广东高等教育出版社，2020.

［17］陈凯．市场调研与分析［M］．2版．北京：中国人民大学出版社，2023.

［18］陈文彬，吴恒春．创业实务教程［M］．广州：暨南大学出版社，2010.

［19］陈媛．创新创业教育的影响因素与运行机制［J］．中国高校科技，2018（9）：90–92.

［20］陈一君，周丽永，尹文专，等．市场研究［M］．成都：西南交通大学出版社，2015.

［21］陈忠卫．创业团队企业家精神的动态性研究［M］．北京：人民出版社，2007.

［22］程璐．“非洲之王”是如何炼成的［J］．中国企业家，2021（2）：84–87.

［23］迟考勋，杨俊．对商业模式设计的三个误解［J］．企业管理，2016，（9）：61–63.

［24］乔金森．参与观察法：关于人类研究的一种方法［M］．张小山，龙筱红，译．2版．重庆：重庆大学出版社，2021.

［25］爱尔兰，成功创业不仅要有创意更要抓住机会［J］．IT时代周刊，2006（16）：76–77.

［26］段倩．米歇尔·博尔巴培养儿童同理心的论述及其建议［J］．教育观察，2020（28）：3.

［27］科特勒，阿姆斯特朗，洪瑞云，等．市场营销原理（亚洲版）［M］．赵占波，姚凯，等译．4版．北京：机械工业出版社，2023.

［28］科特勒，凯勒，切尔内夫．营销管理［M］．陆雄文，蒋青云，赵伟韬，等译．16版．北京：中信出版社，2023.

［29］科特勒，阿姆斯特朗．市场营销：原理与实践［M］．楼尊，译．16版．北京：中国人民大学出版社，2020.

［30］科特勒，凯勒．营销管理［M］．何佳讯，于洪彦，牛永革，等译．15版．上海：极致出版社，上海人民出版社，2021.

［31］果酱实验：选项的存在是为了被选择［J］．中学生博览，2021，（24）：1.

［32］哈姆特港式鲜茶饮．从“喜茶”爆红看90后群体的消费特征［EB/OL］．（2017–07–07）．https：//www. sohu. com/.

［33］韩飞，牛涛．创业启蒙教育校本课程建设性缺失与矫正机制［J］．教育与职

业，2021（6）：102–106.

［34］贺尊. 创业学概论［M］. 北京：中国人民大学出版社，2011.

［35］朱恒源，余佳. 创业八讲［M］. 北京：机械工业出版社，2019.

［36］胡玮炜. 摩拜单车创始人胡玮炜：9个月前　我的前老板认为我疯了［J］. 中外企业家，2017，576（22）：29–30.

［37］黄飞. 浅谈企业团队管理行为：以“携程团队”为例［J］. 财讯，2017（10）：144–145.

［38］黄洪民. 现代市场营销学［M］. 青岛：青岛出版社，2001.

［39］加勒特. 用户体验要素：以用户为中心的产品设计［M］. 范晓燕，译. 2版. 北京：机械工业出版社，2011.

［40］及轶嵘. 徐小平：最牛一笔投资诞生在海淀黄庄［J］. 创业邦，2014（5）：58–60.

［41］贾建民，耿维，李国鑫，等. 大数据环境下的顾客洞察与市场营销策略研究［M］. 北京：科学出版社，2020.

［42］焦晓波，杨伟保. 基于动态环境背景的营销组合分析：创业营销组合与传统营销组合之差异［J］. 南京财经大学学报，2012（1）：38–45.

［43］焦晓波. 郭朝阳. 创业型经济背景下的创业营销：研究述评与未来研究展望［J］. 商业经济与管理，2014（9）：9.

［44］姜爱萍，刘永杰. 企业商业模式设计理论框架研究［J］. 科技视界，2018，227（5）：154–156.

［45］蒂蒙斯，斯皮内利. 创业学［M］. 周伟民，吕长春，译. 6版. 北京：人民邮电出版社，2006.

［46］解瑞，祁明德. 基于要素结构的商业模式设计研究［J］. 合作经济与科技，2018，586（11）：101–103.

［47］景奉杰. 市场营销调研［M］. 北京：高等教育出版社，2001.

［48］迈克丹尼尔，盖兹. 市场调研精要［M］. 范秀成，杜建刚，译. 北京：电子工业出版社，2023.

［49］来尧静，徐梁. 商业模式的组成、类型与构建［J］. 扬州大学学报（人文社会科学版），2010，14（6）：28–31.

［50］李时椿，常建坤. 创业学：理论、过程与实务［M］. 北京：中国人民大学出版社，2011.

［51］李晓玲. 行为导向　德国职业教育教学改革的理论与实践［J］. 教育发展研究，2002（11）：109-111.

［52］李亚东，朱伟文. 高校创新创业教育评价监测研究［J］. 中国高教研究，2019（1）：48-52.

［53］朱辉，肖蒙. 如何制订合理的整合营销传播策略浅析［J］. 市场研究，2012（5）：32-35.

［54］刘冰. 网络营销策略与方法［M］. 北京：北京邮电大学出版社，2019.

［55］刘帆. 高校创新创业教育现况调查及分析：基于全国938所高校样本［J］. 中国青年社会科学，2019（4）：67-76.

［56］刘文正. 太二酸菜鱼与海底捞的深度对比分析：揭秘高翻台率原因［EB/OL］.（2019-09-20）. http：//www. jrj. com. cn/.

［57］卢福财. 创业通论［M］. 北京：高等教育出版社，2007.

［58］卢昕，赵云，李姗姗. 我国健康产业发展的特点和战略［J］. 产业创新研究，2023，104（3）：59-61.

［59］陆耀新. 企业选择目标市场的相关战略问题探析［J］. 江苏商论，2006（8）：122-123.

［60］卡尔文. 创业管理［M］. 郑兴山，杨晓玲，霍婕，译. 北京：中国财政经济出版社，2005.

［61］吕江涛. 蔚来、小鹏、理想市值超广汽但最畅销的是“国民神车”五菱宏光［J］. 中国经济周刊，2020，793（20）：68-69.

［62］王子扬. 咖啡新老品牌加速布局，一线城市仍是竞争主战场［EB/OL］.（2020-08-09）. https：//www. bjnews. com. cn.

［63］木志荣. 国外创业研究综述及分析［J］. 中国经济问题，2007，（6）：53-62.

［64］骑火一川. 碎片化时代生存指南：市场细分为什么越来越重要？［EB/OL］.（2016-11）. http：//www. 360doc. com/.

［65］朱仁宏. 创业研究前沿理论探讨：定义、概念框架与研究边界［J］. 管理科学，2004（4）：71-77.

［66］钱纲. 硅谷简史：通往人工智能之路［M］. 北京：机械工业出版社，2018.

［67］钱颖一. 硅谷的故事［J］. 经济社会体制比较，2000（1）：28-35.

［68］峮璘. 爆款文案与营销策略［M］. 北京：北京联合出版有限公司，2021.

［69］朱仁宏，曾楚宏，代吉林．创业团队研究述评与展望［J］．外国经济与管理，2012（11）：11-18.

［70］任寅姿，季乐乐．标签类目体系：面向业务的数据资产设计方法论［M］．北京：机械工业出版社，2021.

［71］司马．胡玮炜：让城市疯狂的“摩拜单车”创始人［J］．时代邮刊，2018，316（10）：52-53.

［72］司马光砸光．AiCure，基于人脸识别技术的病人监护者［EB/OL］.（2018-04-18）．https：//www. tip-lab. com.

［73］苏醒．你卖的到底是什么?［J］．21世纪商业评论，2008，42（2）：45-46.

［74］苏平．上汽通用五菱：人民需要什么，五菱就造什么［J］．锻造与冲压，2021，511（14）：38，39-45.

［75］孙朦．麦肯锡的营销策略［M］．沈阳：辽海出版社，2015.

［76］郑艺阳．2019的年轻人怎么就爱上了喝咖啡？［EB/OL］.（2020-01-12）．https：//m. thepaper. cn/.

［77］史少武．创业合伙人［M］．北京：人民邮电出版社，2019.

［78］史亚娟.“戴威式死撑”与“胡玮炜式放手”什么才是真正的创业精神?［J］．中外管理，2019，314（2）：68-70.

［79］沈渊，董永茂．市场调研与分析［M］．杭州：浙江人民出版社，2007.

［80］谭晓影．传音控股：从“手机”走向“生态”［J］．经理人，2022（12）：66-68.

［81］唐德淼．创业营销定位及实现路径［J］．现代营销（下旬刊），2022（4）：33-35.

［82］陶俊，滕学珍．互联网营销策略与实战［M］．北京：中国铁道出版社有限公司，2021.

［83］竺素娥，裘益政．创业企业财务管理［M］．大连：东北财经大学出版社，2013.

［84］马海平，于俊，吕昕，等．Spark机器学习进阶实战［M］．北京：机械工业出版社，2018.

［85］魏振锋，张小华．移动营销实务［M］．北京：电子工业出版社．2023.

［86］王辉．实用的市场细分方法思考［J］．现代商贸工业，2016（23）：58-60.

［87］王蓱．名创优品“洋式”的商业模式［J］．经理人，2021，318（1）：64-69.

［88］王青云．营销一板砖：谈古论今说营销［M］．北京：中国经济出版社，2020.

［89］王先之．市场调查方法的应用［J］．企业改革与管理，2002（6）：39–40.

［90］王小霞．试析中小企业的融资策略［J］．财会月刊：综合版，2005（10）：11–12.

［91］王勇．对赌协议那些事［J］．中国投资，2012（14）：20–27.

［92］王彦娜．我国传统器物的功能性设计［J］．现代装饰（理论），2014（1）：29.

［93］周孝华，唐健，陈娅莉．创业板公司估值模型研究［J］．经济与管理研究，2009（8）：85–90.

［94］吴伯凡．商业模式是什么［J］．21世纪商业评论，2007，33（5）：10，45–48，50.

［95］吴春茂．产品服务与积极体验设计［M］．北京：中国纺织出版社有限公司，2023.

［96］吴道富．企业融资整体解决方案［M］．北京：中国经济出版社，2018.

［97］吴开军．杨致远和他的“Yahoo!”：从发烧友到亿万富翁的创业史［J］．海内与海外，2003（3）：23–25.

［98］吴伟．创业融资2.0：实战与工具［M］．北京：机械工业出版社，2018.

［99］吴晓波．激荡十年，水大鱼大［M］．北京：中信出版社，2021.

［100］谢海霞．对赌协议的法律性质探析［J］．法学杂志，2010，31（1）：73–76.

［101］斯皮内利，亚当斯．创业第一课［M］．浦汉淞，译．北京：中国人民大学出版社，2017.

［102］晓翼．产品设计的10点深入思考［EB/OL］．（2020–02–12）．http：//www.woshipm. com/.

［103］辛保平．中国创业者十大素质［J］．科学投资，2003（9）：34–61.

［104］邢克．浅谈对市场细分的理解.［J］．财经界，2020（31）：90–91.

［105］熊小霞．论企业品牌战略的实施［J］．鄂州大学学报，2008（6）：32–34.

［106］徐凯，尹国俊．工作坊视角下大学生创新创业实训平台的构建［J］．实验室研究与探索，2020（2）：233–240.

［107］徐蕾，严毛新．多重制度逻辑视角下中国高校创业教育的演进［J］．教育发展研究，2019（3）：41–47.

［108］徐立清，崔彦群．我国高校创业教育课程开发策略研究［J］．安徽工业大学学报（社会科学版），2012（2）：113–115.

［109］周旭阳．营销策略：抢占移动互联网流量入口［M］．北京：中国铁道出版社，2017.

［110］徐小平．为什么创业需要合伙人［J］．商界评论，2014（9）：148.

［111］徐小平，曲琳．徐小平：合伙人要经受考验，创业者要有真知［J］．创业邦，2013（7）：109–111，108.

［112］薛静．创业者特质、社会资本与创业企业绩效：研究述评及展望［J］．管理现代化，2018，38（6）：122–125.

［113］闫淑心，张学东．基于AEIOU用户分析的养老机构家具设计研究［J］．山东工艺美术学院学报，2018（6）：60–66.

［114］杨超，刘志阳．美国创业教育课程内容的设计逻辑及特点分析［J］．思想理论教育，2018（4）：97–101.

［115］杨晓明，赵彦辉，隋静．创业营销：一场颠覆传统营销的革命［J］．清华管理评论，2019（6）：28–35.

［116］叶茂中．如何实施有效的市场调研（上）［J］．销售与市场，1999（4）：29–32.

［117］佚名．深度解析：小罐茶的战略思维［J］．茶世界，2017（9）：2.

［118］邱洪涛．五菱“新贵”的销量奇迹［J］．世界汽车，2021，465（1）：78–81.

［119］伊冯娜·麦吉温．市场调研实务［M］．李桂华，等译．北京：机械工业出版社，2017.

［120］茵迪·扬．同理心：沟通、协作与创造力的奥秘［M］．陈鹄，潘玉琪，杨志昂，译．北京：清华大学出版社，2019.

［121］殷志刚．浅析“定位惯性”与“再定位”策略［J］．现代营销（学苑版），2011（4）：28–29.

［122］雨涵．医疗AI的“鱿鱼游戏”里，鹰瞳科技凭什么赢？［EB/OL］.（2021-11-05）. https：//www. csdn. net/.

［123］周颖．完美日记元气森林钟薛高，如何疯狂崛起［EB/OL］.（2021-04）. https：//finance. sina. com. cn.

［124］赵军，焦磊．我国高校普及创新创业教育的困境、取向及理路［J］．教育发展研究，2018（11）：67–72.

［125］赵青松，彭修远. 名创优品引领实体零售企业的商业模式与经验借鉴［J］. 北京印刷学院学报，2019，27（9）：42–46.

［126］张奥平. 评第七次全国人口普查数据：老龄化背后存三大商业机遇［EB/OL］.（2021–05）. http：//www. eeo. com. cn/.

［127］张宝君."精准供给"视域下高校创新创业教育的现实反思与应对策略［J］. 高校教育管理，2017（1）：33–39.

［128］张长浩. 企业新型市场定位初探［J］. 企业导报，2010（7）：82–83.

［129］张申，徐豪华. 基于仿真的战时维修保障力量需求预测方法研究［J］. 系统仿真学报，2013（A1）：392–395.

［130］张挺. 讨论式教学在"临床医学导论"教学中的实践探索［J］. 中国医学教育技术，2020（5）：679–681，685.

［131］张卫星，王奕，许栋明，等. 科技型中小企业创业投资引导基金管理实践与启示［J］. 华东科技，2021，426（8）：58–61.

［132］张晓娟. 高校创新创业教育存在的问题与路径选择［J］. 中国高校科技，2018（4）：95–96.

［133］张序. 企业家概念及其相关问题辨析［J］. 社会科学研究，2005（1）：122–127.

［134］BELBIN R M. Management teams：Why they succeed or fail［M］. 3rd ed. Oxford：Butterworth–Heinemann，2003.

［135］BELBIN R M. Team roles at work［M］. 2nd ed. Oxford：Butterworth–Heinemann，2010.

［136］JENNIFER L B. Empathy mapping：A guide to getting inside a user's head［EB/OL］.（2018–06–27）. https：//www. uxbooth. com/.

［137］SARAH G. Service design 101［EB/OL］.（2017–07–09）. https：//www. nngroup. com/.